Evangelisch.
Erfolgreich.
Wirtschaften.

Herausgegeben von
Peter Barrenstein, Wolfgang Huber,
Friedhelm Wachs

Evangelisch.
Erfolgreich.
Wirtschaften.

PROTESTANTISCHE
FÜHRUNGSKRÄFTE SPRECHEN
ÜBER IHREN GLAUBEN

Herausgegeben von
Peter Barrenstein
Wolfgang Huber
Friedhelm Wachs

Vorwort

»Weil die Menschen in Jesus Christus bereits erlöst sind, brauchen sie sich in ihrer Lebens- und Weltgestaltung nicht selbst zu erlösen. Das befreit zu einem Handeln, das nicht länger der Sorge um sich selbst und der Absicherung durch Macht verpflichtet ist, sondern den Anforderungen der Sache.« Diese reformatorische Grundeinsicht aus dem gemeinsamen Wort des Rates der Evangelischen Kirche in Deutschland und der Deutschen Bischofskonferenz zur wirtschaftlichen und sozialen Lage in Deutschland »Für eine Zukunft in Solidarität und Gerechtigkeit« von 1997 ist für unternehmerisch Tätige in besonderer Weise bedeutsam: Der Glaube an die Rechtfertigung aus Gnade schafft jene innere Freiheit, die Voraussetzung für die Übernahme von Verantwortung ist.

Führungskräfte, die evangelisch erfolgreich wirtschaften, begründen aus diesem Glauben eine Haltung, die ihre beruflichen Entscheidungen bestimmt. In spannender Unterschiedlichkeit der jeweiligen persönlichen Ansichten und Erfahrungen skizzieren 35 Autoren in Lebensbildern und Interviews diesen Zusammenhang von Glaube, Freiheit und Verantwortung in Anlehnung an Martin Luthers Freiheits-Paradoxon: Unternehmerisches Handeln setzt Freiheit voraus (»Herr über alle Dinge«), die nur als verantwortete Freiheit (»Knecht aller Dinge«) verstanden und gelebt werden kann. Die auf dieser in der Reformation wurzelnden protestantischen Grundhaltung basierenden Beiträge sind anregende Impulse für einen weiterführenden Dialog zwischen Wirtschaft und Kirche – auch über das Reformationsjubiläum hinaus. Die Idee für »Evangelisch. Erfolgreich. Wirtschaften.« entstand im Rahmen der öffentlichen wirtschaftsethischen Debatten im Arbeitskreis Evangelischer Unternehmer in Deutschland.

Ohne das persönliche Engagement und die Offenheit der Autoren hätte unsere Idee zu diesem Buch keine reale Gestalt annehmen können. Dafür sei ihnen vielmals gedankt.

Große Anerkennung verdienen Andrea Blome, die zahlreiche Interviews mit den Autoren geführt und alle Texte redigiert hat, sowie die Fotografin Lena Uphoff, die für die ausgezeichneten Bildporträts durch ganz Deutschland gereist ist. Dank gebührt auch den Mitarbeitern der edition chrismon, ohne deren Einsatz bei Organisation und Koordination aller Beteiligten das Buch in dieser Form nicht zustande gekommen wäre.

Peter Barrenstein, Wolfgang Huber und Friedhelm Wachs
Pfingsten 2016

Inhaltsverzeichnis

INHALTSVERZEICHNIS

INHALTSVERZEICHNIS

Eine Einführung

*»Gib, dass ich tu mit Fleiß, / was mir zu tun gebühret, /
wozu mich dein Befehl / in meinem Stande führet. / Gib, dass
ich's tue bald, / zu der Zeit, da ich soll, / und wenn ich's tu,
so gib, / dass es gerate wohl.«* (EG 495,2)

So dichtet im Jahr 1630 im kleinen Köben an der Oder der protestantische Pfarrer Johann Heermann. Die Pflicht zur Arbeit, Treue und Fleiß in der Arbeit und Ergebung in die vorgefundenen Arbeitsbedingungen – dies alles im Dienst am Nächsten und im Gehorsam gegenüber dem göttlichen Gebot – das sind die Grundelemente des protestantischen Arbeitsethos. In diesen wenigen Liedzeilen sind sie treffend zusammengefasst worden.

Darin wird deutlich, worum es in diesem Buch geht: um die Haltung von evangelischen Unternehmern und Führungskräften, um die Frage, was ihre Entscheidungen beeinflusst, was ihnen Glaube, Freiheit und Verantwortung bedeuten. Es geht um ihren Beruf und ihre Berufung, nicht vorrangig um das System. Es geht um den einzelnen Christen in wirtschaftlicher Verantwortung. Dabei zeichnet sich in den Beiträgen trotz ihrer spannenden Unterschiedlichkeit eine gemeinsame Zuversicht ab, die fest im Glauben verwurzelt ist.

Sehen wir uns diese Wurzeln also an: Als Erstes ist festzustellen, dass menschliche Arbeit gleich welcher Art, und damit auch Führungsarbeit, als Teilhabe an Gottes Schöpferwerk betrachtet wird. Gottes Schöpfung »zu bebauen und zu bewahren« (1. Mose 2,15), ist der Sinn menschlicher Tätigkeit. Die Erschaffung des Menschen zum Ebenbild Gottes verbindet sich mit einem Auftrag zur Herrschaft über die Mitgeschöpfe im Vollzug menschlichen Arbeitens: »Macht euch die Erde untertan« (1. Mose 1,27 f.). Der durch den Sündenfall verursachte Fluch liegt nicht auf der Arbeit als solcher, sondern auf den Bedingungen, unter denen sie ausgeübt werden muss: »Verflucht sei der Acker um deinetwillen« (1. Mose 3,17 ff.). Auf der Arbeit ruht Segen; sie zeichnet einen Menschen aus, von dem die biblische Überlieferung gar nicht groß genug reden kann: »Du hast ihn wenig niedriger gemacht als Gott« (Psalm 8,5 ff.).

Es ist also der biblische Ausgangspunkt selbst, der die Arbeit als Gottesdienst zu verstehen lehrt. So groß denkt die Bibel von der Arbeit, dass sie sogar das Versöhnungswerk Christi als Arbeit beschreibt (Philipper 2,10 ff.). Es entspricht dieser Betrachtungsweise, dass das Neue Testament sogar die Sklavenarbeit als Christusdienst ansehen kann, weil doch die Differenz zwischen Herren und Sklaven im Prinzip aufgehoben ist; denn »ihr seid alle einer in Christus« (Galater 3,28). Diese Egalität unter den Bedingungen der damaligen Zeit in der sozialen Wirklichkeit umzusetzen, überstieg freilich die Möglichkeiten einer christlichen Gemeinde in heidnischer Umwelt; deshalb konnte sich mit der Vorstellung radikaler Egalität durchaus die Aufforderung verbinden, man solle in dem Stand bleiben, in den man berufen sei (1. Korinther 7,20).

Den Ausgangspunkt für Martin Luthers Berufsverständnis, an dem man sich aus evangelischer Sicht gut orientieren kann, bildet seine Kritik an den Mönchsgelübden (De votis monasticis, 1521). Die Vorstellung, es gebe in der Christenheit einen besonderen Stand, dem kraft seiner Lebensform ein sicherer Weg zur Seligkeit verheißen sei, hat vor den Grundeinsichten der reformatorischen Rechtfertigungslehre keinen Bestand. Insofern bildet die Neuentdeckung der Rechtfertigungslehre auch den Schlüssel zur Neubewertung der menschlichen Arbeit.

Die Rechtfertigungslehre ist Mitte und Grenze der reformatorischen Theologie. Die Einsicht, dass die Stellung des Menschen vor Gott und damit auch seine Stellung in der Welt allein durch die Gnade Gottes in Christus begründet ist und allein im Glauben ergriffen wird, macht die Rangunterschiede gegenstandslos.

Das menschliche Tätigsein begründet keine Verdienste im Blick auf das Heil des Menschen. Wer sein Tun im Dienst am Nächsten mit der Erwartung verbindet, »Pluspunkte« bei Gott sammeln zu können, verleugnet vielmehr den Kern des christlichen Glaubens. Hingegen ist die menschliche Arbeit Gottesdienst als Dienst am Nächsten und im Dienst am Nächsten. Dies verdeutlicht Luther seit der Kirchenpostille von 1522 am Begriff des Berufs: Alle weltliche Tätigkeit kann so ausgeübt werden, dass sie der Berufung durch Gott zum guten Werk am Nächsten entspricht. Diese – in der Tat neue – These verknüpft Luther mit seiner Übersetzung der berühmten Aussage des Paulus, jeder solle »in dem Beruf« bleiben, »darinnen er berufen ist« (1. Korinther 7,20).

In Aufnahme und Abänderung einer scholastischen Tradition unterscheidet Luther zwischen zwei Dimensionen am Beruf: der *vocatio interna* oder *spiritualis* und der *vocatio externa*. Aber während das Mittelalter die *vocatio spiritualis* den Religiosen vorbehält und dem weltlichen Stand demgemäß nur eine äußere Berufung zuerkennt, bindet Luther diese mit großer Konsequenz an die Berufung zum Glauben und damit an das Priestertum aller Glaubenden. Jeder Christenmensch hat deshalb einen doppelten Beruf, den Beruf zum Glauben und den Beruf zum Dienst am Nächsten. Weil sich beides in jeder christlichen Existenz verbindet, kann es keinen Rangunterschied zwischen den Berufen geben. Berühmt ist Luthers Verdeutlichung dieser These am Beispiel der Hausmagd: »Wenn du eine geringe Hausmagd fragst, warum sie das Haus kehre, die Schüsseln wasche, die Kühe melke, so kann sie sagen: Ich weiß, dass meine Arbeit Gott gefällt, sintemal ich sein Wort und Befehl für mich habe.« (Epistel S. Petri gepredigt und ausgelegt. Erste Bearbeitung 1523, WA 12, [249] 259-399) Der göttliche Ruf zur Liebe erreicht die Menschen in allen Ständen und Tätigkeiten.

Hebt Luther noch neben dem geachteten Fürsten und Geistlichen die Gleichrangigkeit der Hausmagd mit ihnen in seinem Beispiel hervor und wertet sie damit in vielen Köpfen auf, so ist bei manch kirchlicher Debatte heute auch die Umkehrung zu beachten. Die in der Kirche zu Recht geachtete Supermarktkassiererin ist eben auch »nur« gleichrangig mit dem erfolgreichen Unternehmer und der Führungskraft zu sehen. Der Unternehmer ist als Christ nicht schlechter als die Supermarktkassiererin; es wäre ein Gewinn, wenn Pfarrer und Gemeinden sie als Mitbrüder und -schwestern annehmen würden. Für Luther folgen Christen in jedem Stand und in jeder Tätigkeit zugleich einer äußeren und einer inneren Berufung. Die äußere Berufung weist sie auf die Tätigkeit, der

13

sie nachzukommen haben, sei es als Stallmagd oder Mutter, als Knecht oder Ratsschreiber, als Geistlicher oder Fürst, als Führungskraft oder Unternehmer. Die innere Berufung bezieht sich auf den Auftrag Gottes zum Dienst am Nächsten.

In all diesen Aufgaben – nicht nur in den geistlichen – kommt es in besonderer Weise auf diese innere Berufung an. Sie verbindet die Tätigkeiten in all ihrer Vielgestaltigkeit; denn sie ist allen gemeinsam. In jeder menschlichen Tätigkeit nämlich geht es darum, Gott zu ehren und eben deshalb: dem Mitmenschen zu dienen. Dieser innere Horizont macht eine Tätigkeit zum Beruf. Der wirksame Dienst am Nächsten und darin das Lob Gottes verleihen jeder Tätigkeit die gleiche Würde – sei diese Tätigkeit als hoch oder als niedrig angesehen, sei sie entlohnte Erwerbsarbeit, unbezahlte Familienarbeit oder dem Gemeinwohl gewidmete bürgerschaftliche Arbeit.

Die Hochschätzung der Arbeit, die sich an den Lutherschen Begriff des Berufs knüpft, zeigt sich auch in der spezifischen Form, in der Luther Arbeit und Gebet miteinander verbindet. Er geht nicht von dem monastischen *ora et labora* aus, sondern von einem dem Hieronymus zugeschriebenen Satz, der sagt: »Alle Werke der Gläubigen sind Gebet« sowie einem von Luther bereits vorgefundenen Sprichwort, das heißt: »Wer treu arbeitet, der betet zweifach.« Luther hält diese Aussagen für richtig und begründet das damit, »dass ein gläubiger Mensch in seiner Arbeit Gott fürchtet und ehrt und an sein Gebot denkt, damit er niemandem Unrecht tun noch ihn bestehlen oder übervorteilen oder ihm etwas veruntreuen möge«. In ihrer Unterschiedlichkeit sind die Berufe also durch ein Gemeinsames miteinander verbunden: durch die Hingabe an die Sache, durch die Sinnhaftigkeit der ausgeübten Tätigkeit. Diese Haltung ist auch den Autorinnen und Autoren dieses Buches gemeinsam.

Wenn wir über evangelisch erfolgreich wirtschaften schreiben, dann darf auch ein Bezug zur Schweizer Reformation nicht fehlen. Die Schweizer Reformation steht in der Hochschätzung der Arbeit Luther sehr nahe. Zwingli beruft sich für diese Hochschätzung verstärkt auf biblische und altkirchliche Motive: Arbeit ist notwendig, wehrt der Faulheit, entspricht der schöpferischen Aktivität Gottes und beruht auf Gottes Segen.

Calvin ordnet auch die Arbeit dem Leitsatz unter, der seine ganze Theologie bestimmt: *Soli deo gloria,* allein Gott die Ehre. Mit seiner Berufsarbeit wie mit seinem ganzen Leben antwortet der Christ auf die göttliche Erwählung. Darin kündigt sich die Frage an, ob der Erfolg in der Arbeit auch als Zeichen für die göttliche Erwählung gedeutet werden kann. Calvin selbst ringt sich zu dieser Aussage noch nicht durch. Er lehnt es noch ab, dass der Christ durch eine wie auch immer geartete methodische Kontrolle sich die Gewissheit seiner Erwählung verschafft. Der Erfolg der Arbeit als gewisses Zeichen der persönlichen Erwählung durch Gott tritt erst bei den Nachfolgern Calvins beziehungsweise im englischen Puritanismus ins Zentrum der theologischen Interpretation der Arbeit. Diese Entwicklung hat einer berühmten These Max Webers zufolge das neuzeitliche Arbeitsethos, die Entwicklung zur Leistungsgesellschaft, ja den kapitalistischen Geist insgesamt nachhaltig beeinflusst.

Ausschlaggebend dafür ist das theologische Motiv, dass die Früchte der Bewährung im weltlichen Leben Auskunft geben über die Stellung vor Gott. Sie sind nicht der Grund dieser Stellung; es handelt sich – der theologischen Intention nach – nicht um eine Rückkehr zur Werkgerechtigkeit. Aber die quälende Ungewissheit soll überwunden werden, die sich aus der Lehre von der doppelten Prädestination – zum Heil oder zum Unheil – ergibt. »Nur wer durch die Art seiner Lebensführung Ergebnisse zutage fördert, die zur Verherrlichung Gottes beitragen, kann erkennen, ob er erwählt ist. Nur wer sich selbst als Werkzeug Gottes, nicht aber als Ziel seines Handelns begreift, vermag annähernd Gewissheit zu erwerben.« (Volker Drehsen) Deshalb ist es konsequent, das innerweltliche Handeln so anzulegen, dass seine Früchte kalkulierbar werden, diese Früchte dann jedoch nicht dem persönlichen Genuss zugutekommen zu lassen, sondern erneut einzusetzen, damit aus ihnen neue Früchte entstehen. Der Gedanke, dass die Tüchtigkeit in der weltlichen Arbeit als Zeichen der göttlichen Erwählung angesehen werden kann, hat drei Verhaltensformen zur Folge, von denen Max Weber zu Recht festgestellt hat, dass sie den Entwicklungsimperativen des Kapitalismus wahlverwandt sind, nämlich die rationale Kontrolle der Welt, die innerweltliche Askese und die Bewährung im Beruf. Der Zug zur wissenschaftlichen Bemächtigung der Natur, die nur so der Verherrlichung Gottes dienstbar gemacht werden kann, der antihedonistische Zug, der bewussten Konsumverzicht und rational geplantes Gewinnstreben miteinander verbindet, und eine individualistische Vorstellung von der Bewährung im Beruf verbinden sich miteinander. Was das Letzte betrifft, darf man nicht vergessen, dass der Ausgangspunkt der beschriebenen Haltung in der Frage nach der individuellen Heilsvergewisserung liegt. Die rastlose Hingabe an die jeweilige arbeitsteilige Funktion innerhalb eines sich differenzierenden Wirtschaftsprozesses ist gerade der Ausdruck der Bewährung in einem Beruf, in den Gott einen gestellt hat.

Gegenüber einer ständischen Gemeinschaftsvorstellung, wie sie nicht nur für den Katholizismus, sondern auch für das traditionell werdende Luthertum kennzeichnend ist, liegt darin durchaus eine Radikalisierung des Berufsgedankens. Ist damit der Frieden zwischen dem protestantischen Arbeitsethos und der modernen, kapitalistischen Wirtschaftsentwicklung ein für allemal sichergestellt? Das ist nicht der Fall. Denn auch die innerweltliche Askese im calvinistisch-puritanischen Sinn rechtfertigt es nicht, dass die Akkumulation von Gütern zum Selbstzweck wird. »Arbeiten, dass man Güter kriegt, das ist recht« konnte Luther sagen (Predigt zum 15. Sonntag nach Trinitatis am 5. September 1529, WA 29, 551). Diese Zustimmung zu einem Leben in Auskömmlichkeit und Wohlstand rechtfertigt es jedoch nicht, dass der Inhalt des Lebens in der Anhäufung von Kapital und der Ausdehnung von Wirtschaftsmacht liegt. Denn sein Herz darf man daran nicht hängen; »woran du aber dein Herz hängst, das ist dein Gott« (Großer Katechismus).

Vom protestantischen Arbeitsethos her ergibt sich also ein klarer Vorbehalt gegenüber der Kapitalakkumulation als Selbstzweck. Wie kommt es dann, dass sich Führungskräfte in der Wirtschaft immer wieder an den Grenzen dieses Ethos versuchen?

Gott und Geld sind nahe miteinander verwandt. Forschungen über den Ursprung der Geldwirtschaft machen plausibel, dass das Geld in der sakralen Sphäre, am Ort des Heiligen, entstanden ist. Die magische Kraft des Geldes und seine religiöse Qualität haben sich bis zum heutigen Tag erhalten. »Geld ist das Geltende schlechthin« (Georg Simmel), die reine Potenzialität. Es ist bloßes Mittel, offen für alle Verwendungsweisen. Es ist »allmächtig«. Mit ihm kann man ein »Vermögen« machen, also die Potenzialität steigern. Geld ist »allgegenwärtig«; es hat in einem Siegeszug ohnegleichen die ganze Welt erobert und verwandelt sie unaufhörlich. »Globalisierung« nennen wir diesen Siegeszug und versuchen, durch die Konstruktion eines »Weltethos« und andere Maßnahmen die Weltherrschaft allgegenwärtiger Finanzströme in Grenzen zu halten, wohl wissend, wer eigentlich der Stärkere ist. Denn Geld ist ubiquitär, an allen Orten zugleich präsent. Über mein Vermögen, so ich es habe, kann ich verfügen, an welchem Ort ich

17

mich auch gerade befinde. Das Geld wird zum Äquivalent aller Werte. Entgegengesetztes kann mit ihm ausgedrückt werden: Kunst oder Waffen, Lebensmittel oder Gift. All diese Gegensätze fallen im Geld zusammen.

Als Vereinigung der Gegensätze hat die theologische Tradition Gott gedeutet; Nikolaus von Kues sprach programmatisch von einer *coincidentia oppositorum*. Gott und Geld sind nahe miteinander verwandt. Die nahe Verwandtschaft zeigt sich auch an der Leichtigkeit, mit der wir Gottesprädikate auf Geld anwenden, zum Beispiel Allmacht und Allgegenwart. Es gibt nur einen kleinen Unterschied. Von Gott sagen wir: Gott ist alles; deshalb ist ohne Gott alles nichts. Vom Geld aber sagen wir: Geld ist nicht alles; und fügen – vielleicht zu kühn – hinzu: Aber ohne Geld ist alles nichts.

Gerade weil Gott und Geld so nahe miteinander verwandt sind, ist es lebensentscheidend, ob wir Gott und Geld unterscheiden können. Die Verehrung des einen Gottes und die Anbetung des Geldes sind nämlich nicht miteinander vereinbar. Das ist eine Erfahrung, die jeder machen kann, der mit sich, seinem Geld und seinem Gott ehrlich umgeht. Es ist deshalb eine Erfahrung, die auch in der biblischen Überlieferung fest verankert ist. Vom Tanz um das Goldene Kalb spannt sich der Bogen dieser Unvereinbarkeit bis zu Jesu Beispielgeschichte vom reichen Kornbauern oder vom reichen Mann und dem armen Lazarus; vor allem reicht sie bis zu der Begegnung Jesu mit dem reichen Jüngling, der fragt, was er denn tun müsse, um das ewige Leben zu haben. »Geh hin, verkaufe, was du hast, und gib's den Armen, so wirst du einen Schatz im Himmel haben; und komm und folge mir nach.« (Matthäus 19,21) Der Jüngling ging betrübt von dannen, denn sein Herz hing an seinem Besitz. Die Alternative, um die es geht, bringt Jesus auf die schroffe Alternative: »Ihr könnt nicht Gott dienen und dem Mammon« (Matthäus 6,24). Die Unvereinbarkeit, von der hier die

Rede ist, wird heute vor allem auf zwei Weisen aktuell: durch die gesteigerte Universalität des Geldes einerseits, durch die Fixiertheit auf sein Fehlen andererseits.

Auch der evangelische Unternehmer und die protestantische Führungskraft fragen nach dem Verhältnis von christlicher Lebensorientierung und ökonomischer Vernunft, nach dem Verhältnis von Glaube und Geld, von christlicher Ethik und wirtschaftlichem Handeln. Wie verhält sich beides zueinander? Eine Moral, die sich dem christlichen Glauben verbunden weiß, und eine ökonomische Vernunft, die sich auf Effizienz, Rationalität und Rentabilität richtet? Die in diesem Buch versammelten Beiträge bestätigen, dass beides miteinander zu tun hat. Ökonomisches Handeln ohne Ethik ist genauso verkehrt wie christliche Moral ohne ökonomischen Sachverstand.

Skeptische oder gar zynische Beobachter der Diskussion kommentieren die Diskussion über Ethik in der Wirtschaft freilich manchmal so, dass sie sagen, die Ethik spiele dabei die Rolle einer Fahrradbremse am Interkontinentalflugzeug. Sie unterstellen damit der Ethikdiskussion einen Scheincharakter und sprechen ihr jeden Einfluss auf die reale Entwicklung der Dinge ab. Dagegen scheint über die Fragestellungen, an denen sich die Notwendigkeit wirtschaftsethischen Nachdenkens in den letzten Jahren für viele Menschen mit Deutlichkeit gezeigt hat, leicht eine Verständigung zu erzielen sein.

Für diese Diskussion ist es zudem förderlich, sich daran zu erinnern, dass die Soziale Marktwirtschaft als das für uns verbindliche Grundmodell der Wirtschaftsordnung tiefe, fest verankerte protestantische Wurzeln hat. Ja, es lässt sich sogar sagen, dass sich christliche Ethik immer wieder als ein entscheidender Motor wirtschaftlichen Engagements erwiesen hat. Christliche Ethik in ihrer evangelischen Gestalt hat maßgeblichen Einfluss auf Konzeption und Entwicklung der Sozialen Marktwirtschaft ausgeübt. Am Beispiel des »Freiburger Bonhoeffer-Kreises« im deutschen Widerstand oder an der Gestalt von Alfred Müller-Armack, der den Begriff der »Sozialen Marktwirtschaft« prägte, ist das immer wieder deutlich gemacht worden. »Verantwortete Freiheit«, individuell-schöpfungstheologisch begründet – so lässt sich der Impuls bezeichnen, den die evangelische Gestalt des christlichen Glaubens in die ethische Begründung wirtschaftlichen Handelns eingebracht hat. Das bleibt auch weiterhin notwendig. Denn es gibt kein wirtschaftliches Handeln, das nicht direkt oder indirekt ethische Implikationen hat und auf ethischen Grundsatzentscheidungen beruht oder solche Entscheidungen verletzt. Es wird von einer bestimmten Motivation getragen und verfolgt Ziele, die sich niemals nur innerhalb der Grenzen von Angebot und Nachfrage beschreiben lassen, sondern die stets die Grundfragen menschlichen Seins und menschlichen Handelns berühren. Der Theologe und Manager Ulrich Hemel hat es kurz auf den Begriff gebracht. Er sieht eine entscheidende Grundlage unternehmerischen Handelns »in der Unverzichtbarkeit persönlicher Verantwortung, im langfristigen Mehrwert ethischer Orientierung auch für wirtschaftlichen Erfolg und in der Forderung nach Professionalität, etwa im Bereich der Strategie und der Wertschöpfung«.

Der Welt der Bibel und insbesondere den Traditionen der protestantischen Ethik ist jede Form von Verschwendung und Luxussucht fremd. Sparsamkeit und das kalkulierte zielorientierte Einsetzen von Ressourcen gehören zur Verantwortung des Christen. Man könnte geradezu sagen, dass der – in diesem Sinne – wirtschaftliche Umgang mit Ressourcen aller Art ein Akt der Nächstenliebe ist; denn er ermöglicht es, dass auch andere an diesen Ressourcen Anteil haben können. Immer wieder warnen die biblischen Texte vor der Anhäufung von Reichtum als Selbstzweck.

Vielmehr ist die Mitarbeit an der Schaffung von Wohlstand und gesellschaftlichem Reichtum in diesem Sinne jedem Christen aufgetragen. Die biblische Tradition ist sich völlig klar, dass in dieser Hinsicht jeder Mensch die Chance haben soll, die ihm von Gott gegebenen Gaben und Talente zu entwickeln, um seinen Beitrag zur gesellschaftlichen Wohlstandsentwicklung zu leisten.

Wirtschaftliches Handeln im Sinne von Effizienz und instrumenteller Rationalität ist vom christlichen Glauben her nicht nur gerechtfertigt, sondern verpflichtend. Zugleich ist deutlich, dass solch ein Handeln nicht im Gegensatz zur Menschlichkeit steht, sondern sie sowohl voraussetzt als auch zum Ziel hat. Damit ist aber auch schon gesagt, dass wirtschaftliches Handeln von gesellschaftlich anerkannten und kulturell wertvollen Zwecken her gesteuert werden muss. Der Wirtschaft kommt so wenig wie dem Geld Selbstzwecklichkeit zu.

Rationalität und Effizienz im Umgang mit Ressourcen sind heute auch im Umgang mit den natürlichen Lebensbedingungen geboten – aus Nächstenliebe, aus Liebe für die nächste Generation und auch aus ökonomischer Einsicht. So kann eigentlich kein Gegensatz zwischen christlichem Menschenbild und ökonomischer Vernunft aufkommen. Da es in beiden Bezugssystemen letztlich um das Wohl des Menschen geht, müsste von vornherein klar sein, dass eine Orientierung aus dem christlichen Glauben und eine Orientierung an wirtschaftlicher Effizienz in dieselbe Richtung laufen. Nachhaltigkeit wird deshalb zu einem wichtigen Kriterium auch für wirtschaftliches Handeln.

Zu den großen Herausforderungen unserer Zeit gehört vor allen Dingen die Entwicklung der Weltwirtschaft. Wird sich in ihr das europäische und insbesondere deutsche Modell einer sozial verantworteten Wirtschaft als überholt erweisen? Oder enthält die Globalisierung auch eine Chance dazu, Maßstäbe der sozialen

Verantwortung auch international stärker zur Geltung zu bringen, als dies bisher möglich war? Bei aller Globalisierung ist es offenkundig nötig, dass die Wirtschaft einen realen Bezug zu den Menschen, zu dem Land, zu den Räumen und Zeiten behält, in denen sie sich vollzieht. Es hängt auch an jedem Einzelnen, dass christliche Ethik und wirtschaftliches Handeln nicht beziehungslos aus einandertreten, sondern immer wieder miteinander verbunden werden – mit klarem Kopf, aber mit heißem Herzen.

Doch immer wieder gibt es Situationen, in denen das nicht gelingt. Warum? Weil anderes wichtiger ist. Weil anderes zu unserem Gott wird. »Woran du nun, sage ich, dein Herz hängst und worauf du dich verlässt, das ist eigentlich dein Gott.«

Die Frage, woran ich mein Herz hänge, wer also mein Gott ist – diese Frage stellt sich für alle Menschen. Sie stellt sich auf besondere Weise für Menschen in Führungsverantwortung – sei es in der Kirche, sei es in Unternehmen oder Gewerkschaften. Sie alle sind dazu gerufen, Führungsverantwortung zum Wohle der Menschen ausüben. Sie tun das dann am besten, wenn sie nicht nur in ihrem persönlichen, sondern auch in ihrem beruflichen Leben Gott die Ehre geben.

Es gibt dafür keine bessere Grundorientierung als das erste Gebot: »Ich bin der Herr, dein Gott; du sollst keine anderen Götter haben neben mir.« Und es gibt keine bessere Auslegung als diejenige, die Martin Luther in seinem Großen Katechismus gefunden hat: »Was heißt: ›einen Gott haben‹, beziehungsweise was ist ›Gott?‹ Antwort: Ein ›Gott‹ heißt etwas, von dem man alles Gute erhoffen und zu dem man in allen Nöten seine Zuflucht nehmen soll. ›Einen Gott haben‹ heißt also nichts anderes, als ihm von Herzen vertrauen und glauben; wie ich oft gesagt habe, dass allein das Vertrauen und Glauben des Herzens etwas sowohl zu Gott als zu einem Abgott macht. Ist der Glaube und das Vertrauen recht, so ist auch dein Gott recht, und umgekehrt, wo das Vertrauen falsch und unrecht ist, da ist auch der rechte Gott nicht. Denn die zwei gehören zusammen, Glaube und Gott. Woran du nun, sage ich, dein Herz hängst und worauf du dich verlässt, das ist eigentlich dein Gott.«

Übrigens macht Luther den Sinn des Glaubens an den einen Gott gleich an der Gegenüberstellung mit einer Haltung deutlich, in der wir unser Herz an Geld und Gut hängen. »Es ist mancher, der meint, er habe Gott und alles zur Genüge, wenn er Geld und Gut hat; er verlässt sich darauf und brüstet sich damit so steif und sicher, dass er auf niemand etwas gibt. Sieh, ein solcher hat auch einen Gott: der heißt Mammon. […] Das ist ja auch der allgemeinste Abgott auf Erden.«

So schreibt Luther im Jahr 1529 – ziemlich weitsichtig. Noch andere Mächte nennt er ausdrücklich, die leicht zum Abgott werden können: »große Gelehrsamkeit, Klugheit, Gewalt, Gunst, Verwandtschaft und Ehre«. Doch in dieser eindrucksvollen Liste hat die Vergöttlichung von Geld und Gut, die Verehrung des Mammon, einen besonderen Rang. Aus guten Gründen, wie wir wissen; denn dem Menschen ist das Hemd näher als der Rock. Wir werden umso egoistischer, je näher es an den eigenen Geldbeutel geht. So nah, dass für manche der Kontoauszug zur Bibel, der Quartalsbericht zur Offenbarung, die Lektüre der Aktienkurse zur täglichen Andacht und das Portemonnaie zum Hausaltar wird. Für keinen Bereich brauchen wir dringender eine nüchterne Religionskritik als für diesen.

Doch wer aus der Kritik an einer Haltung, die das Geld zum eigenen Gott macht, auf eine grundsätzliche Distanz zur Wirtschaft schließt, unterliegt einem Fehlschluss. Im Gegenteil: Es geht gerade darum, Wirtschaft als menschliche Tätigkeit zu achten und die Verantwortung ernst zu nehmen, die sich daraus ergibt. Es

23

geht darum, Gott Gott und das Geld Geld sein zu lassen. Der eine ist der Herr, das andere ist ein Mittel.

Das Gleichnis von den anvertrauten Pfunden gehört für uns Herausgeber zu den für diesen Zusammenhang wichtigsten biblischen Texten (Matthäus 25,14-30). Es spricht genau genommen von den anvertrauten »Talenten«. Dass mit diesem Wort in unserer Sprache nicht mehr eine Maßeinheit, sondern eine Gabe, eine Begabung bezeichnet wird, hat in diesem Gleichnis seinen Grund. Nur knapp sei dieses Gleichnis in Erinnerung gerufen: Vor einer längeren Reise vertraut ein wohlhabender Herr seinen drei Knechten eine bestimmte Menge Geld an; die Knechte verfahren damit sehr unterschiedlich. Derjenige, der fünf Zentner Silber hatte, »handelte mit ihnen und gewann fünf weitere dazu«. Auch der mit zwei Zentnern gewann zwei dazu. Der Knecht aber, der einen Zentner Silber erhalten hatte, vergrub ihn und gab ihn dem zurückgekehrten Herrn ohne Vermehrung wieder zurück. Während er von seinem Herrn als unnütz verstoßen wird, machen die anderen dem Herrn große Freude und er betraut sie mit weiteren Aufgaben.

Führung heißt zunächst: mit den eigenen Gaben etwas anfangen. Das christliche Menschenbild ist realistisch genug, um anzuerkennen, dass Menschen durch mehr als nur durch Liebe angetrieben sein müssen, wenn sie dauerhaft gute Leistungen bringen sollen und wollen. Daraus folgt, dass nach Verbindungen zwischen Leistungsmotivation und Nächstenliebe, zwischen Eigennutz und Gemeinwohl gesucht werden muss. Wirtschaftliches Handeln kommt ohne Rücksichtnahme, Kooperationsbereitschaft, ja Empathie nicht aus. Das kann man unschwer erkennen, wenn man sich mit den Bemühungen von Unternehmen um ihre Corporate Identity beschäftigt. Es gibt nach unserer festen Überzeugung kein Unternehmen, das nur auf Grundlage des Eigeninteresses der Beteiligten nachhaltig bestehen könnte. Unternehmen, die nur auf kurzfristige Gewinnerzielung setzen, sind ganz schnell auf der Verliererseite. Und kein Unternehmen in der Welt kann sich dauerhaft behaupten, wenn es alle schlechten Charaktereigenschaften der Menschen in sich selbst freisetzt oder gar noch kultiviert: Dann zerfällt es, weil sich das Vertrauen zersetzt, das für auf Bestand angelegte Arbeitsprozesse unabdingbar ist. Persönliche Verantwortung ist für Unternehmer und Manager unverzichtbar.

Das elementarste moralische Gebot tritt uns in solchen Situationen anschaulich vor Augen. Es ist die »Goldene Regel«, die Regel der Wechselseitigkeit. Sie ist weltweit verbreitet; in der biblischen Fassung lautet sie:»Was ihr wollt, dass euch die Leute tun sollen, das tut ihnen auch.« (Matthäus 7,12) Es handelt sich um eine praktische Handlungsanweisung, die aus dem Geist der Wertschätzung für den anderen Menschen entspringt. Wertschätzung des andern Menschen bedeutet: Dieser Mensch, jeder Mensch, ist für mich mehr als nur von ökonomischem Wert. Er hat vielmehr eine Würde, die über allen ökonomisch messbaren Wert hinausgeht. Oder, um das oft zitierte Wort Jesu über den Sabbat für unser Thema abzuwandeln: Der Mensch ist nicht um der Wirtschaft willen da, sondern die Wirtschaft ist um des Menschen willen da. So einfach setzt sich das Gebot der Nächstenliebe in einen Grundansatz unternehmerischen Handelns um.

Immer wieder zeigen Untersuchungen, dass Menschen, die im Glauben verwurzelt sind, ihr Leben und die gesellschaftlichen Probleme mit einem besonders ausgeprägten Maß an Zuversicht bewältigen. In ihrer Lebenshaltung verbinden sich Zuversicht, Leistungsbereitschaft und prosoziales Verhalten. Dieses Buch bestätigt das auf seine spezifische Weise. Es veranschaulicht auch Luthers Auslegung des ersten Gebotes im Großen Katechismus in der heutigen Zeit:»Darum lasset uns das erste Gebot gut lernen,

25

damit wir sehen, wie Gott keine Vermessenheit und kein Vertrauen auf irgendein anderes Ding dulden will und nicht Höheres von uns fordert als eine herzliche Zuversicht, die alles Gute von ihm erwartet. Wir sollen richtig und stracks unseres Weges gehen und von allen Gütern, die Gott gibt, keinen weiteren Gebrauch machen, als wie ein Schuster Nadel, seine Ahle und Draht zur Arbeit gebraucht und sie nachher weglegt, oder wie ein Gast die Herberge, die Verpflegung und das Lager nur für die zeitweiligen Bedürfnisse benützt. So halte es jeder in seinem Stand nach Gottes Ordnung, und lasse nur nichts davon seinen Herrn oder Abgott sein. [...] Wo das Herz gut mit Gott im reinen ist und dieses Gebot gehalten wird, da folgt die Erfüllung aller anderen von selbst.«

Wenn jeder in seinem Beruf Nadel, Ahle und Draht auf diese Weise recht gebraucht, gelingt es auch weiterhin, evangelisch erfolgreich zu wirtschaften.

Peter Barrenstein, Wolfgang Huber und Friedhelm Wachs

*»Ach, und beten
tun Sie auch?«*

Was bist du für ein Dummkopf, jetzt verlass dich doch auf Jesus

FRANK-J. WEISE

Mit drei Stichworten hat der ehemalige Generalinspekteur der Bundeswehr, Admiral Wellershoff, in seinem 1997 erschienenen Buch »Führen: Wollen, können, verantworten« einprägsam die Hauptfelder einer Führungsaufgabe umschrieben. »Wollen« als Zielorientierung, Menschenorientierung und Eigenorientierung in einer Ausgewogenheit der Motive. Beim »Können« muss, um erfolgreich zu sein, zur Eigenleistung das »Glück«, das geschenkte Gelingen, hinzukommen. Zum »Dürfen«, das heißt zur Veranwortung gehört das sorgfältige und vorausschauende Abwägen der Folgen von Entscheidungen. Der Erfolg umfasst unter anderem die Ausrichtung am Ziel, das Zusammenfassen der Kräfte, einen wirtschaftlichen Einsatz der Mittel, das Ergreifen und Behalten der Initiative, Glaubwürdigkeit und Zuverlässigkeit. Wichtig für eine Führungskraft ist die Fähigkeit sich mitzuteilen, Information zu empfangen und die Fähigkeit zur Entscheidung. Im Kern sind es

29

drei Dinge, die eine erfolgreiche Führungskraft ausmachen: soziale Kompetenz, professionelles Können und das methodische Beherrschen von Leitung.

Was mich geprägt hat

Prägend für meine Tätigkeit als Manager war als Erstes die Zeit bei der Bundeswehr. War es zunächst mein Vater, der als Wirtschaftsprüfer die kaufmännische Neigung gefördert hat, waren es dann im Blick auf Leitungsaufgaben die Erfahrungen bei der Bundeswehr, die mich weitergebracht haben. In der Grundausbildung erlebte ich schmerzhaft, wie man es nicht machen sollte: Ich meldete mich motiviert und freiwillig und musste dann das völlige Nichtinformiert-, Nichteinbezogen- und Entmündigtwerden ertragen. Hier wurden alle Fehler im Umgang mit Menschen gemacht, die man nur machen kann. Im Gegensatz dazu erlebte ich in der höheren Ausbildung Förderung, Entfaltungsmöglichkeiten, Beteiligtwerden und Anteilhabe. Im Nachhinein waren das alles Erfahrungen zur Reifung und zum Weiterkommen, die mich neben vielen anderen Dingen zu dem gemacht haben, der ich heute bin.

Was den Glauben angeht, war das Christsein im Elternhaus nach meiner heutigen Einschätzung im Rückblick eher christlich-kulturell. Die Veränderung und/oder Loslösung vom kindlichen Glauben hat sich in der Bundeswehrzeit durch den damaligen Militärdekan Gramm ergeben, der mir ganz bewusst den Glauben im konkreten Leben nahegebracht hat, in den existenziellen Fragen von Soldat- und Christsein.

Des Weiteren war der ehemalige Vertriebsmanager von Hoffmann-La Roche, Christian Morgen, der zu den Gideons gehört, für meinen Glauben entscheidend. Als wir damals Anfang der 90er Jahre miteinander als Soldaten in die USA flogen, sagte er vor dem Abflug, er habe noch etwas ganz Wichtiges für uns dabei, was wir im Ausland dringend brauchen würden. Wir dachten alle: Hoffmann-La Roche, Arzneikoffer. Dann überreichte er jedem zur Überraschung eine Gideon-Bibel. Die habe ich dann unterschrieben und ich habe sie bis heute immer dabei. Eine dritte wichtige Person ist für mich der außerordentlich begabte und vielseitige Professor der Lern- und Hirnforschung, Frank P. Nellen, der mir den christlichen Glauben auf der intellektuellen Ebene erklären und erschließen konnte.

Im Augenblick ist mir ein Gebetskreis von Verantwortlichen in Politik und Gesellschaft, der sich regelmäßig trifft, immer eine neue Ermutigung und Inspiration für meine Herausforderungen. Alle sind starke Frauen und Männer in Führungspositionen, die sich austauschen und vom Glauben her gemeinsam ausrichten. Ebenso ist es der Kontakt zum Kreis der Johanniter, die sich – vom Doppelgebot der Liebe ausgehend (»Du sollst Gott lieben von ganzem Herzen« und »Du sollst deinen Nächsten lieben wie dich selbst«) – mit all ihren Kräften und Fähigkeiten in die heutige Gesellschaft einbringen.

Insgesamt tue ich mich von meinem Charakter her eher schwer mit einem zu emotionalen Glauben, mit einem Glauben, der irgendwo stattfindet in rein religiösen Veranstaltungen und Sphären. Bei einigen meiner Freunde, die von einem Erweckungserlebnis berichten können, bewundere ich die Sicherheit oder Gewissheit, mit der sie ihren Glauben leben. Ich selbst ringe eher immer wieder darum. Mein Anfang zu einem bewussteren Glauben liegt, wie gesagt, in der Bundeswehrzeit, wo ich an Rüstzeiten in Häusern der Kirche teilgenommen habe. Da erlebte ich Pfarrer, die nicht nur in ihrem isolierten Spezialbereich zuhause waren, sondern in meiner Berufswelt. Die Themen wie »Darf ein Christ Soldat sein, im Ernstfall töten?« wurden intensiv diskutiert. Das

31

hat mich ungeheuer angesprochen. Von da an habe ich mir den Glauben gewissermaßen erkämpft. Und es bleibt ein laufendes Ringen, das nie enden wird.

Glaube, Beruf und tägliche Arbeit

Je älter ich werde und je mehr ich die Zusammenhänge reflektiere, sehe ich, wie Gott im Laufe meines Lebens auf verborgene Weise die Dinge gelenkt und einen Mosaikstein zum anderen gefügt hat. Es haben Dinge stattgefunden, die ich in ihrer Zeit nicht akzeptiert habe, wo ich gegrübelt habe, wo ich gezweifelt habe, wo keine menschliche Logik erkennbar war. Wenn ich heute sehe, wie vieles zueinander passt, dann ist das Gnade. So war zum Beispiel überhaupt nicht absehbar, dass ich in den öffentlichen Dienst wechsle. Dazu hat mir der wirtschaftliche Erfolg, den ich hatte, die Möglichkeit eröffnet. Und viele sagen, dass ich gerade meine Erfahrung aus der Industrie segensreich in der Bundesagentur für Arbeit einbringen konnte; speziell die Kompetenz im Bereich Controlling, Organisation, Effizienz und Optimierung. Und dass mir jetzt am Ende meines Berufslebens nach all den Lehrjahren im Bundesamt für Migration und Flüchtlinge die fast unlösbare Aufgabe zufällt, die unhaltbaren Zustände bei den Aufnahmeverfahren für die betroffenen Menschen erträglich und insgesamt beherrschbar zu machen, das bringt mich schon zum Nachdenken. Das kann kein Zufall sein.

Genau in diesem letzten Tätigkeitsfeld, das ich ohne finanziellen Mehrgewinn wahrnehme, liegt aber auch die aktuelle Herausforderung. Ich soll den unerträglichen Zustand, dass Flüchtlinge so lange in Ungewissheit warten müssen, bis ihr Antrag bearbeitet wird, möglichst schnell, aber gleichzeitig auch sachgerecht und verantwortlich beenden. Und damit überfordere ich quasi gezwungenermaßen die Beschäftigten in diesem Bundesamt mit dem Tempo der Maßnahmen und dem von mir ausgehenden Druck. Dabei ist mir aufgrund meines Selbstverständnisses und Berufsethos gerade das Einbeziehen und positive Motivieren von Mitarbeitern wichtig. Hier habe ich im Augenblick sehr große Gewissenskonflikte, bei denen ich mich entscheiden und ausbalancieren muss: Wie werde ich dem einen oder anderen gerecht? Wie mache ich es richtig? Hier wird Christsein und das christliche Vorleben im Alltagsgeschäft ganz praktisch. In all diesen Fällen bete ich intensiv. Ich arbeite ungeheuer viel und übers Maß hinaus und plane, und dann kommt der Moment, in dem ich mir sage: Was bist du für ein Dummkopf, jetzt verlass dich doch auf Jesus! Und ich kann so aus meiner Anspannung zurücktreten, entspannen und entlastet neu ansetzen und weitermachen.

»Ich habe mir den Glauben gewissermaßen erkämpft. Es bleibt ein laufendes Ringen.«

Was die Rolle der Bibel angeht, so habe ich keinen speziellen Vers, von dem ich sagen könnte, diesen betrachte ich als allgemeine Leitlinie für meine Arbeit. Sehr lieb, wertvoll und in guter Erinnerung ist mir mein Konfirmationsspruch: Sei getreu bis in den Tod, so will ich dir die Krone des Lebens geben (Offenbarung 2,10). In meiner kleinen Gideon-Bibel habe ich mir im Lauf der Zeit vieles markiert, was mir wichtig wurde und auch in kommenden Situationen hilfreich sein könnte. Grundsätzlich nehme ich mir regelmäßig Zeit, um aus dem Wort Gottes Kraft und Inspiration für den Alltag zu schöpfen. Dem enormen Druck und den zahlreichen Anforderungen in meinem Beruf kann ich nur schwer aus eigener Kraft gerecht werden. Wie die Bibel in eine sehr konkrete Situa-

33

tion sprechen kann, habe ich in einem sehr angespannten und kritischen Moment im Parlament erlebt, in dem ich sehr hart angegangen wurde. Genau in diesem Augenblick hat mir ein Freund ein Bibelwort per SMS geschickt: »Durch Stillesein und Vertrauen würdet ihr stark sein« (Jesaja 30,15). Das war mir ein Fingerzeig, wie ich mich verhalten sollte. Statt mich zu wehren und zu verteidigen, hieß das für mich: Warum lässt du nicht den Herrn reden? Schweige doch einfach! Und von diesem Moment an wurde diese spezielle Situation wesentlich besser. So erlebe ich den Glauben und die Beziehung zu Gott ganz konkret im täglichen Leben und er erscheint in einer praktischen Form. Ich bin überzeugt, dass es selbst in ganz weltlichen Dingen wie dem täglichen Berufsleben meine Aufgabe ist, Jesus Christus nachzufolgen. Gott hat uns Menschen mit Jesus gezeigt, an wem wir uns orientieren können. Und bei manchen Themen, bei denen ich Zweifel habe, hilft es mir einfach zu fragen: Was hätte Jesus getan? Hilfreiche grundsätzliche Rahmenwerte gibt auch Martin Luther. So verstehe ich zum Beispiel meinen Beruf in Luthers Sinn als »Berufung« und Dienst der Liebe im Auftrag Gottes. Die erfahrene Gnade setzt frei und verpflichtet zugleich zum Dienst. Die Kernsätze von der Freiheit eines Christenmenschen sind hier eine gute Leitlinie. Die anvertrauten Begabungen, Talente und Mittel sind von Gott geschenkt und in diesem Sinn einzusetzen für andere. Ich will mein Bestes geben für die Sache und für die Menschen. Das grundsätzliche Wissen, von Gott gehalten zu sein, die geschenkte Rechtfertigung aus Glauben allein und das Wissen um die Möglichkeit der Vergebung geben Mut zur Übernahme von Verantwortung und zum Handeln.

Als Chef habe ich in einem Unternehmen oder einer Institution zwar eine spezielle Aufgabe und Stellung, aber ich sehe mich nicht als etwas Besseres oder Besonderes. Die Überhöhung eines Menschen, bei der sozusagen das erste Gebot pervertiert wird, wo jemand sich für allmächtig und allwissend hält, entspricht überhaupt nicht meinem Verständnis von Führung. Ich mache ja diese Aufgaben immer in einem Verbund mit vielen Menschen. Ohne das Team und die Gemeinschaft ist die Gesamtaufgabe nicht zu bewältigen, sind die gesetzten Ziele nicht zu erreichen. Jeder Beschäftigte, der in seiner Funktion seinen Teil beiträgt, ist genauso wichtig. Das Ganze ist wie ein Mosaik oder eine Komposition, die zusammenklingen muss. Auch beim Vorhandensein von Interessengegensätzen bedarf es eines Grundvertrauens. Dies zu ermöglichen, ist mir das größte Anliegen – um der Sache und des Zieles willen. Meine Maxime der »inneren Führung« ist: Motivation durch Überzeugung. Ich glaube, dass Menschen Zumutungen dann akzeptieren, wenn man ihnen deren Sinn erklärt. Mein Gesamtanliegen ist es, einen Rahmen zu schaffen, in den die Mitarbeiter sich gerne einbringen und in dem sie sich entfalten können. Sich als Chef durchzusetzen finde ich dann legitim, wenn dadurch Gutes bewirkt und/oder Schaden abgewendet werden kann. Wichtig für den Gesamterfolg sind Klarheit, Berechenbarkeit, Zielgerichtetsein – und im Blick auf die Mitarbeiter Kommunikation, Respekt, Wertschätzung und Anerkennung.

FRANK-J. WEISE (Jg. 1951) ist Vorsitzender des Vorstandes der Bundesagentur für Arbeit und Leiter des Bundesamtes für Migration und Flüchtlinge. Nach einer Ausbildung zum Offizier bei der Bundeswehr und dem Studium der Betriebswirtschaftslehre war er zunächst in verschiedenen Leitungsfunktionen bei der Bundeswehr beschäftigt. Danach wechselte er in die Industrie, wo er zuletzt Mitgründer und später Vorsitzender des Vorstands der Microlog-Logistics AG war. Frank-J. Weise ist Chairman of the Board of Public Employment Services (PES) und Vorsitzender des Vorstands der Gemeinnützigen Hertie-Stiftung.

Hab Vertrauen. Sei zuversichtlich. Du wirst gut geleitet werden

DR. HENNEKE LÜTGERATH

Herr Dr. Lütgerath, in den Leitlinien der Warburg Bank wird Dietrich Bonhoeffer zitiert: »Die Ehrfurcht vor der Vergangenheit und die Verantwortung gegenüber der Zukunft geben fürs Leben die richtige Haltung.« Wie würde Dietrich Bonhoeffer es finden, dass er den Leitspruch einer Bank prägt? Dafür ist der Zusammenhang wichtig. Einer der maßgeblichen Gesellschafter der Warburg Bank ist Dr. Christian Olearius, der aus einer ursprünglich schlesischen Pastorendynastie stammt. In dieser Familie gibt es eine gehörige Portion protestantische Denkungsart und das hat er, ohne das groß überzubetonen, hier ein wenig einfließen lassen. Ein solches Zitat hängt sicherlich mit ihm als Person zusammen und ist so zu erklären.

Zeigt sich in der Bank diese protestantisch geprägte Tradition? Ich weiß nicht, ob Sie das als Kunde erkennen. Es gibt sicherlich eine gewisse Pflichtethik hier, die sich eingeübt hat. Dass man

37

fleißig ist, dass man verlässlich ist, dass man die Dinge ordentlich abarbeitet. Das sind Eigenschaften, die hier im Haus durchaus zur kulturellen DNA gehören. Aber es wäre vermessen zu behaupten, dass Sie hier einen Protestantismus spüren. Wir sind ja auch keine kirchliche Bank. Trotzdem darf man wissen, dass Warburg eine Bank mit jüdischen Wurzeln ist.

Die Warburg Bank ist eine Privatbank. Das prägt das Image und das Geschäft. Wie unterscheidet sich die Kultur Ihres Hauses von anderen? Als Privatbank versucht man sicherlich, eine direktere und persönlichere Kundenbeziehung zu etablieren und dem Kunden das Gefühl zu geben, anders als in einem großen Haus individuell wahrgenommen zu werden. Ein anderer wesentlicher Unterschied im Selbstverständnis dieser wenigen Privatbankhäuser, die es noch gibt, ist der Unabhängigkeitsgedanke. Sich selbst als unternehmerische Einheit zu verstehen, die gerade nicht fremden Interessen gehorchen muss, weil man einem Versicherungskonzern oder einem ausländischen Bankhaus gehört, sondern sich frei die Ziele setzen zu können und ihre Umsetzung auch zu beherrschen.

Wenn man in der Struktur des Hauses nicht bemerkt, dass es in einer jüdischen Tradition und protestantischen Überzeugung steht, was bedeutet es dann für Sie, hier in diesem Haus und in diesem Geschäft als evangelischer Christ zu arbeiten? Ich bin evangelischer Christ, aber ich glaube nicht, dass das in meinem beruflichen Tun unmittelbar für mein Gegenüber erkennbar ist. Für mich bedeutet das Christsein, dass ich immer in meinem Leben eine Dimension habe, die »nicht von dieser Welt« ist. Es gibt immer einen Gott über mir, der mich leitet und führt, der mich immer geleitet und geführt hat. Ich bin auf dieser Erde, ich will hier arbeiten, erfolgreich und gut sein, aber ich habe einen Bezug, einen Anker außerhalb dessen, was mich alltäglich umgibt. Ich habe einen, der mir Kraft und Halt gibt und sicherlich auch ein gewisses Pflichten- und Wertegerüst. Ob ich diesem Wertekanon immer gerecht werde, das ist eine andere Frage. Aber dass es diese Dimension gibt, das bedeutet mein Christsein für mich in meinem Alltag.

Was bedeutet es für Ihre Arbeit? Bildet der christliche Glauben einen anderen Reflexionsrahmen bei bestimmten Entscheidungen? Es hat in unterschiedlichen Punkten eine Bedeutung für das Tun. Einmal ist es diese Gewissheit, dass man selbst nicht alles schafft, dass man nicht alles durch tüchtiges Arbeiten, Führen, Managen in der Hand hat. Es gibt Misserfolge und Erfolge, aber es ist nicht alles selbstgemacht. Ich bin nicht der Allesgestalter, Alleskönner oder Alleskönnenmüsser. An einem anderen Punkt bin ich ein bisschen allergisch bei so einer Frage. Dahinter steckt nämlich die Frage, ob der christliche Unternehmer skrupulöser ist, feinfühliger oder kritischer. Wenn man das für sich in Anspruch nimmt, dann macht man sich zu heilig.

Gibt es dennoch Situationen, in denen Sie in innere Konflikte geraten? Sicherlich gibt es Situationen, wo man als christlicher Mensch in einer schwierigeren Situation ist. Anfang der 2000er war ich zum Beispiel für die Restrukturierung einer Tochterbank verantwortlich, die mit umfangreichen Personalentlassungen einherging. Da fragte ich mich natürlich, was das, was ich aus guter kaufmännischer Überlegung tue, menschlich bewirkt. Aber es wäre vermessen, wenn ich jetzt behauptete, dass ich meine Entscheidungen dauernd unter einem christlichen Blickwinkel überprüfe.

39

Warum ist es dennoch wichtig, dass sich evangelische Unternehmer öffentlich und in kirchen- oder wirtschaftspolitischen Debatten positionieren? Zunächst erscheint mir das deshalb wichtig, weil es in weiten Teilen unserer evangelischen Kirche eine tiefsitzende Skepsis und Ressentiments gegenüber Unternehmern und Managern gibt. Deshalb ist es wichtig, dass man sich dort zu erkennen gibt und zu Wort meldet. Zum zweiten ist es auch für die eigene Selbstvergewisserung wichtig. Schließlich will man ja zu dieser Kirche und Gemeinde dazugehören, deshalb muss man in einen Dialog treten. Und drittens muss man sich als Manager und Unternehmer auch deshalb zu Wort melden, weil es in vielen Punkten in kirchlichen Kreisen gar kein sachliches Verständnis für wirtschaftliche Fragen gibt. Da haben wir auch die Funktion, Dinge zu erklären, ohne dass das jetzt belehrend klingen soll.

Das ist die kirchenpolitische Perspektive. Wie ist es mit der Rolle evangelischer Unternehmer in wirtschaftspolitischen Debatten? Sie sind Mitglied im Wirtschaftsrat der CDU. Welche Impulse bringen Sie dort aus dieser Haltung ein? Ich bin im Wirtschaftsrat, weil ich ein überzeugter Marktwirtschaftler bin. Ich halte die Soziale Marktwirtschaft als wirtschaftspolitisches Ordnungsmodell für eine ziemlich geniale Idee. Freies Unternehmertum in einen sich kontrollierenden Gegeneinfluss mit sozialen Aspekten zu bringen, ist ein sehr faszinierendes Modell, um Wirtschaft in einem Land zum Wohl der Menschen erfolgreich zu betreiben. Das wird in Deutschland vom Wirtschaftsrat der CDU wie auch von der Stiftung Soziale Marktwirtschaft sehr klar vertreten. Deshalb bin ich dort aktiv und versuche, deren Standpunkt mitzugestalten. Auf die Frage, inwieweit ich explizit als evangelischer Christ und AEU-Mitglied im Wirtschaftsrat wirksam bin, würde ich mich mal sehr bescheiden äußern wollen. Ich weiß gar nicht, ob das da so sichtbar wird. Natürlich vermeide ich mein Bekenntnis nicht, aber wenn der Wirtschaftsrat einen Standpunkt zum Mindestlohn oder zur Rente mit 63 formuliert, dann bringe ich doch keine spezifisch evangelisch christlichen Gedanken ein.

Warum nicht? Weil ich meine, dass diese Fragen im Wesentlichen sachgeprägt sind. Eine Diskussion über die Rente mit 63 hängt zusammen mit unserer Demografie, daraus ergeben sich bestimmte Konsequenzen, das ist eine relativ neutrale Sachfrage.

Wollen Sie das auch nicht aus christlicher Perspektive kommentieren, weil das evangelische Bekenntnis an dieser Stelle keinen Mehrwert liefert? Ja, genau so würde ich das sagen. Wichtig ist für mich im Internum, dass ich mich immer frage: Lebe, denke und handle ich in einer Weise, die meinem Wunsch nach einem christlich geprägten Leben gerecht wird? Selbstverständlich auch in dem Bewusstsein, dass ich vielfach dahinter zurückbleibe, schuldig werde, der Vergebung bedürftig bin. Aber ich habe nicht das Gefühl, dass ich zu solchen Sachfragen aus meiner christlichen Standortbestimmung heraus Besonderes beitragen kann.

Wann und wo und warum ist dann überhaupt ein öffentliches christliches Bekenntnis wichtig? Weil man damit zu erkennen gibt, dass man über sich jemanden weiß, der wichtiger ist. Dem man das Gute in seinem Leben verdankt. Und auch das Schwierige. Auf dessen Zusprache man angewiesen ist, weil man sonst gar nicht auf der langen Distanz des Lebens, auch des Arbeitslebens die nötige Kraft hat. Deswegen ist das wichtig. Und sicher auch deshalb, weil ein solches Bekenntnis daran erinnert, dass aus der eigenen empfangenen Zusprache und Hilfe das Gebot der Liebe zum Mitmenschen erwächst.

41

Wenn es im Glauben vor allem um diese individuelle Reflexion geht, hat ein christliches Bekenntnis dann auch die Funktion einer moralischen Instanz für das eigene Handeln? Ja, schon. Aber mich stört an dieser Formulierung, dass es so klingt, als hätte man als Christ eine Checkliste.

Andere würden da vielleicht die 10 Gebote nennen. Was mich stört: Das klingt so, als würde man an diesem Katalog noch mal kurz spiegeln. So ist das doch nicht. Glauben ist ein Gefühl des Aufgehobenseins. Ich bin im Arbeitsleben das, was ich bin, aber ich bin auch noch aufgehoben und fühle mich dadurch getragen und geleitet. Moralische Instanz klingt so hart, so technisch. Christsein im Beruf bedeutet doch nicht, der Moralapostel zu sein, sondern es bedeutet einfach, dass ich mir dessen bewusst bin, dass es noch etwas gibt, das über den Alltag, über meine Reputation, die durch meine Position und meine Tätigkeit kommt, hinausgeht.

»Christsein im Beruf bedeutet doch nicht, der Moralapostel zu sein.«

Waren Sie sich dieses Glaubens immer so sicher? Ja, ich bin zu Glauben und Kirche ganz stark durch meine Mutter gekommen, die eine evangelische Schlesierin aus Breslau war und aus einer sehr protestantischen Familie stammte. Für meine Mutter waren protestantisches Leben und Kirchenzugehörigkeit ganz selbstverständlich. Gar nicht im Sinne eines großen Ringens oder Diskurses, sondern es war einfach selbstverständlich. Das hat sie zum großen Teil auch nonverbal vermittelt. In ihrem Glauben spielte Vertrauen eine ganz große Rolle und das hat sie mir und meinen älteren Schwestern von frühester Kindheit an vermittelt:

Hab Vertrauen. Sei zuversichtlich. Du wirst gut geleitet werden. Das habe ich sehr stark verinnerlicht.

Als Heranwachsender hatte ich dann in meiner Konfirmandenzeit einen sehr bemerkenswerten, guten Pastor. Da war der Akzent ein anderer. Das war ein sehr kritischer und diskursfreudiger Mann. Da ging es stark um Auseinandersetzungen mit Glaubensfragen, in denen auch dem Kopf Nahrung gegeben wurde und nicht nur der Seele. Das beides in Kombination hat letztlich mein Glaubensgefühl geprägt und das hat Gottseidank immer gehalten. Ich habe mich in meinem Leben immer sehr verankert gefühlt.

Spielt in Ihrem Glauben das Reformatorische eine besondere Rolle? Ja, wobei ich nicht weiß, ob das aufgrund intellektueller Durchdringung so ist oder weil meine Mutter so eine obstinate Protestantin war. Aber im Ernst: Die lutherische Grundauffassung, dass wir nur durch Glauben selig werden und nicht durch Werke, finde ich schon sehr faszinierend. Gerade in einer Berufslebenswelt, die ja ganz stark werkorientiert ist und wo sich Menschen stark über das definieren, was sie tun, über das Erreichte, den Ertrag. Da ist das Reformatorische ein Kontrastprogramm: Ich kann nur glauben aus Gnade und ich kann auch nur durch Glauben und nicht durch Werke selig werden.

Kann dieses Denken dann nicht doch ein Korrektiv im Geschäftsleben sein? Macht es Entscheidungen besser, wenn ich mir der Grenzen meines Handelns in dieser Weise bewusst bin? Für mich als Person ist wichtig, dass ich nicht durch mein Tun und meine tollen Werke gerecht werde, sondern durch Glauben und durch Gnade. Aber beeinflusst das wirklich die Entscheidung: Würde ich diesem Unternehmen einen Kredit geben oder nicht? Natürlich müssen und dürfen Sie sich im unternehmerischen

Handeln der eigenen Begrenztheit und Fehlbarkeit bewusst sein. Aber der Glaube ist sicher kein Korrektiv für eine Einzelentscheidung. Kirchlicherseits wird einem so gerne suggeriert, dass es so sei. Dass man als Christ bessere Entscheidungen treffe. Die Entscheidungen, die wir im Berufs- und Alltagsleben treffen, sind aber doch häufig einfach sachfragengeprägt.

Sie wollen vermeiden, dass man annimmt, christliche Manager handelten besonders verantwortungsvoll … Ja, das will ich vermeiden, weil darin eine Anmaßung liegt. Das Bankgeschäft, also mein Tätigkeitsfeld, ist ein Gewerbe, das mehr als andere durch die Virtualität des Produktes gewissermaßen abstrakt erscheint. Wenn Sie Unternehmer in einem produzierenden Unternehmen sind, haben Sie eine andere, persönlichere Beziehung zu ihrem Produkt. Bankgeschäft ist eine scheinbar neutrale, virtuelle Geschichte. Da wäre es vermessen und zugleich selbsttäuschend, wenn man behaupten würde: Weil ich Christ bin, entscheide ich anders oder besser.

Aber macht nicht gerade dieses Virtuelle das Bankgeschäft anfällig für Verantwortungslosigkeit? Ich befürchte, dass Sie damit Recht haben: Es besteht die Gefahr, dass man sein Handeln und Entscheiden zu technokratisch und vielleicht zu wenig in einer menschlichen Dimension zu betrachten geneigt ist. Einfach gesagt: Man verliert leichter die Bodenhaftung und benötigt deshalb umso mehr einen inneren Kompass, der als Korrektiv wirkt.

Wenn wir wollen, dass die Branche verantwortungsvoller handelt, sind dann nicht insbesondere christliche Manager gefragt, sich zu äußern? Ich glaube, dass sollten sie, einzeln oder gemeinsam, auch hin und wieder tun. Das geschieht ja auch, zum Beispiel in den Denkschriften, die in Zusammenarbeit mit christlichen Unternehmern und dem AEU entstanden sind, etwa zur Bankenkrise. Es ist richtig, dass das geschieht. Aber ich bin und bleibe sehr zurückhaltend mit dieser forschen Artikulation: Nur weil du evangelischer Christ bist, bist du unternehmerisch und wertemäßig trittsicherer unterwegs.

Gibt es für Sie ein wichtiges Bibelwort? Es gibt für mich eine Reihe wichtiger Bibelworte. Eines ist »Du stellst meine Füße auf weiten Raum« (Psalm 31,9b). Das bedeutet für mich: Du gibst mir die Möglichkeit, Talente und Fähigkeiten zum Einsatz zu bringen. Du gibst mir die Möglichkeit, vielen verschiedenen Menschen zu begegnen. Viele Eindrücke zu sammeln. Den weiten Raum empfinde ich weniger geografisch, sondern ich habe das Gefühl, in meinem Leben die Möglichkeit gehabt zu haben, mich relativ weit zu entfalten.

DR. HENNEKE LÜTGERATH (Jg. 1954) ist seit 2009 Partner des Bankhauses M.M.Warburg & CO in Hamburg. Er ist gelernter Bankkaufmann und promovierter Volljurist. Er begann seine berufliche Laufbahn 1985 bei der M.M.Warburg Bank in Hamburg, bei der er verschiedene Positionen bekleidete, u. a. leitete er die Tochterbank Löbbecke in Berlin. Er ist u. a. Mitglied des Kuratoriums des Arbeitskreises Evangelischer Unternehmer (AEU) und des Präsidiums des Wirtschaftsrats der CDU.

DR. HENNEKE LÜTGERATH

Gutes tun, wo die Wertebasis stimmt

ANDREAS WINIARSKI

U rbi et Orbi, der Segen des Papstes, hatte Tradition im ersten Haus am Brandenburger Dom. An Ostern und an Weihnachten saß Andreas Winiarski mit seiner Oma in Brandenburg an der Havel regelmäßig vor dem Fernseher. »Das war gesetzt, wie ›Last Night of the Proms‹«, erzählt er lachend. »Das musste man gucken. Mir hat das immer Spaß gemacht.« Wenn Andreas Winiarski davon spricht, dass Glaube und Geschäft für ihn kein Widerspruch sind, dann meint man genau das zu hören: Beides macht Sinn und beides macht ihm Spaß.

Als Kommunikations- und PR-Profi hat Andreas Winiarski in den letzten Jahren eine steile Karriere gemacht. Er arbeitete in der PR-Abteilung des Pharma-Unternehmens Bayer, er koordinierte für den Springer Verlag den Online-Zweig der Bild-Zeitung, war PR-Chef der Start-up-Schmiede Rocket Internet und zugleich

47

Geschäftsführer der Agentur RCKT. Seit Januar 2016 ist er Partner der strategischen Kommunikationsberatung Hering Schuppener Consulting in Berlin und baut dort eine Tochter für digitale Transformation und Unternehmenskommunikation auf. In den Medien wird er als PR-Guru gefeiert, von Unternehmen wird er gern eingeladen als Erklärer der Digitalisierung der Wirtschaft. Denn hier sieht er in der deutschen Wirtschaft ein großes Defizit und eine Menge Nachholbedarf.

»Wir sind mit der deutschen Wirtschaft in allen Branchen auf dem Weltmarkt erfolgreich. Unser Heimatmarkt ist wettbewerbsfähig, aber die wirtschaftlichen Eliten haben ein Problem. Wir sind wirtschaftlich zu bequem geworden. Das Ureigenste, was uns so stark gemacht hat, der Erfinderreichtum, ist schwer geworden durch Regulierung, aber auch durch geistige Immobilität. Ich glaube, dass wir dadurch in den letzten Jahren die Industrialisierung mit dem Namen Digitalisierung weitgehend verschlafen haben. Das ist ein epochaler Fehler, den deutsche Eliten da begangen haben. Innovation und Digitalisierung sind aber wie Wasser, sie suchen sich ihren Weg. Da sind gewisse Kontrollmechanismen wichtig, aber Sie werden Industrie 4.0 nicht aufhalten können.«

Für Andreas Winiarski sind Facebook oder Wikipedia »große Erfindungen der Menschheit, die niemand mehr missen möchte«. Das Besondere der weltweiten Kommunikation: »Ideen können von überall kommen, mehr als man sich das je vorstellen konnte.« Die Digitalisierung eröffne der Wirtschaft nicht nur im Bereich der Kommunikation große Chancen. Dass er selbst nach Jahren in der Start-up-Szene wieder in der »alten Wirtschaft« angekommen ist, will er auch als Ausdruck dieser Haltung verstanden wissen. Zumal er von sich sagt, dass er eigentlich ein ganz pragmatischer Wirtschaftsmensch ist und so gar nicht der typische Berliner Start-Upper. Dafür sei er zu bescheiden und auch zu sehr an Sicherheit interessiert. Andreas Winiarski hat in der neuen Partnerschaft bei Hering Schuppener die Aufgabe, die digitale Kommunikation in eher traditionellen Branchen zur Entfaltung zu bringen, auch für einen »Mittelstand 4.0«.

»Mittel- bis langfristig ist es unersetzlich, Nächstenliebe und Empathie zu zeigen.«

Mit seiner angedeuteten Irokesenfrisur, Lederjacke und Jeans sieht Andreas Winiarski zwar nicht so aus, aber er ist ein bekennender Konservativer. Seit 20 Jahren ist er Mitglied der CDU, seit Kurzem auch Mitglied der britischen Conservatives. Er war Stipendiat der CDU-nahen Konrad-Adenauer-Stiftung und ist Mitglied im Beirat junge digitale Wirtschaft der Bundesregierung. »Das gute Bestehende, das verstehe ich unter konservativ, sollte man erhalten und gezielt innovativ ergänzen. Dieser Wandel mit der Digitalisierung ist für jeden machbar. Ich kämpfe immer dafür, Unternehmensgeschichten erfolgreich zu platzieren, weiterzuentwickeln, Arbeitsplätze zu erhalten, Innovationskraft zu stärken.« Konservativ und christlich zu sein, das gehört für ihn untrennbar zusammen. »Als ich mit 18 in die CDU eingetreten bin, war das eine sehr bewusste Entscheidung und in den neuen Bundesländern nicht selbstverständlich. Das christliche Moment, das andere vielleicht das Soziale nennen, ist entscheidend. Weil alles Grenzen hat und einen größeren Sinn, weshalb wir hier sind. Man ist nur erfolgreich, wenn man das vereinen kann. Kurzfristig kann man mit Härte viel erreichen, aber es zerstört Beziehungen. Mittel- bis langfristig ist es unersetzlich, Nächstenliebe und Empathie zu zeigen.

49

Für Andreas Winiarski war es überraschend, dass an seinem neuen Arbeitsplatz beim ersten Partnermeeting an einem von zwei Tagen nur über Werte gesprochen wurde. Das kannte er aus seiner Zeit bei Rocket nicht. »Wir reden in der digitalen Szene zu wenig über Werte. In der Start-up-Welt hätten Sie darüber nicht mal zehn Minuten gesprochen.« Und doch ist er davon überzeugt, jede seiner bisherigen Tätigkeiten mit seinem Gewissen gut vereinbaren zu können. »Ich habe mir immer spannende Missionen gesucht und Marken, die eine Relevanz haben, weil sie Menschen erreichen. Wenn Sie relevant sein wollen in dem, was Sie tun, haben Sie immer Zielkonflikte. Das lässt sich gar nicht vermeiden. Ich halte viel davon, in meinem Leben Relevantes zu tun, mich einzusetzen und einen Freiraum zu bekommen. Und ich halte viel davon, in die Systeme zu gehen und dort Gutes zu tun, wenn die Wertebasis stimmt.

Bayer, Springer, Rocket – das sind Marken, die immer Gewicht hatten und auch ganz klare Unternehmensrichtlinien. Ich habe mir immer vorgenommen: Wenn der Punkt käme, dass ich etwas mit meinem Gewissen nicht vereinbaren kann, dann würde ich gehen. Von außen mag es so aussehen, als ob man das täglich hat, aber das ist viel entspannter, als Sie glauben. Ohne Rocket Internet als größtes Tech Unternehmen hätten wir eine ganze Generation von Gründern in Deutschland nicht. Die Bild-Zeitung gibt sicherlich Anlass zur Kritik, aber letztlich erreicht sie viele Menschen, die nicht akademisch geschult sind und trotzdem ein Informationsbedürfnis haben. Es ist immer besser, wenn Demokraten für diese publizieren, als wenn ein rechter oder linker Rand es tut. Die Grundwerte von Springer – Freundschaft zu Israel, transatlantische Partnerschaft, Soziale Marktwirtschaft, Grundgesetz – sind auch meine Werte. Lügen erzählen, Negativ-PR, Existenzen gezielt kommunikativ zerstören – so etwas würde ich nie tun.«

Wenn Andreas Winiarski heute davon spricht, dass die einzige Möglichkeit, die aktuellen digitalen Entwicklungen zu begleiten, eine große Offenheit sei, dann hat auch das viel mit seiner Biografie und seinem beruflichen Weg zu tun. Dass er als Ostdeutscher in die bundesdeutsche Elite aufstieg, machte ihn sensibel für Differenzen. Er beschreibt, wie starr er das System in den 1990er Jahren noch erlebte. »Das war eine Zeit, in der Flanellanzug und Schmiss noch darüber mitentschieden, ob einer Karriere macht oder nicht. Die Bereitschaft demjenigen zuzuhören und in ihn Geld zu investieren, der nicht dazugehörte, war gering. Das ist heute anders.«

Einander zuhören, aufeinander zugehen, in einem ständigen Austausch sein – das macht für ihn die Qualität von gelungener Kommunikation aus. Das hat für ihn etwas Ur-Christliches. Was er im politischen und kulturellen Raum beobachtet, dass nach dem Kalten Krieg und der Konfrontation der Blöcke eine andere Wahrnehmung von Deutschland wuchs, nimmt er im wirtschaftlichen Kontext in der Berliner Start-up-Szene wahr. Das junge Deutschland finde hier ein Abbild. Eine schnelle digitalisierte Wirtschaft, die dennoch nicht vom Menschlichen abgehoben sei.

»Der Mensch im Mittelpunkt ist immer das Zentrale. Das ist im Kern auch das, was das Silicon Valley erfolgreich macht. Wenn Sie eine Geschäftsidee suchen, dann steht im Mittelpunkt immer das Problem, das ein Mensch hat und für das Sie eine Lösung suchen. Wenn Sie genug Probleme identifizieren und die Antwort haben, wie Sie die lösen können, dann haben Sie ein Geschäftsmodell. Hier in Deutschland oder Europa haben wir immer noch eine Gründerkultur, die stark vom Ende, vom Gewinn aus denkt und nur über Zahlenoptimierung führt. Aber schon die Reise dorthin muss den Menschen zugewandt sein. Wenn Sie eine tolle Sache machen, dann sind die Zahlen gar

51

nicht so wichtig. Als Investor investieren Sie nicht als Erstes in die Idee, sondern in das Team.«

In digitale Geschäftsmodelle zu investieren verlange daher eine grundsätzliche Aufmerksamkeit für das Menschliche. »Am Ende sind es Menschen, die da agieren und die Dinge in diese oder in jene Richtung auslegen können. Man sollte immer einen nachhaltigen und christlichen Weg verfolgen. Heute nennt man das Sustainability. Was wir tun, muss auch auf die Gesellschaft einzahlen. So muss man die Menschen auch in digitalen Geschäftsmodellen mitnehmen – ob sie am Rechner sitzen, Pakete bringen oder Taxis steuern. Das darf nicht das neue Digital-Prekariat werden. Denn dann wäre es eine sehr kurzfristige Innovation.«

Andreas Winiarski lebt in einer beschleunigten Welt. Und in einem beruflichen Alltag, der ihm wenig Zeit lässt für Freizeit oder Ferien. Kirchenmitglied zu sein, das ist längst nicht mehr selbstverständlich für Menschen seiner Generation und erst recht nicht in seiner Branche. Andreas Winiarski beugt sich sowieso keinem Gruppendruck. »Für mich gehörte der Glaube immer dazu. In der Kirche gewinne ich Einsichten in Dinge, die mir Halt geben. Ich fühle mich aufgehoben in diesem entschleunigten, für die Unendlichkeit gebauten Modell. Am Wochenende auf den harten Holzbänken zu sitzen – das ist besser als jeder Essay in der ZEIT.«

Dass er als Ostdeutscher überhaupt als Christ aktiv sein konnte und keine Repressionen erlebte, verdankt er seiner Familiengeschichte. Sein Opa galt als »Held des antifaschistischen Widerstands«, er hatte als Partisan gegen die Deutschen gekämpft. Seine Frau war Jüdin gewesen und hatte als Krankenschwester für die Rote Armee hinter den feindlichen Linien geholfen. Insofern war die Familie »ein bisschen sakrosankt«. Der Vater konnte in Brandenburg ein eigenes Handwerksgeschäft führen und arbeitete unter anderem für die russischen Stadtkommandanten, ein zusätzlicher Schutz.

»Ich fühle mich aufgehoben in diesem entschleunigten, für die Unendlichkeit gebauten Modell.«

Ein starkes Vorbild im Glauben war für Andreas Winiarski seine Oma, die auch Kirchenälteste war. Sie war stark preußisch geprägt und kam aus einem sehr geschichtsbewussten Haus. »Sie hat noch den Kaisergeburtstag gefeiert, die DDR ist an ihr eher wie eine Petitesse vorübergegangen.« Konfirmiert wurde Andreas Winiarski dann 1993 nach der Wende. Eine eigene, erwachsene Auseinandersetzung mit Glaubensfragen erlebte er als Student. Noch gut erinnert er sich an seine Überraschung, als bei Wochenendseminaren der Konrad-Adenauer-Stiftung gefragt wurde, wann denn am Sonntag der Gottesdienst sei. »Das hätten Sie im Osten nie erlebt. Die Selbstverständlichkeit von Glauben gab es da nicht. Vieles musste man abschneiden, gerade in Gemeinschaft konnte man den Glauben nicht wirklich leben.« In diesen Studienjahren sei ihm noch einmal deutlicher geworden, wie sehr der Glaube ein Teil von ihm ist. »Das sind Dinge, die immer da waren und sind, und es macht mir Freude, das zu leben und das Miteinander zu haben.«

Der Familiengottesdienst am Sonntag ist Pflicht. Dass die Kinder getauft und in der kirchlichen Kita sind, selbstverständlich. Andreas Winiarski wünscht sich, dass die Kirche auch im Feld von Kommunikation und Digitalisierung ein kompetenter Gesprächspartner ist. »Die Digitalisierung hat unsere Welt in den letzten fünfzehn Jahren so sehr verändert und sie wird es weiter

53

tun. Wir werden zukünftig mehr über Themen wie künstliche Intelligenz sprechen müssen. Das geht an Grundfragen der Menschheit. Wie viel menschliche Intelligenz will man einer Maschine einhauchen? Die Hauptgesprächspartner müssen da Kirchenvertreter sein. Bei solchen Themen braucht es die etablierten Player. Noch gibt es hier Berührungsängste und auch der Grad der Informiertheit ist in den Kirchen noch nicht sehr ausgeprägt. Das ist ein wichtiges Entwicklungsfeld.«

»Ein Facebook-Gottesdienst?
Warum denn nicht?«

Auch im Gemeindeleben sieht Andreas Winiarski durchaus Schnittstellen. Ebenso wie sich Parteien fragten, wie sie Kontakt zu ihren Mitglieder halten, müssten sich auch die Kirchen auf den Weg machen. »Glaube heißt nicht nur, in den Gottesdienst gehen, sondern Glaube heißt auch beständiger Austausch.« Und dann sei vielleicht auch ein Facebook-Gottesdienst denkbar. »Warum denn nicht? So eine gedankliche Reise ist nicht verkehrt. Eine Plattform wie Facebook schafft so viel Zusammenhalt. Das ist die Lebenswirklichkeit von Aber-Millionen Menschen.«

Wenn ihr nicht umkehrt und werdet wie die Kinder, so werdet ihr nicht ins Himmelreich kommen (MATTHÄUS 18,3)
»In jungen Jahren sind alle auf der Suche nach einem Sinn des Lebens, suchen nach ihrer Profession. Sobald sie dann angekommen sind und kommod werden, besteht die Gefahr, Dinge geschehen zu lassen, weil man glaubt, sich sozialem Gruppendruck hinzugeben, oder weil man enttäuscht ist vom Leben, obwohl man weiß, dass das nicht richtig ist. Wenn man diese innere

Flamme, dieses Vertrauen auf Gott in sich wachhält, dann kann man Dinge nicht nur besser ertragen, sondern sie auch besser ausgestalten. Wenn man die Begeisterung, wie Kinder sie natur-gegeben, gottgegeben haben, wachhält, dann kann einem das gar nicht passieren. Mein Lebenswunsch ist, mit 60 noch wie mit 16 zu sein.«

ANDREAS WINIARSKI (Jg. 1978) ist seit Januar 2016 Partner der strate-gischen Kommunikationsberatung Hering Schuppener in Berlin und leitet den Geschäftsbereich digitale Unternehmenskommunikation und Transfor-mation. Der Betriebswirt und Publizist war zuvor Kommunikationschef von Rocket Internet und leitete dort die Unternehmens- und Finanzkommu-nikation sowie den Bereich Public Affairs. Er ist Mitglied im Beirat junge digitale Wirtschaft des Bundeswirtschaftsministeriums und Beirat im c-netz, dem Verein für Netzpolitik.

Mit Mut, Ausdauer, Idealismus und Demut im Vertrauen auf Gott

PROF. DR.-ING. CORINNA SALANDER

Mein beruflicher Erfolg und mein berufliches Handeln sind von meinem christlichen Glauben beeinflusst und gefördert worden. Glaubenserlebnisse aus Kindheit und Jugend haben mich dazu befähigt, Verantwortung für mein Handeln zu übernehmen und mich zu engagieren. Das hat schließlich zu einer Beziehungs- und Konfliktfähigkeit geführt, die mir gemeinsam mit der inneren Freiheit durch den Glauben den Weg zu einem beständigen Erfolg geebnet hat.

Glaubensvielfalt und innere Freiheit

Vier Erfahrungen haben meinen christlichen Werdegang besonders geprägt. Die erste ist Glaubensvielfalt, getragen von den Erzählungen meiner Eltern über die Vielfalt des Glaubens ihrer Vorfahren. In Bremen lebte ein Teil der Familie im Spannungsfeld zwischen reformiert und lutherisch, polnische Vorfahren sind wegen ihres evangelischen Glaubens nach Berlin emigriert und

57

mein schwedischer Ur-Urgroßvater hat sich auf seiner Suche nach einer neuen Heimat natürlich im protestantischen Norddeutschland niedergelassen.

Die nächste Erfahrung ist, Freiheit aus dem Glauben heraus empfinden zu dürfen. Sie beruht auf meinem Taufspruch: »Der HERR ist der Geist; wo aber der Geist des HERRN ist, da ist Freiheit« (2. Korinther 3,17). Diese innere Freiheit habe ich immer wieder empfinden dürfen, gerade auch in Entscheidungssituationen, in denen ich eine Richtschnur und einen Maßstab brauchte, die unabhängig von allen gesellschaftlichen Zwängen und Abhängigkeiten Bestand haben.

Eine weitere Erfahrung ist diejenige von Ausgrenzung und Rückkehr, die sich in meinem durchaus gespaltenen Verhältnis zur Kirche offenbart. Als Teenager in den 1970er und 80er Jahren habe ich, mit einem Vater in führender Funktion in der Kernenergiewirtschaft, die Kehrseite der politischen Meinungsäußerungen evangelischer Amtsträger und Engagierter kennengelernt. Später hat mich das konkrete Erleben, dass Kirche doch sehr viel mehr politische Vielfalt und Toleranz zu bieten hat, wieder zu ihr zurückkehren zu lassen. Es war eine wichtige Erfahrung, gemeinsam neu anfangen zu können.

Die vierte Erfahrung schließlich ist eine kleine Episode aus der Zeit zwischen Abitur und Studium, in der ich eine Wirtschaftliche Frauenschule des christlich geprägten Reifensteiner Verbandes besucht habe. Wir Schülerinnen wurden Maiden genannt. Die Gründerin, Ida von Kortzfleisch, hat der Bezeichnung eine besondere Bedeutung gegeben: MAID = Mut, Ausdauer, Idealismus, Demut. Diese Interpretation hat damals mein Herz berührt, sich mir in ihrer Tragweite aber erst im Laufe meines weiteren Lebens erschlossen: kürzer und besser kann man christlich-evangelisches (Berufs-)Ethos gar nicht formulieren.

Mut bedeutet für mich, im Vertrauen auf Gott meine Vorhaben in Angriff zu nehmen. Ausdauer heißt, dranzubleiben, auch wenn nicht alles glatt läuft. Idealismus sorgt in meinen Augen dafür, dass der Blick vor allem auch auf solche Ziele nicht verloren geht, die in unserer weltlichen Umgebung vielleicht unrealistisch erscheinen. Und Demut schließlich ist schlicht und einfach der Schlüssel zu allem. Denn ohne das Bewusstsein, rein aus Gottes Gnade zu leben und sich nicht durch gute Werke sein Wohlwollen erarbeiten zu können, leben wir meines Erachtens an Gott vorbei.

Beziehungen verantwortungsbewusst gestalten

Diese Prägungen haben dazu beigetragen, dass ich Verantwortung für mein Handeln übernehmen und dessen Konsequenzen (er)tragen kann. Außerdem habe ich dadurch gelernt, mich für andere Menschen und Themen einzusetzen, auch wenn diese nicht unmittelbar in meinem eigenen Interesse lagen. Das ist für mich ein Baustein meines beruflichen Erfolgs. Andere Bausteine sind Disziplin, Können und gesunder Ehrgeiz sowie der Spaß an Erfolg, Macht und Gestaltungswillen. Diese Erfolgsfaktoren sind nicht zwingend mit dem Glauben verbunden. Beide Aspekte sind gleich wichtig und stellen für mich keinen Widerspruch, sondern eine notwendige gegenseitige Ergänzung dar. Das Zusammenspiel dieser Wertekonzepte zeigt sich mir in einer vom Glauben getragenen Beziehungs- und Konfliktfähigkeit.

Meine Grundlage für die Gestaltung meiner Beziehungen ist zunächst vor allem mein Bedürfnis, dass ich mit Gottes Hilfe für die Menschen, die mir anvertraut sind oder mit denen ich mich auseinandersetzen muss, der Mensch bin, den sie in Gottes Sinne brauchen. Damit meine ich, dass ich den Menschen das gebe, was sie nach seinem Willen brauchen: sei es Liebe und Unterstützung, sei es konkrete Hilfe, sei es ein offenes Wort oder sei es Gegenwind. Gerade Letzteres führt dazu, dass man auch unangenehme Diskussionen aushalten oder anderen ihre vielleicht fragwürdigen Verhaltensweisen spiegeln muss. Hier kommt dann die Konfliktfähigkeit ins Spiel, zu der mich mein Glaube und Gottes Beistand befähigen.

Beziehungsfähigkeit definiere ich so, dass ich Beziehungen aufbauen kann, die auf Vertrauen und Zuverlässigkeit beruhen. Durch die innere Freiheit kann ich diese Beziehungen außerdem weitgehend frei von Abhängigkeiten gestalten und bin damit schon auf der Erfolgsspur. Für meinen Erfolg hilft sie mir, zum einen tragfähige Netzwerke aufzubauen und zum anderen von Menschen zu lernen und sie motivieren zu können. Konfliktfähigkeit bedeutet für mich vor allem zweierlei: komplizierte Beziehungen mit Respekt zu gestalten und mit Fehlern klug umzugehen. Zur Erläuterung möchte ich dazu einige Beispiele geben.

In Netzwerken geben und nehmen

Auf einem tragfähigen Netzwerk basiert Erfolg und zeigt sich auch gleichzeitig darin. Unter tragfähig verstehe ich, dass sich das Netzwerk über berufliche Wechsel oder veränderte private Lebensumstände hinweg erhält und ich darin auf Verständnis für die eigenen Entscheidungen stoße. Geben und Nehmen sollten sich dabei die Waage halten. Es sollte ein Geben sein, das nicht aus Berechnung kommt, sondern aus dem Wunsch, mit anderen Menschen an einer gemeinsamen Idee zu arbeiten. Ich versuche in einer ausgewogenen Mischung zu geben, denn in dieser Mischung steckt eine enorme Kraftquelle. Das Nehmen versuche ich mit Augenmaß zu gestalten, damit ich andere nicht ausnutze. Aber nehmen zu können ist zugleich eine wichtige Grundlage für die Ausgewogenheit im Netzwerk, denn andere wollen ja ihrerseits auch geben und brauchen dafür wiederum Nehmende.

Außerdem brauche ich die richtige Zusammensetzung aus beruflichen, privaten und familiären Kontakten und Einzelnetzwerken. Damit hat man für alle wichtigen Lebenssituationen geeignete Sparringspartner, sei es als Nehmender oder als Gebender. So waren und sind für meine berufliche Entwicklung auch immer die evangelischen Wirtschaftsnetzwerke sehr wichtig. Lange Jahre hatte ich einen Hauskreis, in dem wir speziell unsere beruflichen Fragestellungen entlang der Bibel diskutiert und gemeinsam dafür gebetet haben. Genauso wertvoll sind die Zusammentreffen des Arbeitskreises Evangelischer Unternehmer für mich. Auch wenn die Berufe unterschiedlich sind, so bleiben die Probleme und möglichen Lösungswege doch vergleichbar und der Austausch ist eine Quelle für Kraft und Inspiration.

Von anderen lernen und andere motivieren

Beziehungen, die mich und andere weiterbringen, müssen lebendige Beziehungen sein, in denen man voneinander lernt und sich gegenseitig motiviert. Im Berufsleben sollte das idealerweise in Führungsbeziehungen mit Vorgesetzten oder Mitarbeitern genauso stattfinden wie mit Kollegen. Ich durfte von fast allen meinen Vorgesetzten viel Positives lernen, was natürlich auch meinen persönlichen Erfolg positiv beeinflusst hat. Unter anderem waren sie Vorbilder dafür, wie man mit Mitarbeitern so umgeht, dass sie motiviert werden – also dass sie die Wertschätzung spüren und zu den Leistungen ermutigt werden, die für ihr eigenes Weiterkommen, aber auch für den Erfolg der Abteilung oder der ganzen Firma so entscheidend sind. Und sie waren auch Vorbilder dafür, von ihren Mitarbeitern zu lernen und ihren eigenen Horizont zu erweitern.

Gegenüber meinen eigenen Mitarbeitern und Kollegen habe ich versucht, diese Vorbildfunktion selbst wahrzunehmen. Dabei

61

habe ich aber schnell gemerkt, dass ich nur dann überzeugen kann, wenn ich für die Sache selbst Begeisterung empfinde. Mit meinem Glauben hat das genau dann etwas zu tun, wenn es darum geht, wofür ich mich begeistere, was ich unterstütze und zu welchen Entwicklungen oder Anfragen ich Nein sage. Hier haben mir das Gebet zu Gott und die innere Freiheit immer wieder Richtschnur gegeben.

»Fehler passieren – aber das Entscheidende ist doch, im Vertrauen auf Gott Vorbild sein zu können.«

Als Professorin und Doktormutter erlebe ich jetzt mit meinen Doktoranden eine ganz besondere Beziehung mit Vorbildfunktion und Führung, da es um eine Zeit geht, in der ich sie auf dem Weg ins wissenschaftliche und berufliche Leben begleiten darf. Am Ende können dafür beide Seiten mit einem Titel belohnt werden, der zeigt, was die Doktoranden sich erarbeitet und gelernt haben, der hoffentlich auch zeigt, dass diese Begleitung gelungen ist.

Respekt und Fehlertoleranz

Nicht immer gelingt es jedoch, mit den Mitarbeitern in Achtung, Respekt und mit Fürsorge umzugehen – wir sind nur Menschen. Vor allem in Konfliktsituationen hat mich auch hierbei das Gebet, das Gespräch mit Gott getragen. Ich habe immer das Gefühl, dass schon meine Bemühungen, mit Gottes Hilfe auch komplizierte Beziehungen auf einen guten Weg zu bringen, von den anderen gesehen und gewürdigt werden. Dabei ist es mein Ziel, dass man mindestens in Respekt zusammenarbeitet, auch wenn eine herzliche Beziehung nicht möglich ist.

In diesem Gottvertrauen steckt für mich schließlich noch die so oft genannte Fehlertoleranz als Erfolgsfaktor. Fehler passieren – aber das Entscheidende ist doch, im Vertrauen auf Gott Vorbild sein zu können: Auch man selbst macht Fehler, man kann sie zugeben, übernimmt die Verantwortung dafür, ohne sich selbst oder andere dafür zu beschuldigen, dazu befähigt die innere Freiheit. Aber dann lernt man daraus, auch gemeinsam im Team, und versucht die Fehlerursachen zu beheben. Durch meinen Glauben und das Vertrauen auf Gottes Gnade, die unabhängig von meinen Taten ist, weiß ich: Nicht den Fehler gemacht zu haben ist das Problem, sondern wie ich damit umgehe.

Natürlich muss man kein Christ sein, um gute Beziehungen zu führen oder Mitarbeiter zu motivieren. Aber für mich gehört es zu meiner Authentizität dazu, dass ich die christliche Grundlage meines Handelns nicht leugne – im Gegenteil. Mein Handeln ist nicht perfekt, denn ich bin ein Mensch, aber mein Handeln basiert auf meinem Vertrauen in Gott und darum kann ich Verantwortung für mein Handeln übernehmen.

PROF. DR.-ING. CORINNA SALANDER (Jg. 1967) ist seit November 2014 Professorin für Schienenfahrzeugtechnik an der Universität Stuttgart und damit die europaweit erste Frau auf einem universitären Lehrstuhl im Eisenbahnwesen. Nach dem Studium der Physik und der Promotion in Elektrotechnik war sie unter anderem bei der Deutschen Bahn AG, der Europäischen Eisenbahnagentur und der Bombardier Transportation GmbH beschäftigt. Corinna Salander engagiert sich seit Studienzeiten ehrenamtlich in verschiedenen kirchlichen und überkonfessionellen Einrichtungen, unter anderem im Arbeitskreis Evangelischer Unternehmer, als Gemeindekirchenrätin und als Mentorin für junge berufstätige Frauen.

Gott ist die Liebe; und wer
in der Liebe bleibt, der bleibt
in Gott und Gott in ihm
1. JOHANNES 4,16

Aus der Liebe führen und nicht aus der Angst

JEFFREY SEECK

Herr Seeck, wie sind Sie Unternehmer geworden? Das ist eine wechselvolle Geschichte. Mein Vater hat das Unternehmen kurz vor der Wende in Berlin gegründet. Ich hatte Vermessungstechnik gelernt, konnte einigermaßen gut zeichnen und habe ihn zunächst unterstützt. Ich habe dann Bauingenieurwesen studiert, mit der Wende haben wir in Leipzig einen Standort aufgebaut. Das Büro ist sehr schnell gewachsen und bekam eine tolle Dynamik. 1996/97 brach diese Entwicklung ab und es folgte eine zehnjährige Rezession am Baumarkt, die uns am Ende auch fast das Genick gebrochen hat. Zuletzt hatten wir noch vier Mitarbeiter, zwischenzeitlich waren es mal 20 gewesen. 2005 ging mein Vater in den Ruhestand. Eigentlich wollten wir dann Schluss machen. Aber dann reizte mich die Selbstständigkeit.

Warum haben Sie weitergemacht? Vermutlich wollte ich Unternehmer sein, auch wenn ich das damals nicht so intensiv reflektiert habe. Ich bin ehrgeizig und ich hatte die Vision, dass wir   65 wieder größer und leistungsstärker werden könnten. Ich habe dann in einen neuen Weg investiert, in einen anderen Umgang mit Menschen, eine andere Philosophie, aber auch in andere thematische Bezüge, die eine gute Marktperspektive hatten. Das hat sich letztlich als tragend und dynamisch herausgestellt. Ich konnte meine Kreativität in Bezug darauf, wie sich unser Unternehmen positionieren soll, entfalten. Ich bin meinem Vater dankbar, dass er mich hat machen lassen.

»Ich habe einen spirituellen Ansatz gesucht, weil mir alles andere zu statisch, zu theologisch war.«

Sie sind heute als Planer in den Bereichen Infrastruktur, Stadt und Landschaft, Wasser und Umwelt aktiv, beraten in Sachen Klimaschutz und Neue Energien. Positionieren Sie sich auch als evangelischer Unternehmer? Ich bin eher ein Typ der Ökumene. Für mich ist christlicher Glaube das eine, die kirchlichen Institutionen sind das andere. Ich würde mich, bis ich etwa 35 Jahre alt war, nicht als bewusst christlich bezeichnen. Ich bin getauft und konfirmiert worden, wir sind Weihnachten in die Kirche gegangen. Mehr war da nicht. Ich habe mich relativ spät mit dem Thema auseinandergesetzt und zum Glauben gefunden.

Wie ist das passiert? Ich war nach der Trennung von meiner Lebensgefährtin in einer Lebenskrise. Dazu kamen die wirtschaftlichen Schwierigkeiten im Betrieb und damit die Schattenseiten des Unternehmerdaseins. Ich brauchte eine Standortbestimmung. War ich auf dem richtigen Weg? Ich war von Schuld belastet. Schuld, dass die Beziehung nicht geklappt hat. Schuld gegenüber meinen Kindern, dass sie etwas mittragen müssen, was ich nicht in der Lage war, besser zu gestalten. Schuld im Sinne von Egoismus, weil ich mit der Trennung eine bewusste Entscheidung für einen anderen, neuen Weg getroffen habe. Niemand konnte mir diese Schuld vergeben. Das konnte, so wurde mir nach längerem Überlegen klar, eigentlich nur einer. Das ist Jesus Christus, unser Herrgott und Heiland.

Wie sind Sie dieser Erkenntnis näher gekommen? Ich wollte den Glauben, den christlichen Glauben kennenlernen, bin einem Impuls gefolgt und habe auf dem Petersberg in der Nähe von Halle an der Saale eine klösterliche Anbindung gefunden. Was ich dort erlebt habe, war eine starke Erfahrung. Zum ersten Mal in meinem Leben wurde ich wahrhaftig vom Heiligen Geist erfüllt und berührt. Ich hatte eine Begegnung damit, dass es scheinbar etwas über uns gibt, was mir bis dahin nicht bewusst gewesen war. Ich fühlte mich befreit und gehalten.

Wie konnten Sie das in Ihren Alltag mitnehmen? Ich bin auf diesem Weg immer weitergegangen. Das wurde immer spannender. Das war für mich eine schöne Reise. Ich habe einen spirituellen Ansatz gesucht, weil mir alles andere zu statisch, zu theologisch war. Da war diese klösterliche Gemeinschaft sehr wertvoll. Was ich dort gefunden habe, das habe ich bisher in keiner Kirche und in keiner Kirchengemeinde der EKD gefunden. Das ist das, was ich der evangelischen Kirche grundsätzlich vorwerfe, dass es einen so großen Mangel an der Vermittlung von Spiritualität gibt. Wenn wir im Glauben nicht nur Halt finden, sondern auch Lebensmut und Lebenssinn, wirkt sich dies auf unser ganzes Leben aus. Natürlich hat dies dann auch Auswirkungen darauf, wie ein Unternehmen geführt werden könnte.

67

Wie führen Sie Ihr Unternehmen? Aus der Liebe und nicht aus der Angst.

Wie geht das? Ich komme diesem Ansatz immer näher. Je mehr ich es versuche, umso mehr erlebe ich, wie es wirkt. Unser Unternehmen hat eine unglaubliche Erfolgsgeschichte hinter sich. Wir sind in den letzten fünf Jahren um mehr als 300 Prozent gewachsen, wir beschäftigen immer mehr Mitarbeiter. Es läuft derzeit sehr gut. Menschen kommen zu uns und helfen mir, die Entwicklung unseres Unternehmens positiv zu gestalten.

Wie führen Sie diese Menschen, wenn Sie das aus der Liebe heraus tun? Was mich leitet, das ist der Satz »Gott ist die Liebe; und wer in der Liebe bleibt, der bleibt in Gott und Gott in ihm«. Es gibt diese Beziehung. Ich stelle fest: Wer gibt, bekommt auch. Aus der Liebe heraus zu führen, das bedeutet für mich: nicht alles für mich haben wollen, andere fördern, andere wertschätzen, aus dem Vertrauen auf das Gute in jedem Menschen zu handeln.

Wenn Sie das in ein Management-Konzept verweben, dann erleben Sie spannende Dinge. So ist bei uns eine Vertrauenskultur entstanden. Wir haben immer mehr Instrumente eingeführt und das Stück für Stück verankert. Wir waren das erste Ingenieurbüro, das seine Standards für die Vereinbarkeit von Familie und Beruf hat zertifizieren lassen. Wir stellen unseren Mitarbeitern, die privat kein Auto haben, auch am Wochenende die Firmenautos zur Verfügung. Wir haben eine Vertrauensarbeitszeit. Wir bieten Coachings an, Team-Development. Es gibt viel Unterstützung bei der Persönlichkeitsentwicklung. Was wir unseren Mitarbeitern geben, das ist das Vertrauen in ihre Fähigkeiten: Mach' erst mal, zeig' mal, geh' in deine Freiheit, erleb' dich da. Jeder soll die Erfahrung machen können, sich seiner Berufung für seinen Beruf sicher sein zu können. Das ist der Schlüssel. Ein Unternehmen zu haben, in dem Menschen im Team arbeiten, die sich berufen fühlen und die mit Leidenschaft ihre Arbeit tun, das ist das Schönste an der ganzen Selbstständigkeit.

Wie sehr ist im Unternehmen spürbar, dass Sie einen christlichen Hintergrund haben? Ich bin in dieser Beziehung zurückhaltend. Jeder Mitarbeiter hat die Freiheit, seinen Glauben zu wählen und auszuleben. Viele Strömungen vermischen sich dort. Dennoch, fast alle Führungskräfte in unserem Unternehmen haben einen christlichen Hintergrund. Das war Teil meiner Einstellungspolitik, auch wenn ich das nie so formuliert habe. Aber mein Wunsch war: Alle, die hier Verantwortung übernehmen, sollten Christen sein und natürlich über eine fundierte ingenieurtechnische Ausbildung mit einer betriebswirtschaftlichen Vertiefung verfügen. Mir sind beide Welten wichtig.

Das könnten auch andere Religionsgemeinschaften sein? Grundsätzlich schon. Wir sprechen von einem Gott. Mein Gedanke war: Es wäre schön, wenn du Menschen finden könntest, die fachlich gut und christlich verankert sind, die Lust haben, etwas zu gestalten und die mit ihrer geistlichen und weltlichen Perspektive das Unternehmen nach vorn bringen wollen. Und dann begegnete ich bemerkenswerten Persönlichkeiten und konnte sie für unser Unternehmen gewinnen. Das war eine großartige Fügung.

Inzwischen spricht sich herum, wie Sie hier arbeiten. Das Unternehmen erzeugt eine gewisse Anziehung auf Menschen, die gut sind, sich verändern und etwas gestalten wollen, wodurch wir das Fachkräfteproblem im Grunde gut im Griff haben. Die Leute kommen aus großen Unternehmen zu uns, auch wenn sie bei uns

69

oft weniger verdienen, weil wir eine starke Wirkung in den Markt haben und als werteorientiertes und erfolgreiches Unternehmen wahrgenommen werden.

Insofern ist Ihre christliche Unternehmensführung ein Wettbewerbsvorteil? Ja. Im Grunde entspricht das, was wir hier tun, modernen Leadership-Konzepten, wie sie auch in modernen Business-Schools vorgedacht werden – dort jedoch ohne christliche Vokabeln.

Macht das Christliche dennoch einen Unterschied? Auf den ersten Blick sicher nicht. Der Unterschied besteht im Umgang zwischen Menschen in einem Unternehmen und der damit einhergehenden Wertschätzung füreinander. Hier spielt der christliche Faktor eine große Rolle. Neben dem Wert Euro stehen dann auch die christlichen Werte. Sie können leider nur schlecht bilanziert werden. Aber die Wirkung zeigt sich in der langfristigen Perspektive. Viele Familienunternehmen haben dies erkannt. Wie bereits gesagt: Aus der Liebe zu führen, macht den Unterschied.

Wo holen Sie sich weiterhin die Kraft für das, was Sie hier tun? Ich fahre nach Möglichkeit einmal im Jahr für eine Woche auf den Petersberg, meditiere und bete dort, führe seelsorgerische Gespräche, wandere viel in der Natur und bekomme dort meine Impulse. Ich docke mich einfach mal an den Herrgott an, ziehe die ganzen Informationen runter und bringe die ins Unternehmen ein. So geht's! Und das erzählen Sie mal jemandem … *(lacht).* Das ist für mich die Quelle christlicher Unternehmensführung. Achtsam und wertschätzend mit Menschen umzugehen, ist der Weg. Ich brauche die Sinnhaftigkeit meines Tuns. Wichtig ist dafür, dass ich mich berufen fühle für das, was ich tue.

Wie sinnhaft kann die Arbeit von Ingenieuren sein? Wir planen die Zukunft. Unsere Planungen werden baulich umgesetzt und bestimmen die nächsten Jahrzehnte unser Leben. Vor allem unter der Berücksichtigung des Klima- und Umweltschutzes. Wir sind ein Instrument, um mit einem kleinen Beitrag die Schöpfung zu bewahren. Je besser wir das machen, umso besser gelingt das.

»Ich docke mich einfach mal
an den Herrgott an, ziehe die ganzen
Informationen runter und
bringe die ins Unternehmen ein.«

Können Sie dafür Beispiele geben? Wir fühlen uns für die Gestaltung der Zukunft verantwortlich. Mir ist es wichtig, dass unseren Mitarbeitern bewusst wird: Wenn ihr eine Straße plant, ist euch bewusst, dass die mit ihrer Dimension, mit ihrer Materialität, ihren Straßenbäumen, ihrem Begleitgrün 60 bis 70 Jahre überdauern wird? Glaubt ihr, so, wie ihr sie durchdacht habt, ist es richtig? Wird Mobilität unter Umständen in 20 bis 30 Jahren anders funktionieren? Brauchen wir diese Straße dann noch so, wie ihr sie vorgedacht habt?

Damit stellen Sie Ihre Arbeit in Frage. In Zeiten wie diesen mit ihren technologischen Entwicklungen und ungelösten Umweltfragen kommen Sie mit solchen Fragen ganz schön ins Grübeln. Das ist ein Prozess, in dem wir gerade sind. Es braucht innovative Planungsansätze, die zur Diskussion anregen. Mit unserem »Klimaparkplatz®« haben wir jetzt zum Beispiel ein Planungsprodukt in die Diskussion eingebracht. Nach wie vor sind wir ein

71

ganz klassisches Büro. Wir bekommen einen Auftrag und planen eine Straße genauso, wie sie das Regelwerk vorsieht und wie unser Auftraggeber sie sich auch wünscht. Wir stellen diese Fragen nur bedingt. Das sind noch offene Diskurse.

Als Sie die Geschäftsfelder Klimaschutz und Umwelt entwickelt haben, ging es da auch um Sinnfragen? Ja, natürlich! Ich tue nicht gerne Dinge, die ohne Sinnhaftigkeit sind. Sie nehmen mir meist meine Motivation. Dann zu erleben, dass sich dieser Ansatz christlich erklärt, ist eine schöne Sache. Ich habe mich zum Beispiel immer mit dem Klimawandel befasst, jedes Buch gelesen. Also habe ich mir gesagt: Hier wird Expertise benötigt. Lasst uns daraus ein Geschäftsfeld entwickeln. Das fand ich sehr motivierend. Das hat mir Kraft und Energie gegeben. Und dann wurde das Thema immer größer, Umweltfragen wurden wichtiger, dann kamen die Hochwasserereignisse in Sachsen und Sachsen-Anhalt und Planungsbüros mit entsprechender Expertise waren gefragt. Jetzt planen wir Hochwasserschutzanlagen, vor allem Deiche, und erstellen Klimaschutzkonzepte für Kommunen und Regionen.

Aber auch hier muss ich mich fragen: Machen wir die Deiche jetzt einfach nur höher? Ist das die Lösung? Muss das Ganze nicht ganz anders sein? Müssten wir nicht Siedlungszonen verlegen, die Deiche weiter zurückbauen? Dafür sorgen, dass nicht so viel Regenwasser direkt in die Flüsse läuft? Mehr entsiegeln? Aber gibt es dafür eine gesellschaftliche Akzeptanz? Es gibt Dinge, die gebaut und geplant werden, die in ihrer Sinnhaftigkeit und in ihrer Auswirkung auf die Umwelt kritisch zu hinterfragen sind. Heute wird bereits deutlich stärker auf die Belange der Natur und des Klimas Rücksicht genommen als noch vor zehn Jahren. **72** Alles braucht seine Zeit.

Als Christen haben wir die Aufgabe, uns mutig und mit Sachverstand in die Diskussion um die Bewahrung der Schöpfung einzubringen. Nicht als fundamentale Kritiker, sondern als verständige Mitgestalter an der Grenze des Machbaren. Das ist meine Position.

JEFFREY SEECK (Jg. 1967) ist geschäftsführender Gesellschafter der seecon Ingenieure GmbH in Leipzig und Berlin. Er beschäftigt mehr als 50 Mitarbeiterinnen und Mitarbeiter. In den jungen Bundesländern war seecon 2011 das erste Ingenieurbüro mit der Zertifizierung des audits berufundfamilie. Das Unternehmen wurde 2012 mit dem Agenda-Preis in der Kategorie »Klimabewusst Mobil in Leipzig« ausgezeichnet, 2013 erhielt das Unternehmen den Familienfreundlichkeitspreis der Stadt Leipzig. Jeffrey Seeck ist verheiratet und hat sechs Kinder. Er ist Mitglied im Kuratorium der Berliner Stadtmission, das Unternehmen fördert soziale Projekte für Kinder und Jugendliche.

Als Christ habe ich keine Angst

DR. PETER F. BARRENSTEIN

Manchmal greift Peter Barrenstein einfach in die Luft. Dann nennt er eine Zahl, die aufhorchen lässt. Die Kirche solle die Investitionen im Bereich der Bildung dramatisch erhöhen, sagte er im Anschluss an die EKD-Synode 2015. Eine »Verdreifachung oder Verfünffachung des Ressourceneinsatzes – personell und finanziell« sei notwendig.

»Ich musste ja dramatisieren, weil das Thema so wichtig ist«, sagt er im Rückblick und lächelt. »Zwanzigfach konnte ich nicht sagen, zweifach wäre zu wenig gewesen. Ich wollte, dass die wieder sagen: Der spinnt ja wieder – und dann in ein Streitgespräch eintreten.« Peter Barrenstein hatte nie Angst vor der Provokation. Er hatte auch nie Angst vor zu großen Aufgaben. Ein Christ, davon ist der ehemalige McKinsey-Direktor überzeugt, kann mutiger agieren als andere. »Ein Christ kann sagen: Mir kann eigentlich nichts passieren. Es gibt eine Hand, die mich fängt.« Der andere Unterschied, den Christen machen, ist für ihn das Gebot der Nächstenliebe, »die Überzeugung, dass alle Menschen von Gott beim Namen gerufen sind, und daher keinen Unterschied zu machen zwischen Reichen und Armen, mehr oder weniger Gebildeten«.

Peter Barrenstein will, dass etwas passiert. Dass die Kirchen sich ihrer tragenden Rolle für die ethische Fundierung der Gesellschaft bewusst bleiben. Dass sie aktiv darum ringen, nicht weiter an Bedeutung zu verlieren. Dass sie Reformen und Dialoge wagen – auch mit der Wirtschaft. »Unser ganzes Wertesystem und unsere ethische Fundierung sind geprägt durch das Christentum. Wenn sich Menschen ethisch einwandfrei verhalten oder Compliance-Regeln einhalten, dann muss man diese Fundierung vielleicht gar nicht mehr explizit machen. Aber die Gefahr ist, dass in dem Moment, wo man sich über die Wurzeln nicht mehr im Klaren ist und Institutionen, die diese Werte tradieren, immer mehr an Bedeutung verlieren, die ethischen Regeln in einer globalisierten Welt aufweichen.«

Dass es eine christliche Unternehmensführung gibt, glaubt Peter Barrenstein nicht. »Es gibt christliche Manager, aber ein Unternehmen ist Teil des Systems, das sich auch den Regeln des Wirtschaftens in gewisser Weise unterordnen muss, um erfolgreich zu sein.« Für ihn, der fast 30 Jahre lang bei der Unternehmensberatung McKinsey gearbeitet hat und dort zum Partner und Direktor aufstieg, war das Ankommen in deren Unternehmenskultur allerdings »ein Glück«. »Mit McKinsey konnte ich bei einer Firma arbeiten, die ein starkes und indirekt auch christlich fundiertes Regelwerk hat. So besagen die ›Guiding Principles‹ der McKinsey-Mission zum Beispiel, dass ich die Wahrheit sagen muss. Und dass ich eine Pflicht zum Widerspruch habe, so ich mit etwas nicht einverstanden bin. Das ist nicht trivial. Diese konstruktive Ehrlichkeit ist ein ganz wesentlicher Bestandteil des Wertesystems meiner früheren Firma.«

Dass McKinsey in der Öffentlichkeit eher bekannt ist als Beratungsfirma der harten Schnitte, ist ihm durchaus bewusst.

Das Wertesystem und die Arbeitsfelder des Unternehmens seien tatsächlich wenig transparent. »McKinsey unterstützt bei der Gestaltung vieler Bereiche. Es geht dabei zum Beispiel um Bildungssysteme in Arabien, Gesundheitssysteme in Asien, landesweite Logistiksysteme, die Arbeit im Public Sektor ist neben der in der Privatwirtschaft immens ausgeprägt. Die Firma ist an den wichtigsten unternehmensbezogenen und gesellschaftlichen Themen dran. Es gibt darüber hinaus keine Institution weltweit, die so viel zur Weiterentwicklung betriebs- und volkswirtschaftlicher Denkweisen publiziert.«

»Mit McKinsey konnte ich bei einer Firma arbeiten, die ein starkes und indirekt auch christlich fundiertes Regelwerk hat.«

Dass Peter Barrenstein sich 1993 direkt nach seiner Wahl zum McKinsey-Direktor auch kirchlich zu engagieren begann, mag mit dieser ethischen Orientierung zu tun haben. Der promovierte Betriebswirt war damals Kirchenvorsteher in einer Münchener Kirchengemeinde und wurde von seinem Pfarrer angesprochen, ob er einem Projekt für Langzeitarbeitslose mit seiner Expertise helfen könne. Peter Barrenstein machte ein Gespräch mit dem Landesbischof zur Bedingung. »Dem wollte ich meine Meinung sagen. Dass die Institution Kirche oft am Kundennutzen, an ihren Gläubigen vorbeigeht. Dass sie sich zu oft fixiert auf ihre kleine Kerngemeinde und von 100 Mitgliedern vielleicht vier oder fünf erreicht und die anderen eigentlich negiert. Dass die Pfarrer Berührungsängste haben und sich zu sehr in ihrer jeweiligen ›Komfortzone‹ einigeln.«

Aus diesem Gespräch wurde ein wegweisendes Projekt, McKinsey begleitete pro bono einen umfangreichen Beratungsprozess, der unter anderem Führungs- und Organisationsstrukturen von Grund auf reformierte. Das Projekt ging später als »Evangelisches München-Programm« in die Geschichte der EKD ein. Es startete einen systematischen Dialog zwischen Wirtschaft und Kirche, versuchte Berührungsängste zu überwinden und bis dahin undenkbare Dialoge anzustoßen. Angeregt durch die im Projekt erarbeiteten Empfehlungen wurden die personalwirtschaftlichen Steuerungsprozesse in vielen Landeskirchen verbessert und professionalisiert.

In einem Bereich sei das McKinsey-Projekt in München allerdings gefloppt, sagt Peter Barrenstein und beschreibt damit zugleich, warum er sich bis heute im Dialog Kirche – Wirtschaft engagiert. »Wir wollten, dass die Gemeinden sich systematischer außerhalb der Kernmitglieder mit den Bedürfnissen der Menschen auseinandersetzen, die nicht im Gottesdienst oder in der Bibelstunde sind und nicht zur immer gleichen Wir-Gruppe gehören. Wir haben dafür Pilotgemeinden gebildet und Marktforschung betrieben, aber das hat die Menschen zeitlich und inhaltlich total überfordert. Die Herausforderung der Kirche ist bis heute, aus der Fokussierung auf die ganz eng verbundenen Mitglieder herauszukommen, und das gelingt ihr nicht.«

Für Peter Barrenstein war damals auch spannend, wie sein eigenes Unternehmen und seine Klienten auf dieses Engagement reagieren. Neben erwarteter punktueller Kritik und Unverständnis erlebte er viel positive Resonanz. Dass er sich im Arbeitskreis Evangelischer Unternehmer engagiert, hat auch hier seine Wurzeln. »Auf der Klientenseite kamen Menschen zu mir, die sich motiviert fühlten und fragten: Was kann man denn da machen? Ich würde meiner Kirche auch gerne helfen. Ich habe so viel Wissen. Mich spricht aber keiner an. Was könnte ich denn tun?« Die

Aufgaben des Arbeitskreises Evangelischer Unternehmer sieht er unter anderem in diesem Feld. Dafür übernimmt er Verantwortung, darum bringt er sich als Vorsitzender des Arbeitskreises immer wieder in Debatten und Reformprozesse der Kirche ein.

Wer sich Peter Barrensteins Lebenslauf anschaut, sieht bald, dass es ihm immer darum ging, Dinge zu bewegen und zu verändern. Dass er das auch als Christ und im Rahmen kirchlicher Institutionen tun würde, war aber lange nicht absehbar. Als junger Erwachsener war Peter Barrenstein aus der Kirche ausgetreten. »Ende der 1960er Jahre in der heißen Studentenzeit war ich als Schüler aktiv politisch engagiert. Ich habe gegen das Establishment gekämpft, bin auf die Straße gegangen gegen die Notstandsgesetze und anderes. Da passte Kirche überhaupt nicht rein. Ich bin dann sechs oder sieben Jahre später wieder eingetreten.« Denn irgendwie gehörte die Kirche mit ihren Werten doch dazu. Und vielleicht hat er auch hier schon gespürt, dass er den Mut und das Selbstvertrauen, das ihm seine Eltern mitgaben, auch im Christentum findet.

»Ich habe gegen das Establishment gekämpft. Da passte die Kirche überhaupt nicht rein.«

»Das Mut-Thema kam ganz stark durch mein Elternhaus. Ich war Chefredakteur der Schülerzeitung, ich war Schulsprecher, ich war Klassensprecher, ich war aber ein schlechter Schüler, bekam ständig blaue Briefe und ähnliche ›Drohungen‹. Ich erinnere mich an einen Abend, wo wieder aufgrund einer Flugblattaktion, die ich initiiert hatte, so ein Brief da war, meine Mutter in Tränen aufgelöst, der Junge macht sein Leben kaputt. Mein Vater fragte mich damals: Wie wichtig ist dir denn, was du da machst? Ich sagte:

79

Das ist mir ganz wichtig. Daraufhin er: Dann musst du das weiter-machen. Das war total stabilisierend. Dadurch habe ich mich getraut, für meine Meinung einzustehen, anspruchsvolle Ziele zu setzen und auch vermeintlich verrückte Dinge anzuschieben.«

Mit Anfang 20 wurde er Mitglied bei Amnesty International und baute dort eine Spezialgruppe für Brasilien auf. Mit 23 wurde er in den Bundesvorstand von Amnesty gewählt, in einen Kreis mit überwiegend älteren Herren. »Ich habe mich das einfach getraut. Ich bin einfach gesprungen.« Peter Barrenstein war wie viele in dieser Zeit begeisterter Anhänger von Willy Brandt und dessen »Mehr Demokratie wagen«, einer politischen Partei trat er aber nie bei – aus Karrieregründen schon mal gar nicht. So folgte keine politische Karriere, sondern auf die Assistenzzeit an der Universität und die Promotion der Job als Berater bei McKinsey.

»Ich habe meinen Mund nicht gehalten.
Ob das mit meinem christlichen Glauben
zu tun hat? Ich glaube, ja.«

Mut und Eigensinn bewahrte er sich auch hier. »Ich habe Karriere-schritte gehabt, wo ich mich gegen bestimmte Leute gewehrt habe. Ich habe meinen Mund nicht gehalten. Ob das mit meinem christlichen Glauben zu tun hat? Ich glaube, ja, weil ich keine Angst um meine Zukunftsentwicklung verspürt habe. Aber sicherlich hat auch die Haltung meiner Eltern eine wichtige Rolle gespielt, die mir mitgegeben haben: Wehr dich, wenn dir etwas nicht gefällt.«

Das Personalmanagement bei McKinsey folgt einem an-spruchsvollen und leistungsorientierten Muster. Die Beurteilun-gen sind engmaschig, der Anspruch aufzusteigen alternativlos.

Führungskräfte müssen Rollen-Modelle sein. Für Peter Barrenstein war das eine Verpflichtung, die er mit seinem christlichen Grundverständnis verbindet. »Ich muss mich so verhalten, dass die Leute sagen: Auf den sind wir stolz. Diesen Rollenmodellcharakter erwarte ich von jedem Manager. Von einem christlichen Manager erwarte ich zudem, dass er deutlich macht: Eine meiner Wurzeln ist eine christliche Fundierung und ich bin hier, weil mir das geholfen oder Mut gegeben hat. Es wäre schön, wenn das dazu führt, dass ein Teil der Menschen sagt: Das leuchtet mir ein, vielleicht ist das für mich auch ein Weg.« Was Peter Barrenstein hier beschreibt, ließe sich im theologischen Sinn auch Mission nennen. Er beklagt, dass selbst Theologen nicht mehr richtig vermitteln können, was es bedeutet, zu glauben. Die nicht so über ihren Glauben, ihr Vertrauen und ihre Hoffnungen sprechen, dass Menschen neugierig werden, begeistert sind, mitmachen wollen.

Würden die Kirchen stärker in Bildung investieren, davon ist Peter Barrenstein überzeugt, dann könnten sie mehr begeistern. Dann würden sie auch ihrer Verantwortung gerecht, Menschen eine christlich fundierte Werteorientierung zu geben und sich für mehr soziale Gerechtigkeit zu engagieren. »Wenn man Menschen, die im engen Sinne mit Kirchen nichts zu tun haben, fragt, was sie als Stärken der Kirche wahrnehmen, dann ist es das Engagement im Bereich der Diakonie und der Bildung. Das sieht man auch an den entsprechend abgefragten Imagewerten. Selbst in ganz säkularen Regionen erleben wir, dass evangelische Kindergärten und Schulen einen hohen Zulauf haben. Auch kirchenferne Menschen wollen, dass ihren Kindern Werte vermittelt werden. Sie finden toll, was im Bereich der christlichen Bildung, in Kindergärten und Schulen gemacht wird. In dem Sinne ist ein Investment in Bildung zunächst eine tolle Plattform, um mit Menschen in Berührung zu kommen, die ich sonst nirgends erreiche. Darüber hinaus kann Kirche dort wirklich versuchen, einen Unterschied zu machen. Wir haben in Deutschland eine Klassengesellschaft, wenn es um Bildung geht. Die Wahrscheinlichkeit, Abitur zu machen, liegt bei acht Prozent, wenn Sie in einer unteren Schicht geboren werden, in der Oberschicht sind es über 80 Prozent. Das ist Klassengesellschaft. Das ist völlig unangemessen für ein christlich fundiertes Werte- und Gesellschaftssystem, in dem wir Chancengleichheit postulieren. Da kann Kirche versuchen, einen Unterschied zu machen.«

»Mir gefällt der Anspruch Luthers, dem Volk aufs Maul zu schauen, auf die Menschen zuzugehen.«

Und hier spannt sich für ihn auch der Bogen zur reformatorischen Tradition, in der Bildung für alle ein klassisches Thema ist. »In dieser Tradition stehe ich gern. Was mir auch gefällt: der Anspruch Luthers, dem Volk aufs Maul zu schauen, auf die Menschen zuzugehen und etwas zu entwickeln. Und der Gedanke, dass ich als freier Mensch niemandem untertan und gleichzeitig dienstbarer Knecht jedermanns bin. Als so stark Privilegierter habe ich die Verpflichtung etwas zurückzugeben.«

DR. PETER F. BARRRENSTEIN (Jg. 1950) ist Vorsitzender des Arbeitskreises Evangelischer Unternehmer (AEU) und war von 1980 bis 2007
Senior Partner der Unternehmensberatung McKinsey. Nach dem Studium
der Betriebswirtschaft in Köln promovierte er am Lehrstuhl für Interna-
tionales Marketing und Handel in Nürnberg. Seit seinem Ausscheiden
bei McKinsey ist er in zahlreichen privatwirtschaftlichen und kirchlichen
Aufsichtsräten und Beiräten aktiv. Er war Mitautor des Impulspapiers
»Perspektiven für die Evangelische Kirche im 21. Jahrhundert« für den
Reformprozess »Kirche der Freiheit« (2006), war Mitglied der Synode der
EKD und der Generalsynode der VELKD, Beauftragter des Rates der EKD
für das Thema Führen und Leiten in der EKD und ist Aufsichtsrat der
Führungsakademie für Kirche und Diakonie. Er ist Kuratoriumsmitglied der
Stadtmission Berlin und Stiftungsvorstand der Evangelischen Versöhnungs-
kirche KZ-Gedenkstätte Dachau. 2008 gründete er die Barrenstein-Stiftung
als Familienstiftung.

Wir fallen aus der Reihe, und zwar ganz bewusst

THOMAS KATZENMAYER

Herr Katzenmayer, was bedeutet für Sie »evangelisch wirtschaften«? Als Manager und evangelischer Christ heißt das für mich in erster Linie, an christlichen Werten orientiert in einer besonderen Verantwortung zu handeln. Wir stehen gemeinsam für etwas Größeres, Ganzes ein. Als führende Kirchenbank tragen wir Verantwortung für unsere Kunden, Mitglieder und Mitarbeiter, aber auch für den solidarischen Zusammenhalt unserer Gesellschaft. Dem werden wir auch durch unser soziales Engagement im Bereich Spenden und Sponsoring gerecht. Außerdem hat verantwortliches Wirtschaften, ökologisch betrachtet, die Zukunftsfähigkeit im Blick. Es geht um die Bewahrung der Schöpfung. Hieran arbeiten wir durch strenge interne Nachhaltigkeitskriterien und nachhaltige Finanzprodukte für unsere Kunden aktiv mit.

Im engeren ökonomischen Sinn verfolgt evangelisches Wirtschaften keineswegs Gewinnmaximierung um ihrer selbst willen. Es geht vielmehr um Profit mit Augenmaß, der den Menschen und bestimmten sozialen Zwecken dient. Als Evangelische Bank ent-

85

sprechen wir dieser Maßgabe, indem die Einlagen unserer Kunden und Mitglieder im Finanzkreislauf von Kirche, Diakonie sowie Gesundheits- und Sozialwirtschaft verbleiben und damit Sinn stiften. Insofern ist Geld aus meiner Sicht ein Mittel, um Ziele zu erreichen und Sinnvolles zu verwirklichen. Ein Zweck ist es nicht.

Haben Sie sich bewusst für die Evangelische Bank entschieden?
Vielleicht war es Fügung. Aber um bei der Wahrheit zu bleiben: Nein, da spielte der Zufall eine Rolle. Ich bin durch meine vorherige Tätigkeit mit der genossenschaftlich organisierten Kirchenbank in Kontakt getreten. Zunächst war ich als Berater der Geno-Consult in die Fusion der damaligen EKK mit der ACREDO Bank involviert. Dieser Beratungsprozess, bei dem ich tief ins Selbstverständnis und Geschäftsmodell evangelischer Kirchenbanken eingestiegen bin, bedeutete für mich persönlich eine enorme Perspektiverweiterung. Sie reicht über den unternehmerischen Blick hinaus zu einer tieferen, ganzheitlichen und nachhaltigen Betrachtung der Finanzwirtschaft. Diese Sichtweise leitet mich bis heute. Schließlich wurde ich gefragt, ob ich mir vorstellen könnte, in den Vorstand der Bank aufzurücken. Diese Entscheidung habe ich dann sehr bewusst getroffen.

Was unterscheidet die Evangelische Bank von anderen Banken?
Wir sind eine Kirchenbank mit besonderer Kundennähe, die die Bedürfnisse ihrer Zielkundschaft ganz genau kennt und sich christlichen Werten verpflichtet fühlt. Hinzu kommt unser Spezial-Know-how im Bereich Kirche, Diakonie und Gesundheitswirtschaft. Wir sind gut vernetzt und agieren als moderner, leistungsstarker Dienstleister auf der Höhe der Zeit. Da wir aber in unserer Werteorientierung einen festen Kompass haben, sind wir anders als viele Mitbewerber. Das finde ich im guten Sinne evan-

gelisch. Wir fallen aus der Reihe, und zwar ganz bewusst. Protestanten sind es ja gewohnt, ein wenig aus der Reihe zu tanzen. Aber sie fahren ganz gut damit. Das gilt auch für die Evangelische Bank, die sich als kompetenter Spezialanbieter positioniert hat. Genau dieses Anderssein verleiht uns ein unverwechselbares Profil.

Gibt es für Sie persönlich ein besonderes Motiv, das Sie antreibt? Auch im privaten Bereich sind für mich christliche Werte ein klarer Kompass. So bin ich erzogen worden, das gibt mir Rückhalt, Kraft und Gelassenheit. Als Führungskraft ist es mein Anspruch, mit gutem Beispiel voranzugehen. Das entspricht den Führungsleitlinien unserer Bank, passt aber auch zu einer Bibelstelle bei Matthäus 7, Vers 12: »Alles nun, was ihr wollt, dass euch die Leute tun sollen, das tut ihnen auch!« Mich beflügelt besonders, wenn wir als Bank etwas gemeinsam bewegen, etwas voranbringen können und alle dabei mitziehen. Das ist mein Anspruch an die Mitarbeiterführung. Besonders inspirierend war da unser Nachhaltigkeitsprozess. An diesem Querschnittsthema haben viele Mitarbeiter mit Begeisterung mitgewirkt und entwickeln den Ansatz kontinuierlich weiter.

Beruflich bedingt sehe ich viele Dinge durch eine strategische Brille und versuche, stets ein paar Schritte vorauszudenken. Weitblick und Übersicht sind für Manager eine wichtige Tugend. Andererseits gehört auch der Zweifel nicht nur zum Glauben, sondern auch zu einer guten Führungskraft. Man muss manche Gewissheiten ab und an auf den Prüfstand stellen.

Welche Herausforderungen sehen Sie? Das Marktumfeld ist durch regulatorische Auflagen und die Niedrigzinsphase für Banken derzeit nicht einfach. Wir agieren in einer digitalen Moderne, die zunehmend von Großcomputern und Algorithmen beherrscht wird. Es geht um noch mehr Effizienz, um Zahlenkolonnen, Tempo und Optimierung. Die Finanzwirtschaft kann sich dem nicht entziehen. Aber geht dadurch das Bedürfnis nach Nähe, Vertrauen, Verlässlichkeit, nach Kundenbindung, Wertschätzung und Achtsamkeit verloren? Ganz im Gegenteil. Unseren Kunden sind diese Werte wichtig – genau wie uns.

Viele Zukunftsfragen sind völlig offen. Wir brauchen Lösungen und Rezepte, aber ich wende mich gegen vorschnelle Antworten. Wir brauchen auch produktive Unruhe, intelligente Fragen und die andauernde, besonnene Suche nach dem besten Weg. Nach meiner Auffassung ist das gut evangelisch: auf der Suche zu sein, zweifeln zu dürfen, auch Fehler machen zu dürfen. Weil wir uns getragen wissen durch Gottes Zusage, für uns da zu sein. Dieses Wissen begleitet mich in meiner verantwortungsvollen Rolle an der Spitze der Evangelischen Bank.

»Der Zweifel gehört nicht nur zum Glauben, sondern auch zu einer guten Führungskraft.«

Gibt es für Sie eine prägende Situation, die Sie mit Kirche und Diakonie in Verbindung bringen? Ich bin christlich erzogen worden, aber mein Elternhaus war nicht besonders kirchennah. Als Jugendlicher habe ich mir mit meiner Leidenschaft für Musik und speziell für Schlagzeug etwas Geld dazuverdient. Damals habe ich in einer diakonischen Einrichtung Schlagzeug-Unterricht gegeben und bin mit Menschen in Kontakt gekommen, die bis dahin nicht in meinem Blickfeld waren. Das war eine prägende Erfahrung: zu sehen, dass es Menschen gibt, die wegen einer Behinderung auf fremde Hilfe angewiesen sind und nicht auf der Sonnenseite des

Lebens stehen. Die hatten die gleiche Freude am Schlagzeugspiel wie ich, wir hatten eine gemeinsame Ebene. Da hat es bei mir »klick« gemacht und ich habe begriffen, dass uns viel mehr verbindet, als ich dachte. Zugleich habe ich erlebt, wie dankbar sie für den Unterricht waren. Das war menschlich eine große Bereicherung. Aus diesen Begegnungen habe ich mehr mitgenommen, als mir damals bewusst war.

Spielt denn das Schlagzeug noch eine Rolle? Und ob! Es zählt ja nicht gerade zu den Paradeinstrumenten der protestantischen Kirchenmusik *(lacht)*. Aber das Schlagzeug ist meine große Leidenschaft geblieben. Ich komme selten zum Üben, aber ich spiele immer noch sehr gerne. Die Geschäftswelt ist ja vielfach glatt, auf Perfektion und Disziplin getrimmt, ob Sie wollen oder nicht. Da zählen für viele Akteure Äußerlichkeiten wie Dienstwagen, Armbanduhren oder teure Anzüge. Das muss man gelegentlich komplett abstreifen. Da ist ein Ausgleich wie das Schlagzeug für mich ein wichtiges Ventil, eine Art Work-out. Wie im Fitness-Keller oder auf dem Golfplatz. An meinem Schlagzeug bin ich ganz bei mir.

Das Schlagzeug als Taktgeber. Ja, natürlich kann man da Parallelen zur Geschäftswelt hineinlesen. Von einer Führungskraft werden Impulse und Gestaltungswille erwartet. Ein Finanzinstitut wie die Evangelische Bank ist auch ein Ensemble. Man muss aufeinander hören und auf die Mitspieler Acht geben, sonst gibt es Dissonanzen. Das Schlagzeug bildet ja als Rhythmusinstrument unüberhörbar die musikalische Basis. Es gibt den Takt vor und sagt den Mitspielern, wo es langgeht. Ohne Schlagzeug fehlt das Fundament, da fliegt das Ensemble schnell auseinander. Das ist schon ganz gut mit meiner Funktion und Verantwortung als Vorstandsvorsitzender der Evangelischen Bank vergleichbar.

89

THOMAS KATZENMAYER

Ihr Alltag ist eng getaktet. Wie finden Sie Ruhe? Regelmäßige Phasen der Ruhe und Entspannung sind für mich ganz wichtig. Ich brauche diese dosierten Pausen, um dann in meinem Beruf wieder voll leistungsfähig und entscheidungsfreudig zu sein. Heute heißt das ja so schön Work-Life-Balance. Ich merke inzwischen deutlicher als in jüngeren Jahren, wie wichtig und wertvoll bewusste Pausen sind, um dann gestärkt wieder an die Arbeit gehen zu können. Im Alltag hilft oft ein kleiner Spaziergang. Wenn ich reise, fahre ich zum Abschalten gern ans Meer. Ostsee, Nordsee, Atlantikküste – da fühle ich mich für eine gewisse Zeit von allen Erwartungen und Verpflichtungen entbunden, gelöst und unbeschwert. Ich liebe die Weite, den Wind und das Meeresrauschen. Klare Sicht, Weitblick und Übersicht sind Eigenschaften, die auch in meinem Beruf als Banker gefragt sind. Es ist oft so, als fegte der Wind alle Schleier weg, die sich um manche Fragen herumwickeln, die Herausforderungen zunächst kaum lösbar erscheinen lassen. Ich habe die Erfahrung gemacht, dass eine frische Seebrise da für analytische Klarheit sorgt.

Religion und Glaube befassen sich ja immer auch mit der Suche nach dem guten Leben. Wie sieht das gute Leben für Sie aus? Für mich steht da im Privatleben die Familie ganz obenan. Dort schöpfe ich Kraft und tanke auf. Familie, das bedeutet Zusammenhalt und Rückhalt an der so wichtigen Basis unserer Gesellschaft. Ein gutes Familienleben basiert auf Vertrauen, Solidarität, Hilfsbereitschaft und unbedingter Verlässlichkeit. Und da steckt auch schon ganz viel davon drin, was ein gutes Leben ausmacht. Diese Werte sind auch für die Evangelische Bank leitend. Mit ihnen identifizieren sich unsere Mitarbeiter, sie sind der Kompass unseres Handelns und Auftretens intern wie extern. Im Alltag gewinnen für mich auch kleine Gesten, Genüsse und flüchtige

Augenblicke eine wertvolle Bedeutung. Ich koche für mein Leben gern und schätze gutes Essen in anregender Gesellschaft. Am schönsten finde ich, wenn dabei noch Zeit für Kommunikation bleibt. Für Askese bin ich ehrlich gesagt nicht recht zu gewinnen, ich bin ein bekennender Genussmensch. Dass ich bei meiner südhessischen Herkunft auch für einen guten Wein etwas übrighabe, ist wahrscheinlich kein Wunder. Weinanbau gehört zu den uralten Kulturleistungen der Menschheit. Dass es in der Bibel so viele Gleichnisse und Geschichten zum Thema Wein gibt, ist sicher kein Zufall. Mit den Jahren bin ich ein recht guter Weinkenner geworden – Martin Luther etwa soll ja auch dem Wein und dem genussvollen Essen zugetan gewesen sein. Viele Winzer verstehen eine Menge von ihrem Job. Aber mir ist bewusst, dass ein guter Tropfen durch Lage, Bodenqualität, klimatische Bedingungen und Sonne auf Voraussetzungen basiert, die wir Menschen kaum beeinflussen können. Kurz gesagt: Ein guter Wein und ein gutes Essen sind für mich Gaben Gottes, für die ich dankbar bin. Diese Lebenshaltung versuche ich mir möglichst oft ins Bewusstsein zu rufen.

THOMAS KATZENMAYER (Jg. 1965) ist Vorstandsvorsitzender der Evangelischen Bank eG. Er verantwortet die Bereiche Vorstandsstab, Personal, Interne Revision, Vertriebsmanagement und Strategische Unternehmensentwicklung. Als Vertriebsdirektor und Projektmanager war er 2006 zur Evangelischen Kreditgenossenschaft eG (EKK), dem Vorgängerinstitut der Evangelischen Bank eG, gekommen. Seit 2007 war er Mitglied des Vorstandes der EKK, 2011 wurde er zum Vorstandssprecher ernannt. Thomas Katzenmayer hat weitere Ämter in Aufsichtsgremien, Beiräten und Stiftungsräten inne.

Welche Bedeutung hat das, was ich tue, für das Leben derjenigen, die mir vertrauen?

DR. TILO FRANZ

Herr Dr. Franz, wie bemerke ich, dass Ihr Unternehmen von einem evangelischen Unternehmer geführt wird? Sie könnten es daran erkennen, dass Sie hier meistens viele zufriedene Gesichter sehen. Oder an den Pflastersteinen draußen mit den Namen von langjährigen Mitarbeitern. Damit wertschätzen wir bewusst diejenigen, die lange in diesem Unternehmen tätig waren und auf deren Arbeit wir aufbauen. Sie könnten es auch am äußeren Erscheinungsbild der Firma erkennen, den Büros und Produktionsanlagen, denen man ansieht, dass hier investiert wird.

Was ist das Christliche an Investitionen? Ich will dazu gerne Bischof Huber zitieren, der einmal sagte: Solidarität braucht Profitabilität. In diesem Sinne sind erfolgreiche Investitionen für mich in zweifacher Hinsicht christlich: Man muss erst etwas erwirt-

93

schaften, bevor man einen Beitrag zum Gemeinwesen leisten kann. Und nur gut geführte Unternehmen bieten Menschen einen Raum, in dem sie ihren Lebensunterhalt verdienen und ihre Talente zum Ausdruck bringen können. Ein Unternehmen gut zu führen ist deshalb per se ethisch positiv zu bewerten, weil es ideelle und materielle Werte schafft.

Zeigen oder kommunizieren Sie im Unternehmen, dass Sie Ihre Arbeit mit einer christlichen Grundhaltung tun? Nein, das zeige ich nicht.

Warum nicht? Weil ich der Überzeugung bin, dass meine Religionszugehörigkeit und die Art und Weise, wie ich Religion lebe, eine persönliche Frage ist, die ich für mich zu beantworten habe. Umgekehrt möchte ich im Kontakt mit Menschen anderer Konfessionen auch nicht das Gefühl haben, dass sie mich bekehren wollen. Für mich ist wichtig, ob mein Handeln in konkreten Situationen meinen christlich-ethischen Grundsätzen entspricht. Das ist das, was Menschen wahrnehmen, die mit mir zu tun haben. Ich tue etwas ethisch Wertvolles, indem ich dieses Unternehmen führe und entwickle.

»Man kann nur gut zusammenarbeiten, wenn man andere Menschen nicht mit den eigenen religiösen Überzeugungen bedrängt.«

Ich werde gemessen an meinem Verhalten im Konfliktfall und daran, ob ich Menschen langfristig wettbewerbsfähige und gute Arbeitsplätze erhalten und neue schaffen kann. Das ist es, was für mich zählt. Ich bin davon überzeugt, dass man langfristig nur gut zusammenarbeiten kann, wenn man andere Menschen nicht mit den eigenen religiösen oder politischen Überzeugungen bedrängt. Täte man das, so würde man nicht integrieren, sondern spalten und ausgrenzen.

Woher kommt Ihre ethische Überzeugung, die ja durchaus Ihrer christlichen Grundhaltung entspricht? Im meinem Elternhaus wurden sicherlich die Grundlagen gelegt. Ich komme aus einem christlichen Elternhaus, mein Vater ist katholisch, meine Mutter evangelisch. Sie hatten keine frömmlerische Haltung, legten aber Wert auf eine religiöse Erziehung. Mit dem Älterwerden und mit der Übernahme von größerer Verantwortung wird man auch offener für Sinnfragen. Das hat mit Erfahrungen innerhalb und außerhalb des Unternehmens zu tun, die einen reifer werden lassen. Als Vorgesetzter mit persönlichen Problemen von Mitarbeitern konfrontiert zu sein, macht verständnisvoller und dankbarer.

Wie drückt sich die Wertschätzung der Mitarbeiter im Unternehmen aus? Ich glaube, als Vorgesetzter und als Geschäftspartner einigermaßen berechenbar zu sein. Ich bemühe mich um Sachlichkeit und Fairness und gebe, wenn möglich, Menschen Zeit Schwächephasen zu überwinden. Für ein Unternehmen dieser Größe delegiere ich viel und das macht bestimmte Stellen attraktiv für Mitarbeiter, die gern selbstständig arbeiten und deren Talente wir nutzen wollen. Ich glaube, dass die Leute hier ein gewisses Sicherheitsgefühl haben und dass sie dieses Unternehmen als ein gut geführtes Schiff erleben. Die meisten bedanken sich dafür durch Loyalität und Einsatzbereitschaft.

Welche Rolle spielt Geld, wenn es um Wertschätzung geht? Hier wird etwas erwirtschaftet und davon soll auch jeder etwas abbekommen. Wir zahlen leistungsabhängige Boni an Führungskräfte und pauschale Boni für alle in guten Zeiten. So oder so ähnlich läuft das in fast allen Unternehmen. Bezahlung ist aus meiner Sicht aber nur ein Hygienefaktor. Sie muss so bemessen sein, dass die Menschen sich keine Gedanken darüber machen müssen, ob sie angemessen bezahlt werden. Sie haben dann den Kopf frei, um sich gerne und mit Begeisterung ihren Aufgaben zu widmen.

Sie haben das Unternehmen, das Ihr Urgroßvater in den 1920er Jahren gekauft und aufgebaut hatte, 1995 übernommen. Welche Werte und welche Kultur fanden Sie damals vor? Jede Zeit hat ihre Probleme und Methoden. Man muss deshalb vorsichtig sein, wenn man rückblickend urteilt. Auch nach damaligen Maßstäben war die Kultur des Unternehmens aber sehr problematisch. Es war eine Kultur des Misstrauens, der Ausgrenzung und der Unehrlichkeit, die schon damals dazu führte, dass Menschen einen Bogen um unser Unternehmen machten.

Sie waren damals im Beirat der Firma. Wussten Sie das nicht? Mein Vater und ich waren im Beirat. Wir wussten um diese Schwächen, aber wir sahen damals als Beiräte keine Möglichkeit, das zu ändern. Fairerweise muss man sagen, dass das Unternehmen trotz dieser Defizite viele Jahre lang gut lief. Heute erinnere ich mich oft an diese Zeiten und versuche das Unternehmen so zu führen, dass das Urteil künftiger Inhaber positiv ausfällt.

Was hat Sie damals motiviert, in die Geschäftsführung zu gehen? Wollten Sie als promovierter Betriebswirt und McKinsey-Berater zeigen, was Sie können, oder die Familientradition erhalten? Von allem etwas. Das Unternehmen war durch Erzählungen und Gespräche meiner Eltern und Großeltern immer irgendwie als Teil der Familie präsent. Dadurch entsteht eine emotionalen Verbundenheit, der man sich kaum entziehen kann. Außerdem habe ich mich darauf gefreut, ein kleines Geschäft zu besitzen und zu entwickeln. Durch meine Ausbildung und durch meine Beratertätigkeit fühlte ich mich gut gerüstet. Dass ich noch viel über Management im Mittelstand zu lernen hatte, war mir zunächst nicht klar. Ich war fest davon überzeugt, dass dieses Unternehmen am freien Arbeitsmarkt einen wie mich niemals hätte gewinnen können, und stürzte mich ohne jeden Selbstzweifel und voller Optimismus in meine neue Aufgabe. Ich wollte diesen groß gewordenen Handwerksbetrieb zu einem kleinen, gut geführten und erfolgreichen Industrieunternehmen machen. Das war meine Vision, die ich auch weitgehend verwirklichen konnte. Inzwischen ist mir allerdings klar, dass das nicht nur das Ergebnis meiner eigenen Leistung ist. Es war vielmehr eine familiäre Gemeinschaftsleistung, zu der auch meine Frau und meine Eltern sehr viel beigetragen haben. Es war also eine Mischung aus wunderbar unvernünftigem Traditionsbewusstsein, Familiensinn, harter Arbeit und Glück.

Was machte Sie so sicher, dass der marode Betrieb für eine Vision trägt? Wir hatten die Vermutung, dass in einer Firma, die 100 Jahre alt ist und die trotz langjähriger Vernachlässigung durch die Eigentümer immer noch existierte, etwas sein muss, was einen Wert hat. Es gab einen Kern an Erfahrungen, Kenntnissen und Fähigkeiten, auf den wir uns besonnen haben und den wir durch Investitionen und moderne Management-Methoden wieder zukunftsfähig gemacht haben. Als McKinsey-Berater hätte ich vielleicht gesagt: Wir gucken uns den Grundstückswert und den Kassenbestand an, versuchen das gut zu verkaufen und das Geld anzulegen.

97

Aber der waren Sie doch ... Genau an der Stelle können Sie erkennen, welche Bedeutung eine gefühlsmäßige Bindung, Visionen und die scheinbare Unvernunft haben. Das gilt für viele große Vorhaben. Unternehmensberater hätten Kolumbus wahrscheinlich auch davon abgeraten loszusegeln ... Es gibt immer einen Schuss Irrationalität, der eine Rolle spielt. Für mich persönlich zählt nicht nur der finanzielle Aspekt, sondern auch das hohe Maß an Selbstbestimmung, das ich täglich bewusst wahrnehme. Es prägt mein Lebensgefühl, dass ich relativ unabhängig bin und die Kontrolle über weite Strecken meines Berufslebens habe.

Hätte McKinsey also Unrecht gehabt, wenn man Ihnen dazu geraten hätte zu verkaufen? Nein, auf keinen Fall. Ein Berater muss das Irrationale weglassen und faktenbasierte Empfehlungen geben. Es ist die Verantwortung des Auftraggebers, diese Empfehlungen gegen andere Aspekte – zum Beispiel auch gegen christlich-moralische Aspekte – abzuwägen, um zu einer guten Entscheidung zu kommen. Technisch verdanke ich McKinsey sehr viel. Vieles, was ich hier für das Unternehmen und seine Mitarbeiter erreicht habe, wäre ohne das dort erworbene Wissen und die Erfahrung nicht möglich gewesen. Das war eine prägende, reiche und bunte Zeit.

Sind dennoch das Irrationale, der Familiensinn und vielleicht auch eine christliche Grundhaltung ein Wettbewerbsvorteil? Langfristig ja, davon bin ich überzeugt. Seit einigen Jahren denke ich in wichtigen Entscheidungssituationen viel häufiger an die nächste Generation. Vieles von dem, was ich heute entwickle, tue ich im Hinblick auf die nächste Generation. Das Unternehmen Haniel hat den Begriff der »Enkelfähigkeit« geprägt. Dieser Begriff gefällt mir.

Ihre Kinder sind seit einiger Zeit Gesellschafter des Unternehmens. Meinen Sie sie und deren Kinder? Meine Aufgabe ist es, dafür zu sorgen, dass die Firma in einem Zustand ist, der es der nächsten Generation erlaubt, damit in eigener Weise umzugehen. Die nächste Generation muss wählen können, ob sie die Firma verkauft, einen externen Geschäftsführer beauftragt oder selbst den Betrieb weiterführt. Diese Wahlmöglichkeiten zu schaffen, erfordert gewisse Führungsstrukturen und Ertragskraft. Das sicherzustellen, ist meine Aufgabe. Im Bereich der Corporate Governance beispielsweise haben wir dafür Voraussetzungen geschaffen, durch die Übertragung von Gesellschafteranteilen und die Einrichtung eines Beirats.

War und ist Ihnen die religiöse Erziehung Ihrer Kinder wichtig? Unsere drei Kinder sind konfirmiert und wir bewegen uns vielleicht etwas über dem Durchschnitt, was unsere kirchliche Aktivität angeht. Aber Glaube und Religion werden in unserer Familie nicht sehr explizit gelebt. Das bedeutet aber nicht unbedingt sehr viel, denn Kinder lernen vieles durch Beobachtung und orientieren sich stark an dem, was wir ihnen vorleben. Sie bekommen mit, wie wir Abwägungen vornehmen und Entscheidungen treffen. So bauen sich Kinder unbewusst ein Menschen- und Weltbild auf, von dem ich bei unseren Kindern hoffe, dass es ein gutes ist. Dazu gehören der wertschätzende Umgang mit Menschen, ein Gefühl für Maß und Mitte, eine vernünftige Arbeitsethik und ein Verantwortungsgefühl für sich und andere.

Sie haben aus Menzerna ein weltweit agierendes Industrieunternehmen gemacht. Erleben Sie zwischen einer ertrags- und wachstumsorientierten Unternehmenspolitik und christlichen Werten Konflikte? Konflikte erlebe ich manchmal, wenn es um

99

Personalentscheidungen geht. Wenn mir bekannt ist, dass ein Mitarbeiter in einer schwierigen persönlichen Situation ist, dann versuche ich, bei meinen Entscheidungen christliche Werte und Einstellungen zum Tragen zu bringen. Das kann dazu führen, dass die Gewinnoptimierung – zu der ich mich grundsätzlich bekenne – im Einzelfall auch einmal zugunsten von etwas mehr Menschlichkeit zurückgestellt wird. Durch die Verantwortung für das Ganze sind diese Spielräume leider begrenzt. Es gibt sie aber, und wenn ich sie sehe, nutze ich sie im Sinne der Menschen.

Gibt es einen Kerngedanken aus der Reformation, der für Ihr unternehmerisches Handeln wichtig ist? Es gibt einen Gedanken bei Luther, der für mein berufliches Leben von Bedeutung ist. Das ist der Gedanke des Berufs als Berufung, wonach jeder Beruf – und eben nicht nur der des Priesters – eine Berufung und damit gottgewollt ist. Der Beruf soll Menschen die Möglichkeit geben, Gottes Werk zu tun. Das zu tun, was wichtig und gut ist. Was Luther meinte: Wenn du deiner Berufung folgst, mit Freude arbeitest und deine Talente im Sinne der Gesellschaft verwirklichst, dann ist das gottgewollt.

Wie sehr ist Ihnen das im Alltag präsent? Das ist mir sehr präsent. An der Stelle, wo ich stehe, tue ich, was mir Freude macht und was meinen Fähigkeiten voll und ganz entspricht. Ich tue das nicht nur für mich und meine Familie, sondern auch für etwa 70 Mitarbeiter und ihre Familien, für die ich Verantwortung trage. In unserem relativ kleinen Unternehmen trage ich als Eigentümer und Geschäftsführer am Ende die Verantwortung. Alles läuft stark auf mich zu. Ich frage mich immer: Welche Bedeutung hat das, was ich tue, für das Leben derjenigen, die mir vertrauen?

Gibt es ein Bibelwort, das Sie trägt? Ich bin nicht sehr bibelfest, aber unser Trauspruch hat heute noch eine Bedeutung für meine Frau und mich: »Denn Gott hat uns nicht gegeben den Geist der Furcht, sondern der Kraft und der Liebe und der Besonnenheit«, aus dem 2. Timotheusbrief. Wir haben uns diesen Spruch damals ausgesucht, weil er unserem Lebensgefühl entsprach: Wir sind auf der Sonnenseite, uns sind Gesundheit und viel Glück gegeben. Unser damaliger Pfarrer hat uns dann darauf hingewiesen, dass der Kontext dieses Briefes ein ganz anderer ist, dass es nämlich um Christen in höchster Bedrängnis geht. Uns gefiel diese Stelle dennoch, weil sie ein Ausdruck unseres Gestaltungswillens und unserer – vielleicht überschätzten – Gestaltungskraft war. Er drückt noch heute einen Teil unseres Lebensgefühls aus.

DR. TILO FRANZ (Jg. 1963) ist Geschäftsführer und Gesellschafter der Menzerna Polishing Compounds GmbH & Co KG. Das Unternehmen wurde 1888 in Karlsruhe von Friedrich Menzer gegründet, der Urgroßvater von Dr. Tilo Franz übernahm es in den 1920er Jahren. Dr. Tilo Franz studierte nach einer Ausbildung zum Industriekaufmann Betriebswirtschaft in St. Gallen, promovierte und arbeitete als Berater bei McKinsey, bis er 1995 die Leitung von Menzerna übernahm. Das Unternehmen hat seinen Sitz in Ötigheim, vertreibt seine Produkte weltweit und beschäftigt ca. 70 Mitarbeiter, davon 50 in Ötigheim und 20 in China. Dr. Franz hat einen Lehrauftrag an der Hochschule Furtwangen.

Woher nehme ich Kraft, wenn es schwierig wird?

FRIEDRICH JÜNGLING

E in helles Büro mit zwei Glasfronten und einem weiten Blick über die Dächer von Bad Homburg. In der Ferne der Taunus, die Umrisse des Feldbergs. An der Wand hinter dem Schreibtisch eine Collage mit Fotos aus Afrika. Löwe, Elefant, Zebra in schwarz-weiß, in warmen Orange- und Rot-Tönen Details von Blüten und Pflanzen. Die Fotos hat Friedrich Jüngling selbst gemacht, auf seinen Reisen nach Afrika, Botswana, Namibia, Südafrika, wo es das schönste Licht gibt, das er je gesehen hat.

Bei der Deutschen Leasing AG ist Friedrich Jüngling seit 2001 als Mitglied des Vorstands für Risikomanagement und Compliance zuständig. Um immer wieder Zeit für Perspektivwechsel zu haben, nimmt er sich die Freiheit, alle zwei Jahre im Sommer vier Wochen Urlaub zu machen. Raus aus der unternehmerischen Kommunikation, ohne Empfang, nur im Notfall erreichbar. Loslassen und Verantwortung abgeben.

Friedrich Jüngling nimmt das nicht nur für sich selbst in Anspruch. Im Gespräch über sein Verständnis von Führung

103

kommt er immer wieder an diesen Punkt: »Wir haben hier so viele hochqualifizierte Spezialisten, die ich dazu einlade, ihren Blick zu verändern. Ich nutze immer wieder die Gelegenheit, gerade junge Menschen zu ermutigen: Macht euch ein Bild. Findet eure eigene Haltung. Lernt andere Perspektiven kennen.«

Für ihn ist das eine zentrale Aufgabe von Führungskräften: Menschen darin auszubilden, mit Veränderung umzugehen. Von sich sagt Friedrich Jüngling, dass er sehr teamorientiert führt, nicht hierarchisch, und vielleicht gerade deshalb hohen Respekt genießt. »Wer gute Leute hat, kann sie mit Vertrauen laufen lassen.« Und doch ist klar, wer die Richtung vorgibt, wer das Tempo bestimmt und die Ziele. »Ich bin nicht gerne im letzten Wagen, ich bin gerne auf der Lokomotive. Um die Geschwindigkeit mitzugestalten. Manchmal kann man nicht sehen, wohin die Schienen führen, aber man kommt an Weichen, die man stellen kann. Das geht nur, wenn man vorne sitzt und mitgestaltet, und nicht, wenn ich mich ziehen und treiben lasse.«

»Ich habe die Freiheit zu sagen: Ja, ich habe einen Fehler gemacht. Ich stehe dafür gerade. Aber ich kann auch wieder neu anfangen.«

Dass er die Kraft hat für diese Art der Führung, den Willen zur Verantwortung und die Fähigkeit, auch in schwierigen Situationen Entscheidungen zu treffen, das, so Friedrich Jüngling, habe viel mit seinem christlichen Glauben zu tun. »Woher nehme ich Kraft, wenn es schwierig wird? Was trägt mich, wenn es ums Scheitern geht? Da habe ich einen Kompass und eine klare Quelle. Und ich weiß: Ich kann jeden Morgen mit einem frischen weißen Blatt anfangen. Die Rechtfertigungslehre Martin Luthers und die Gnadenzusage unseres Herrn Jesus Christus haben für mich eine besondere Bedeutung. Fehler kommen vor, das ist etwas ganz Normales und Menschliches. Aber ich muss mich damit nicht den Rest meines Lebens quälen. Ich habe die Freiheit zu sagen:»Ja, ich habe einen Fehler gemacht. Ich stehe dafür gerade. Aber ich kann auch wieder neu anfangen. Das gibt einem so viel Kraft. Gerade, wenn man als Führungskraft Entscheidungen treffen muss. Wenn ich vor lauter Angst vor Entscheidungen und möglichen Fehlern nicht handlungsfähig bin, dann bin ich auch keine gute Führungskraft.«

Nicht immer war der gelernte Bankkaufmann und Spar-kassenbetriebswirt so tief im Glauben verwurzelt. In einem sehr kirchlich geprägten Elternhaus aufgewachsen, wurde ihm der kirchliche Duktus als Jugendlicher und junger Erwachsener bald zu eng und er vollzog einen »heftigen Bruch«. Dass er während der ganzen Zeit das Orgelspiel, mit dem er eher aus Zufall begonnen hatte, beibehielt, bei Gottesdiensten, Hochzeiten oder Taufen spiel-te, sah er damals eher pragmatisch. »Das war eine gigantische Taschengeldaufbesserung mit einem geringen zeitlichen Invest-ment.« Mit Mitte 20 war er in einer dörflichen Gemeinde einige Jahre ehrenamtlicher Kantor – aber eher aus musikalischer Begeis-terung, weniger weil er sich der Kirche so tief verbunden fühlte.

Zur Kirche und zum Glauben zurück fand er später mit sei-ner Frau und seiner eigenen Familie. »Je älter ich wurde, umso mehr spürte ich, dass der Glaube eine Quelle der Kraft für mich ist und mir eine innere Ruhe gibt. Hier fand ich Gleichgesinnte, interessante Themen, Zuspruch und Hilfe aus einer unerwarteten Ecke.« Friedrich Jüngling engagiert sich heute ehrenamtlich in seiner Kirche. Im Vorstand des Arbeitskreises Evangelischer Un-ternehmer betreut er die Region Rhein-Main. Im Gesprächskreis 105

Kirche und Wirtschaft der Region vertritt er die evangelischen Unternehmer. Er war aktiv beim Deutschen Evangelischen Kirchentag und ist seit vielen Jahren Rechtsritter im Johanniter-Orden und Mitglied der Landesleitung der Johanniter Unfallhilfe Hessen/Rheinland-Pfalz/Saar.

Mit dem kleinen Johanniter-Kreuz, das er am Revers trägt, will er »Flagge zeigen« und stellt fest, dass dieses kleine Symbol auch im Geschäftsleben oftmals einen schönen Gesprächseinstieg ermöglicht. Nicht selten wolle ein Gegenüber wissen: Was haben Sie denn da? Bei der Deutschen Leasing AG ist ohnehin bekannt, dass und wie Friedrich Jüngling sich in der Kirche engagiert. »Ich trage das nicht missionarisch vor mir her. Aber die Kollegen wissen um mein Engagement.«

Die Deutsche Leasing AG ist das größte herstellerunabhängige Leasingunternehmen Deutschlands und gehört direkt oder indirekt mehr als 380 Sparkassen. Sie finanziert vor allem Investitionen im Mittelstand in nahezu allen Branchen. Als Friedrich Jüngling nach Stationen bei der Landesbank Baden-Württemberg und der Berliner Bank, wo er diverse Führungsaufgaben innehatte, 2001 zur Deutschen Leasing AG kam, da war er ein »klassischer Mittelstandsbanker und kein Leasing-Experte«. Heute ist er begeistert von seinem Geschäft. »Wir sind viel näher dran am Herz der Wertschöpfung des Kunden und am Kern dessen, was das Unternehmen ausmacht. Ohne Backstraße oder Backofen, ohne die Software der Kassen funktioniert der Betrieb nicht. Leasing ist mehr als Geldgeben, wie es eine Bank macht.« Eine besondere Herausforderung für das Leasing-Geschäft sei die Industrie 4.0. In welcher Weise diese Technologien wieder vermarktbar gemacht werden können, das könne man sich heute noch kaum vorstellen.

Als Compliance-Vorstand ist Friedrich Jüngling derjenige, der zugleich aufmerksam beobachtet, ob die Investments der

Deutschen Leasing im Einklang mit Ethik und Werten des Unternehmens stehen. Und dann kommt es schon mal vor, dass er eine engere Position vertritt als die Kollegen, die für die Marktseite, Vertrieb und Verkauf zuständig sind. Immer mal wieder gebe es Grenzbereiche und Einzelgeschäfte, die auf dem Prüfstand stehen. Die Deutsche Leasing ist in 22 Ländern unterwegs und begleitet in der Regel deutsche Maschinenbauer ins Ausland. Es sei nicht immer einfach zu erkennen, was und wo unter welchen Bedingungen produziert wird. Denn letztlich stehe für den Finanzierer die betriebswirtschaftliche und produktionstechnische Analyse im Mittelpunkt.

So sehr für Friedrich Jüngling seine berufliche Identität und sein kirchliches Engagement zusammengehören, so sehr spürt er vielfach großes Unverständnis – vor allem von Seiten der Kirche. »Als ich das erste Mal in meiner Kirchengemeinde sichtbar als Unternehmensvertreter das Wort ergriffen habe, war großes Staunen. Man erwartet nicht, dass Manager und schon gar nicht die eines Finanzdienstleistungsunternehmens sonntags in den Gottesdienst gehen. Man traut ihnen nicht zu, dass sie eine christliche Orientierung haben.« Friedrich Jüngling erinnert sich an ein Gespräch vor vielen Jahren, wo evangelische Kirche und Unternehmer zu einem Wochenende zusammenkamen und jemand aus der Kirchenleitung ihn fragte: Ach, und beten tun Sie auch?

Zwischen Wirtschaft und Kirchen erlebt der Manager zuweilen eine große Kluft und einen hohen Kommunikationsbedarf. Auf beiden Seiten, sagt er, gebe es Vorurteile, viele tradierte Bilder und Vorstellungen. Das ist einer der Gründe, warum er sich im Arbeitskreis Evangelischer Unternehmer engagiert. »Die Kirchen müssen sich einmischen in gesellschaftliche Debatten, aber das können sie nur, wenn ihre Vorstellungen von Wirtschaft und Unternehmertum realistisch sind.« Daher regt er immer wieder

Dialoge zwischen Unternehmern und Kirchenvertretern an, er lädt seine Unternehmerkollegen ein, aktiv auf die Kirchen zuzugehen und mit ihnen ins Gespräch zu kommen. Nicht nur, um zu vermitteln, dass die meisten Unternehmer und Manager in seinen Augen durchaus anständige Menschen sind. »Wir sind so weit auseinander, was die Vorurteile und die Bilder angeht, wie Wirtschaft und Arbeit heute sind. Wir müssen mit den Kirchen darüber sprechen, wie ein moderner Arbeitsmarkt funktioniert und welche Erwartungen 20- bis 25-jährige Studenten und Trainees inzwischen an ihre Arbeitsplätze haben. Die normalen Standards von Employer Branding sind in den Kirchen vielfach noch nicht angekommen. Dass sich heute die Unternehmen bei den jungen Menschen bewerben und es längst nicht mehr der Arbeitgeber ist, der am längeren Hebel sitzt. In vielen Kirchenleitungen herrscht noch ein Personalbild der 1960er Jahre vor, als bräuchten wir Leute, die im Großraumbüro Aktenverwaltung machen. Himmel hilf!«

Bildung, davon ist Friedrich Jüngling überzeugt, ist der zentrale Schlüssel für verantwortliches und zukunftsfähiges Handeln. Eine gemeinsame Verantwortung von Kirchen und Wirtschaft. »Die Kirchen haben hier über ihre Ausbildungswerke eine ganz wichtige Funktion und eine gigantische Zukunftsaufgabe. Die Wirtschaft hat ihre Verantwortung, für Bildung zu sorgen und Bildung zu unterstützen.« Eine Bildung, die nicht nur Fachexpertise schafft, sondern die Fähigkeit ausbildet, Veränderungen zu gestalten, und damit Grundlagen für verantwortliches Handeln legt.

Im Gebäude der Deutschen Leasing AG steht im Veranstaltungsbereich auf der ersten Etage ein Flügel. »Eigentlich wird der immer nur weggeschoben«, sagt Friedrich Jünglings Assistentin. Es war vor ihrer Zeit, als ihr Chef hier die Tasten bewegte. »Zu meiner Anfangszeit«, erinnert er sich, »als meine Familie noch nicht mit nach Bad Homburg gezogen war, da waren Abende lang. Wenn abends niemand mehr da war, dann habe ich mich an den Flügel gesetzt und gespielt.« Musik hilft ihm beim Loslassen. Noch besser als ein Flügel eigne sich dazu allerdings eine Orgel. »Mit beiden Händen und beiden Füßen in diese Musik eintauchen, ist Brainwash pur.« Seit zehn Jahren hat Friedrich Jüngling zuhause eine digitale Orgel und spielt regelmäßig. »Eine Stunde Musik gemacht, und die Deutsche Leasing und der ganze Büroalltag sind meilenweit weg.« Manchmal denkt er darüber nach, was er mit diesem Talent noch machen kann. Später einmal. »Vielleicht werde ich doch noch Kirchenmusik studieren.«

Befiehl dem HERRN deine Wege und hoffe auf ihn,

er wird's wohlmachen. (Psalm 37,5)

»Dieses Bibelwort ist unser Hochzeitsspruch. Es trägt meine Frau und mich und auch die Familie seit vielen Jahren. Es geht um Loslassen und Vertrauen. Natürlich gehört für mich auch dazu, mein Leben in die Hand zu nehmen und Entscheidungen zu treffen. Trotzdem ist es in meinem Leben nicht immer so gelaufen, wie ich es mir gewünscht habe, aber es war, im Nachhinein betrachtet, gut, wie es wurde. Ich bin voller Dankbarkeit und Zufriedenheit über mein Leben. Gott hat es gut mit mir gemeint.«

FRIEDRICH JÜNGLING (Jg. 1957) ist seit 2001 Mitglied des Vorstandes der Deutschen Leasing AG und Geschäftsführer der Deutsche Leasing Finance GmbH. Der gelernte Bankkaufmann und Sparkassenbetriebswirt war zuvor bei der Landesbank Baden-Württemberg und bei der Berliner Bank AG tätig. Er ist im Vorstand des Arbeitskreises Evangelischer Unternehmer.

Ich habe nicht die Antwort, wo Gottes Finger liegt, aber ich zweifle nicht ...

DR. ECKART REIHLEN

Der Glaube ist in meinem Fall mehr ein Fundament als ein Geländer. Es gibt im beruflichen Alltag Unerwartetes, es gibt Enttäuschungen. Der Glaube nährt schlicht die Zuversicht, aus mancher Widrigkeit herauszukommen. Er beschleunigt das Wiederanpacken. Er verpflichtet zum Optimismus. Martin Luthers Apfelbäumchen, das er am Vorabend der vermeintlichen Apokalypse zu pflanzen verspricht, kommt mir in den Sinn.

Ich bin in einem evangelischen Haus aufgewachsen. Meine Eltern sind öffentliche Protestanten. Meine Mutter als ehemalige Präsidentin des Deutschen Evangelischen Kirchentags, mein Vater rund zwei Jahrzehnte als Präses der Landessynode der Evangelischen Kirche in Berlin-Brandenburg und langjähriger Aufsichtsratsvorsitzender des Berliner Missionswerks. Ihr christliches und politisches Engagement war von der Überzeugung getragen, dass es Gutes gibt, das man erkennen und unterscheiden kann und wofür man sich in Kirche und Gesellschaft einsetzt. Meine Eltern

111

näherten sich der Sache des Glaubens relativ nüchtern. Heute lesen sie morgens die Bibel. Das war früher nicht so. Ich selbst erlebte einen ganz typischen protestantischen Werdegang. Getauft und konfirmiert zu sein war selbstverständlich. Über Freunde kam ich zum Bibelkreis, zur Jugendarbeit, wurde Teamer für die Konfirmanden der Gemeinde und erlebte meine Zugehörigkeit zur Kirche in einer Mischung aus Neugier und dem Drang zu sinnstiftenden Aktivitäten. Hinzu kamen eine Israelreise mit den Eltern, ein Arbeitsaufenthalt in einem Kibbuz und Reisen in die umliegenden, damals disputierten Gebiete wie dem Sinai, dem Golan und – viel später – nach Libanon.

Mein eigener, reflektierter Glaube entwickelte sich später. Ich promovierte mit 25 Jahren in den USA zu Wechselwirkungen zwischen Strahlung und Materie, also über quantenmechanisch erklärbare Phänomene. Der Versuch, die Grenzen der Erkenntnisfähigkeit zu erkennen und den Dingen auf den Grund zu gehen, war für mich ein Weg zum Glauben. Mit Mitte 30 begann ich noch einmal viel zu lesen. Den stärksten Einfluss auf meinen Glauben hatten die fomulierungsmutigsten Atheisten, Richard Dawkins und Bertrand Russel. Ich habe wohl nicht den Mut, so zu schlussfolgern, aber ich erkenne, dass diese Gelehrten sich letztlich bei der Wahl zwischen Gott und dem Nichts für das Nichts entscheiden, für den Zufall, für die Macht der Selektion. Dabei bleiben ganz wesentliche Fragen unbeantwortet. Für mich als Naturwissenschaftler weckt jede neue Entdeckung, die Schönheit der Natur ebenso wie die erstaunlichen mathematischen Symmetrien, die die Naturbeobachtung von der Quantenphysik bis zur Kosmologie offenbart, mehr als den Zweifel. Sie weckt den Glauben. Ich bin der tiefen Überzeugung, dass nicht alles nach dem Zufallsprinzip geschieht. Die Natur wäre nicht so weit gekommen.

Ich habe nicht die Antwort, wo Gottes Finger liegt, aber ich kann mich nicht mit dem Gedanken abfinden, dass wir Menschen aus einer Kombination der unwahrscheinlichsten Faktoren heraus zufällig und bestimmungslos in dieser Ecke des Weltalls vegetieren.

Ich habe viel zu wenig über christliche Persönlichkeiten gelesen. Zur Lektüre über Menschen und Vorbilder gebannt haben mich Dietrich Bonhoeffer, Martin Luther, die Wissenschaftler Freeman Dyson und Martin Rees sowie Wolfgang Hubers Bücher.

»Den stärksten Einfluss auf meinen Glauben hatten die formulierungsmutigsten Atheisten.«

Ein Bibelwort, das mich begleitet, ist die Losung des Hamburger Kirchentags 1995, »Es ist Dir gesagt, Mensch, was gut ist«, gleichnamig der in Leipzig komponierten Kirchenkantate von Johann Sebastian Bach. Für mich bedeutet das: Es ist dir gesagt, Mensch, was gut ist und was der HERR von dir fordert, nämlich Gottes Wort halten und Liebe üben und demütig sein vor deinem Gott. Hier sehe ich manchmal augenzwinkernd einen Bezug zu meinem beruflichen Tun. In der Industrie versuchen wir alles in Regelwerke zu packen. Teilweise verfehlen unsere Texte die Zielgruppe, mangeln an Eleganz und Knappheit. Dann zitiere ich – Gott und meine Kollegen mögen mir es vergeben – gerne diesen Bibelspruch.

Auch wenn ich hier durchblicken lasse, dass ich als Führungskraft in einer christlichen Tradition stehe, so melde ich mich dennoch nicht initiativ in der Öffentlichkeit zur Beantwortung der Frage, ob es eine christliche Unternehmensführung gibt. Ja, es gibt sie. Natürlich prägen der Glaube und die Nächstenliebe die Grundhaltung mehr als alle anderen Einflüsse. Aber ich will nicht höhere Instanzen für mich vereinnahmen, die mir die Freiheit

113

geben, richtig und falsch zu handeln. Es gibt auch gute Unternehmensführer, die noch nicht zum Glauben gefunden haben. Wichtiger als alles andere sind für mich die persönliche Beziehung zu Gott und die persönliche Erlösung. Gesegnet sei derjenige, der sie hat und pflegt.

Ich habe mein Leben lang viel im Ausland gelebt, dort gearbeitet und immer die lokalen Sprachen erlernt. Diese Stationen haben vielfältige Erkenntnisse gefestigt. Die Ausprägungen des Glaubens sind in der Welt sehr verschieden. Man trifft viele kluge Menschen, die sich mit ähnlichen Fragen beschäftigen. Das Schöne im Ausland ist: Wenn man will, kann man in ganz unterschiedlichen Gemeinden aktiv sein und Anregungen finden. Zum Beispiel eine Anregung eines jüdisch-christlichen Philosophen: der von Hans Jonas ausgeführte Gedanke nach der Frage der Gottesgerechtigkeit, dass ich als Mensch die Wahl habe, dass ich vor Gott in Freiheit und Verantwortung lebe, damit auch die Freiheit habe, Fehler zu machen. Der Gedanke ist sehr mächtig. Was ich auch erfahren habe: Die Ansätze anderer Konfessionen greifen mitunter zu kurz. Sendungsbewusstsein und Selbstbewusstsein im Bekenntnis allein beantworten nicht alle Fragen. Vermeintliche Gewissheit kann auch trügerisch sein. Es gilt, offen zu bleiben für den Glauben anderer.

Dass wir mit der Unternehmenseignerfamilie, für die ich heute arbeite, in einer protestantischen Tradition stehen, das weiß hier in der Gegend jeder. Sie zeigt dies zum Beispiel bei der Förderung der Restaurierung einer bekannten, ökumenischen Schinkelkirche am Stammsitz. Sachsen-Anhalt ist nach wie vor strukturschwach. Unternehmen schaffen hier genau wie die Kirchen Bindung und Sinn. Ich halte es für wichtig, dass sich Unternehmer auch kirchlich engagieren. Wir dürfen in der Kirche nicht alles dem karitativen Bereich überlassen. Es gibt neben denen, die

Gutes tun und helfen, auch diejenigen, die aufbrechen und Werte erzeugen, die letztlich Erstere materiell mit ausstatten. Darüber hinaus schulden wir Unternehmer der Kirche unseren Rat und unsere Tat. Kirche wiederum muss sich in die Gesellschaft einmischen, um ein von Wolfgang Huber eloquent vertretenes protestantisches Prinzip zu wiederholen.

Menschen haben den Drang zur Zusammenarbeit und sogar zur Nächstenliebe. Daraus erwächst wirtschaftliches Handeln. Gewinnorientierung ist das Elixier der Waren- und Dienstleistungsversorgung unserer Gesellschaft, der Schmierstoff der Arbeitsteilung. Gewinnorientierung ist der Lockstoff, der vorenthaltenen Konsum – synonym für Ersparnisse – mit jetzt notwendigem Konsum – synonym für Investitionen – paart. Gewinne sichern die Zukunft und Innovationsfähigkeit unserer Unternehmen. Unabdingbar für unsere Gesellschaftsordnung sind ein starker Gesetzgeber, ein starkes Wettbewerbsrecht, das Walten der Gesetze (the rule of law), eine Absicherung der Minimalbedürfnisse aller und ein erhebliches Maß an staatlicher Umverteilung. Nur so kann Adam Smiths unsichtbare Hand wirken, den Eigensinn des Einzelnen, auch des Unternehmers, zum Gesamtwohl zu bündeln.

DR. ECKART REIHLEN (Jg. 1964) ist Chief Operating Officer (COO) der IFA Rotorion – Holding GmbH in Haldensleben/Sachsen-Anhalt. Der promovierte Diplom-Ingenieur der Elektrotechnik war zuvor 25 Jahre lang in leitenden Positionen bei der Robert Bosch GmbH tätig, studierte und promovierte in den USA, arbeitete in Deutschland, Dänemark und Japan und war zuletzt als Leiter des größten Standorts der Bosch-Gruppe in Russland tätig. Dr. Eckart Reihlen ist verheiratet und Vater von drei Kindern.

Gesegnet aber ist der Mann, der sich auf den HERRN
verlässt und dessen Zuversicht der HERR ist.
Der ist wie ein Baum, am Wasser gepflanzt, der seine
Wurzeln zum Bach hin streckt

JEREMIA 17,7-8

Ich sehe nicht das Geld, sondern den Menschen

DANIEL HOSTER

Herr Hoster, wir wollen über Gottvertrauen sprechen. Gottvertrauen ist für mich die Wiege des Vertrauens. Wenn ich Gott vertraue, dann erst kann ich mir und anderen Menschen vertrauen. Ich muss Menschen Vertrauen schenken, sicher nicht naiv, also nicht ohne auch zu kontrollieren, ob es gerechtfertigt ist. Aber ich arbeite nur dann effizient, erfolgreich und herzlich mit Menschen zusammen, wenn ich vertrauen kann. Ich muss mich immer wieder dazu entscheiden, Vertrauen zu haben.

Heißt das auch, sich immer wieder zu entscheiden, zu glauben? Immer wieder. Zu glauben, erfordert immer wieder eine mutige Entscheidung.

Was bedeutet es für Sie, mit einer solchen Haltung Manager zu sein? Wer Menschen führen will, braucht immer einen gewissen Optimismus. Das ist eine Geisteshaltung, die Kraft erfordert.

117

Um vernünftig optimistisch zu bleiben, brauche ich eine Basis, auf der ich stehe.

Wo und wie haben Sie diesen Glauben gelernt? In der Schule des Lebens. Allerdings mit etwas Vorkenntnis: Ich hatte den Vorteil, in einer Familie aufzuwachsen, wo Glaube nicht nur ein Ritual, sondern gelebtes Vergnügen war. Mein Vater erzählte biblische Geschichten so lebendig, dass es Spaß machte ihm zuzuhören. Ich bin gewissermaßen in einer heilen Welt aufgewachsen, die vom Glauben geprägt war. Dass Gott mich liebt, wurde in einer gesunden Weise für mich erlebbar durch meinen Vater und meine Mutter. Sie waren Alltagshelden und Vorbilder. Zusätzlich habe ich gern von brillanten Persönlichkeiten gelernt – und immer wieder entdeckt, dass der Glaube für sie eine tragende Rolle spielte.

Haben Sie Glaubenskrisen erlebt? Als unser zweites Kind mit sieben Monaten tot in meinen Armen lag, das war wie ein Erdbeben. Da habe ich gebetet. Und Gott hat mir Kraft gegeben. Ich bin in allen Krisen stärker geworden.

In Ihrem Beruf verwalten Sie die Vermögen der reichsten Deutschen. Geraten Sie auch da mit einer christlichen Grundhaltung manchmal an Ihre Grenzen? Wenn ich reichen Menschen begegne, dann sehe ich nicht das Geld, sondern den Menschen. Wenn ich für Mitarbeiter und für Kunden arbeite, dann habe ich nicht die Arm-Reich-Schere im Kopf, sondern meinen Job: zu dienen. Ich arbeite in der Dienstleistungsbranche. Je leidenschaftlicher ich Freude am Dienen kultiviere, desto erfolgreicher bin ich. Und wenn ich so den Menschen vor Augen habe, bin ich erst in der Lage immer wieder zu überlegen: Wo kann ich einen kleinen Beitrag leisten für eine bessere Welt?

Welchen Beitrag können Sie leisten? Das beginnt damit, wie ich dem Pförtner begegne, und reicht bis dahin, soziale Investments zu fördern, um Armut zu lindern. Reiche Menschen und Unternehmer werden in unserem Land manchmal schräg angeguckt. In den USA, wo ich lange gelebt habe, ist das anders. Dort nimmt man Unternehmer auch als Säule wahr für das Gute, was durch ihr Wirken in der Gesellschaft entstehen kann. Der Unternehmer, der gute Produkte herstellt, Arbeitsplätze schafft, Risiken trägt, Steuern zahlt, verdient Respekt für seine Verantwortung. Das ist ein Beitrag für eine bessere Welt.

Wie fördern Sie soziale Investments? Wir fragen auch nach der emotionalen Rendite, die unsere Kunden erwarten. Vor vielen Jahren konnten wir mit Microfinance Angeboten beginnen, mittlerweile haben wir erfolgreich – in Zusammenarbeit mit Entwicklungshilfeministerium und KfW – einen Afrika Fonds aufgelegt und bieten ganz maßgeschneiderte soziale Verantwortungsfilter an, bei denen ein Anleger definieren kann, welche Arten von Geschäften er sanktionieren will. Emotionale Rendite wird für viele Menschen immer wichtiger. Das heißt nicht, unwirtschaftlich zu werden. Man kann Gutes tun mit sozialer Verantwortung und dabei profitabel arbeiten. Dabei ist es mir allerdings immer wichtig zu betonen, dass die sozialste Aufgabe jedes Unternehmers ist, profitabel zu arbeiten. Gegenprobe: Verluste belasten die Gesellschaft. Gewinne erwirtschaften ist sozial, wenn es eingebunden ist in ein gesundes Wertegerüst.

Hat sich die Haltung der Kunden gegenüber dieser Art der Geldanlage verändert? Ja, auf jeden Fall. Die soziale Verantwortung spielt eine immer bewusstere Rolle. Unternehmen müssen sich neben dem Geldverdienen die Frage gefallen lassen: Welche Rolle spielen Sie für die Gesellschaft? Übrigens müssen sich umgekehrt die Non-Profit-Organisationen fragen: Wie tun wir nicht nur Gutes, sondern arbeiten dabei professionell und wirtschaftlich? Gutes Management macht den Unterschied – in Unternehmen wie in Kirchen und Wohltätigkeitsorganisationen.

Doch noch einmal die Frage nach dem Konfliktpotenzial Ihrer Arbeit. Wie lässt sich für Sie die »Option für die Armen« vereinbaren mit der Arbeit für die Reichen der Gesellschaft? Unternehmer in ihrem Tun zu unterstützen, erster Ansprechpartner zu sein, wenn es um strategische Weichenstellungen des Unternehmers geht, ist meine höchste Verantwortung. Auch für die Armen. Warum? Wirtschaftlicher Erfolg ist wie ein Baum, in dem viele Vögel Nahrung finden, Nester bauen und Schutz finden können.

Und doch wird die Schere zwischen Arm und Reich nicht kleiner. Die globalisierte Wirtschaft hat unter anderem durch Kosteneinsparungen, innovative Produkte, Reisefreiheiten, Rohstoffsicherung, Effizienzsteigerungen, Expansionen auch in Billiglohnländer viel zur Verringerung der Armut und zur Schaffung von Wohlstand beigetragen. Zunächst ist ja nicht entscheidend, wie groß die Schere ist, sondern dass immer mehr Menschen von den Fortschritten profitieren. Da Wirtschaft ja kein Nullsummenspiel ist, bedeutet Reichtum immer auch, dass eine Substanz erwirtschaftet wurde, die im Kreislauf viele gewinnen lässt. Dennoch bleibt das Problem Armut. Eine der schlimmsten Ursachen ist die weit verbreitete Korruption in den Entwicklungsländern. Die gilt es zu bekämpfen.

Was bedeutet Ihnen Geld? Geld gibt mir Handlungsspielraum, um meine Familie zu versorgen, Gutes zu genießen und Gutes zu tun. Es ist auch Wertschätzung für die Arbeit, die ich leiste. Aber mit meinem Glück hat Geld wenig zu tun.

Was hat mit Ihrem Glück mehr zu tun? Dinge zu gestalten und zu bewegen, Vertrauen geschenkt zu bekommen, oder: Wenn meine Kinder morgens zur Schule gehen, sich wertgeschätzt fühlen und lebenstüchtig sind, das ist für mich Glück.

Wie wichtig ist Ihnen ehrenamtliches Engagement? In meinem Job gebe ich 150 Prozent. Aber erfolgreich bin ich nicht, wenn sich das Hamsterrad schneller dreht, sondern wenn ich den Kopf frei habe, die relevanten Rädchen zu erkennen und zu bewegen. In meinem Ehrenamt lerne ich viel dazu, vervollständige mein Weltbild, trainiere meine Führungsfähigkeiten und lerne spannende Menschen kennen. Zugleich ist die Extrameile für mich immer auch ein Beweis, dass ich noch Potenzial habe, meinen Verantwortungsbereich zu erweitern.

Warum sind Sie Banker geworden? Eigentlich wollte ich Jura studieren. Weil es mir Spaß machte, komplexe Sachverhalte zu durchdringen und zu beurteilen. Aber mein Vater riet mir, erst einmal was Vernünftiges zu machen. Das war dann eine Banklehre. Und wegen Alfred Herrhausen wollte ich zur Deutschen Bank. Er war ein Stratege, der unternehmerisch, intellektuell und verantwortlich vorausgedacht hat, das hat mich beeindruckt.

Ist Ihnen eigentlich wichtig, dass Menschen, mit denen Sie beruflich zu tun haben, Ihr kirchliches Engagement teilen? Ich finde es eher verdächtig, wenn man das Gefühl hätte, dass jemand das vor sich herträgt. Wenn jemand authentisch ist, und dabei in seinem Fach richtig gut, dann stärkt die Übereinstimmung von **121**

Werten natürlich das Vertrauen und die Lust, etwas zusammen zu unternehmen. Dabei ist der konfessionelle Bezug für mich vollkommen unwichtig. Ich bin übrigens gerne mit Menschen zusammen, die anders sind als ich – sonst fehlt mir die Bereicherung.

»Mitarbeiter und Geschäftspartner sollen wissen dürfen, dass jemand gläubig ist und dass das nicht bedeutet, keine Fehler zu machen.«

Es ist ungewöhnlich, sich im Geschäftsleben als gläubiger Mensch zu zeigen. Gilt Glauben doch eher als Privatsache? In der Präambel des Grundgesetzes heißt es »in Verantwortung vor Gott und Menschen« – das impliziert doch, dass es interessiert, ob und wie ein Politiker, Arzt, Lehrer oder Unternehmer an diesen Gott glaubt. Und wenn man sich offen zu seinem Fußballverein bekennt, warum nicht zum Glauben? Der Glaube an Gott gibt mir Kraft, hilft mir, gute Entscheidungen zu fällen, macht mich resilienter. Vor einiger Zeit erzählte mir ein Manager, dass er sich nicht öffentlich als Christ outen will, weil er dann nicht mit der Härte führen könne, die in seinem Unternehmen gefordert ist. Ich finde, dieses Risiko kann man eingehen. Mitarbeiter und Geschäftspartner sollen wissen dürfen, dass jemand gläubig ist und dass das übrigens nicht bedeutet, keine Fehler zu machen.

Das klingt durchaus missionarisch. Eher bodenständig. Wir brauchen offene Augen für die Bedürfnisse der Menschen. Dazu gehört auch, gute Erfahrungen weiterzuerzählen. Wenn Kunden von einer Bank begeistert sind, empfehlen sie uns auch weiter.

Wenn etwas stimmig ist, dann kann man Vertrauen fassen. Ich

will authentisch sein, ein gutes Vorbild geben und mit meinen Fehlern richtig umgehen.

Was bedeutet das im Unternehmen? Erfolgreiche Unternehmen haben eine gute Fehlerkultur. Dazu gehört, Defizite zu erkennen, zuzugeben, aus Fehlern zu lernen und es besser zu machen. Die beste Fehlerkultur erlebe ich bei Jesus Christus. Er spricht Defizite an, vergibt die Fehler und glaubt an uns, es besser zu machen. Gnade ist eine Investition in eine bessere Welt. Leistung wird darunter nicht leiden, sondern wird dadurch erst recht beflügelt. In der Finanzkrise haben wir verstanden, was für ein wichtiger Faktor Kultur in Unternehmen ist. In einer Geisteshaltung, wo der andere mir wichtig ist, finde ich bessere Orientierung als in jeder schriftlichen Richtlinie. Wir brauchen eine Kultur, einen Spirit, eine gemeinsame Haltung.

Gibt es ein Bibelwort, das sie trägt? Jeremia 17. Wer auf Gott vertraut, ist wie ein Baum, der am Ufer gepflanzt ist. Seine Wurzeln sind tief im Bachbett verankert, deshalb hört er auch in Dürrezeiten nicht auf Frucht zu tragen. Für mich ist das ein Schlüssel für eine nie versiegende Ressource, die ich täglich nutzen kann, die mich nährt, trägt und inspiriert.

DANIEL HOSTER (Jg. 1968) ist Managing Director Wealth Management bei der Deutschen Bank. Bevor der gelernte Bankkaufmann, Diplom-Bankbetriebswirt und Master of Business Administration nach Frankfurt in die Geschäftsleitung der Deutschen Bank wechselte, war er für den Bereich Wealth Management in unterschiedlichen Führungspositionen tätig, unter anderem von 2001 bis 2009 in New York. Er ist im Vorstand des Arbeitskreises Evangelischer Unternehmer.

Es gibt einen Schöpfungsauftrag an die Bauern

DR. MANFRED PROBST

M anfred Probst mag Sprichworte, die mit seinem Beruf zu tun haben. »Hat der Bauer Geld, hat's die ganze Welt« ist so eins. Er hat es zu seinem Unternehmensmotto gemacht. »Im eigentlichen Wortsinn sind Landwirte der ›Nährstand der Bevölkerung‹«, sagt er. »Die Landwirte haben immer die Bevölkerung ernährt, sie haben für den eigenen Bedarf und für den Markt produziert. Ohne Nahrung ist alles nichts.«

Wie Landwirtschaft seiner Meinung nach sein muss, damit sie diesem Anspruch gerecht werden kann, das kann man auf seinem Hof in Podemus vor den Toren Dresdens besichtigen. Seit 1991 wird hier auf 250 Hektar Acker- und Grünflächen biologisch-organischer Landbau betrieben. 45 Milchkühe mit Nachzucht, 100 Schweine und 300 Hühner werden artgerecht gehalten und liefern ökologische Lebensmittel. Synthetische Dünge- und Pflanzenschutzmittel sind ebenso tabu wie prophylaktische Arznei-

125

mittel, Fütterungsantibiotika oder Wachstumshormone im Tierfutter. Das Futter für die Tiere stammt ausschließlich aus eigenem Anbau. Es werden immer nur so viele Tiere gehalten, wie der Hof aus eigener Kraft ernähren kann.

»Wenn wir nicht nachhaltig sind,
dann sind wir doch hoffnungslos.«

Vorwerk Podemus ist ein Vorzeigebetrieb. Schon 2006 wurde er mit dem »Förderpreis Naturschutzhöfe« des Bundesumweltministeriums ausgezeichnet. Er gehört zum Netzwerk von 200 Biohöfen bundesweit, die von der Bundesanstalt für Landwirtschaft und Ernährung zum Demonstrationsbetrieb ökologischer Landbau ernannt wurden. Zum Betrieb, der nach den Richtlinien des Gäa-Verbandes arbeitet, gehören auch eine Fleischerei und ein Hofladen. Vermarktet werden die Produkte direkt über neun eigene Bioläden in den umliegenden Städten.

»Wir haben von Anfang an mit der Natur gearbeitet und nicht gegen sie«, sagt Manfred Probst. »Eine sorgsame Humuswirtschaft und maximaler Zwischenfruchtanbau schützen die Böden vor Erosion. Die Tiere brauchen wir für unsere Kultur und für hohe Humusbilanzen. Wir folgen dem Kreislaufgedanken der Natur. Wir glauben daran, dass die Natur richtig tickt und dass es einen Schöpfungsauftrag an die Bauern gibt. Die Bewahrung der Schöpfung meint auch die Bewahrung der Ernährungsgrundlagen.« Manfred Probst teilt die Einschätzung des Agrarwissenschaftlers und Landwirts Felix zu Löwenstein: »Wir ernähren uns in Zukunft ökologisch oder gar nicht mehr.« Konsequent weitergedacht würde das bedeuten, dass ein Landwirt, der Christ ist, gar nicht anders kann, als ökologisch zu wirtschaften. »Streng genommen ist das so«, ist Manfred Probst überzeugt. Aber er kenne auch bäuerliche Betriebe, die zwar kein Öko-Label haben, aber regional und nachhaltig wirtschaften.

Nachhaltigkeit ist das, was den studierten Agrarwissenschaftler immer angetrieben hat. Und diesen Gedanken findet er auch im Glauben wieder:»Wenn wir nicht nachhaltig sind, dann sind wir doch hoffnungslos.« Den biblischen Bezug dafür findet er im Buch der Sprichwörter:»Wo keine Rinder sind, da ist die Krippe leer; aber die Kraft des Ochsen bringt reichen Ertrag«. In dieser Wechselbeziehung sei ausgedrückt, dass wir Nahrung nachhaltig erzeugen können.»Alle anderen Wirtschaftsweisen missachten das Gleichgewicht, in dem Mensch und Natur stehen müssen.« Und der evangelische Unternehmer ergänzt:»Ökologisch und standortangepasst erzeugen wir Lebensmittel günstiger. Und wir schaffen mehr Arbeitsplätze. Ökologische Landwirtschaft ist Präzisionswirtschaft. Wir können die besten Lebensmittel erzeugen, dafür haben wir die wissenschaftliche Basis. Wir wissen, was Humuswirtschaft und Vielfalt bewirken können. Landwirtschaft braucht nicht nur, wie man früher sagte, Arbeit, Boden und Kapital, sondern auch Grips. Wenn wir das alles anwenden, dann handeln wir im Sinne der Bibel.«

Als Landwirt handelte Manfred Probst immer auch in der Tradition der Familie. 2012 übergab er den Betrieb an einen seiner Söhne, der hier ausgebildet wurde und jahrelang mitarbeitete. Dass er jemals auf Vorwerk Podemus landwirtschaftlich aktiv sein könnte, das war lange undenkbar gewesen.

1960 war Manfred Probsts Vater, wie auch der Großvater ein Landwirt, mit der Familie in den Westen geflohen. Die Zwangskollektivierung der landwirtschaftlichen Betriebe in der DDR hatte ihnen nicht nur das Eigentum genommen, sondern auch die Freiheit. Die Familie kam nach Baden-Württemberg, Manfred 127

Probst, bei der Flucht 15 Jahre alt, besuchte in Heidelberg das Gymnasium. »Als Flüchtling im Westen hat man zu kämpfen gelernt«, sagt er über diese Zeit. Er machte sein Abitur, studierte Agrarwissenschaften und promovierte. Schon damals war sein Thema die Nachhaltigkeit in der Landwirtschaft.

Der christliche Glauben gehörte zu seinem Leben immer ganz selbstverständlich dazu. »Von Kindesbeinen an bin ich christlich erzogen worden. In der Nachkriegszeit war das natürlich schwierig. Religionsunterricht gab es nicht, bis auf das Tischgebet zuhause hatten wir wenig.« Über Religion nachgedacht habe er erst später auf dem Gymnasium. »Christsein spielt eine Rolle in meinem Leben und in meiner Familie, aber erst einmal muss ich Mensch sein. Da hilft mir Luthers ›Freiheit eines Christenmenschen‹: Wenn du Mensch bist, bist du Christ.«

Diese »Freiheitsspielräume« sind es, auf die er immer wieder Bezug nimmt, wenn er beschreibt, wie es gelingen konnte, nach 1991 aus einer »sozialistischen abgewirtschafteten Ruine« einen erfolgreichen Wirtschaftsbetrieb zu machen.

Der ehemalige Hof seines Großvaters und Vaters war von 1960 bis 1990 Sitz der LPG »Karl Marx« gewesen. Weil der Vater nach der Friedlichen Revolution in der DDR einen Antrag auf Rückgabe seines Eigentums stellte und sich die LPG selbst liquidierte, konnte Manfred Probst den Betrieb übernehmen. Geschätzte drei Millionen D-Mark Sanierungskosten kamen damals auf ihn zu. Dass er dennoch gemeinsam mit seiner Frau und den heranwachsenden Söhnen das Zutrauen hatte, hier etwas Neues aufzubauen, hat viel mit seiner Erinnerung an den Hof zu tun, aber auch mit seinem enormen Wissen.

»Ich hatte als Kind erlebt, was hier möglich ist«, sagt er. »Und ich hatte das studiert. Ich sah, was in der konventionellen und industriellen Landwirtschaft passierte und schieflief. Wir waren innerlich zutiefst überzeugt, dass das hinhaut.« Schritt für Schritt sanierten sie den maroden Hof und begannen als Allererste in der Region mit einer ökologischen Landwirtschaft. »Es kamen Kunden, die meine Eltern noch gekannt hatten, und fragten: Habt ihr Kartoffeln? Also haben wir Kartoffeln verkauft. Dann kamen die nächsten und fragten: Habt ihr Eier? Also haben wir den alten Hühnerstall in Ordnung gebracht und Hühner angeschafft.«

»Mit dem Vaterunser und den Zehn Geboten kommen Sie schon ziemlich weit. Alles andere basiert auf Ehrlichkeit und Vertrauen.«

Das anbauen, was der Markt braucht, ist eines der Prinzipien, denen Manfred Probst immer gefolgt ist. Dabei den eigenen Werten treu zu bleiben, das bedeute für ihn als Landwirt, »sich nie in die Masse drängen zu lassen«. Sein Maßstab sind gute und ehrliche Lebensmittel im Einklang mit der Natur. Dabei wendet er alte und neue Verfahren an, aktiviert alte Obstplantagen, pflegt enge Kooperationen mit der Fachhochschule, die dafür sorgen, dass aktuelle wissenschaftliche Erkenntnisse ihren Praxistest bestehen.

»Der reichste Bauer ist der beste«, zitiert er den Begründer der Agrarwissenschaften Albrecht Thaer. Dieser schrieb: »Vorausgesetzt nämlich, dass er seinen Reichtum in seiner Wirtschaft verwendet (reinvestiert), und ihn auch durch seine Wirtschaft erworben hat, nicht aber durch Zufall oder gar durch Unredlichkeit … Was hülfe es dem Menschen, wenn er die ganze Welt gewönne und Schaden nähme an seiner Seele.« Manfred Probst versteht dies als Plädoyer für Landwirtschaft als Gewerbe, für die

Balance von Ethik und Geschäft, für Reinvestitionen, mit denen Wachstum möglich ist. Dies im christlichen Sinne zu tun, sei ganz leicht, meint er. »Mit dem Vaterunser und den Zehn Geboten kommen Sie schon ziemlich weit. Alles andere basiert auf Ehrlichkeit und Vertrauen.«

Vorwerk Podemus ist in den vergangenen Jahren enorm gewachsen und konnte immer neue Geschäftsfelder erschließen. Dabei folgt das Unternehmen auch dem Netzwerkgedanken, der den Ökolandbau wachsen lässt. Die Bio-Fleischerei zum Beispiel, mit der Sohn Bernhard Probst anderen Öko-Landwirten die Möglichkeit gibt, ihr ökologisch erzeugtes Fleisch auch in einem entsprechend zertifizierten Betrieb schlachten und weiterverarbeiten zu lassen. Zugleich wächst nämlich der Markt für Bio-Lebensmittel, die Nachfrage steigt stetig. Sechs Vorwerk Podemus-Läden in Dresden, weitere in Bautzen, Radebeul und Freiberg zeugen vom Boom der Branche. 2016 beschäftigt Vorwerk Podemus 170 Mitarbeiterinnen und Mitarbeiter, Jahr für Jahr werden junge Leute in der Landwirtschaft, der Fleischerei und im Einzelhandel ausgebildet.

»Die Freiheitsspielräume sind eine nach oben offene Richterskala«, sagt Manfred Probst, der sicher ist, dass das Wachstumspotenzial seiner Branche noch lange nicht ausgeschöpft ist. Wenn ein »überzeugter Öko« erfolgreicher Unternehmer wird, dann klingt Nachhaltigkeit so: »Wären wir damals auf schnellen Profit aus gewesen, dann hätten wir gar nicht erst anfangen dürfen.«

DR. MANFRED PROBST (Jg. 1945) ist Gründer des Ökologischen Land-wirtschaftsbetriebs Vorwerk Podemus in Dresden. In Podemus war er aufgewachsen, 1960 floh seine Familie aufgrund von Drohungen und Zwangskollektivierung in den Westen. Die Enteignung des landwirtschaft-lichen Betriebes erfolgte per Gesetzeserlass der Volkskammer 1969. Nach Studium und Promotion in den Agrarwissenschaften arbeitete er zunächst als Assistent an der Landwirtschaftshochschule Stuttgart-Hohenheim. Es folgten Auslandsaufenthalte für die »Deutsche Gesellschaft für Technische Zusammenarbeit« in Brasilien. Bis 1990 war Manfred Probst Bezirksdirektor bei der Leipziger Hagelversicherung. 1991 wurde das elterliche Bauerngut »Vorwerk Podemus« rückübereignet. Manfred Probst ist seit 1991 im Öko-anbauverband Gäa. 1994 gehörte er zu den Gründern der Erzeugergemein-schaft Öko-Bauernhöfe Sachsen GmbH. Ehepaar Probst hat fünf Kinder und 15 Enkel.

131

Alles nun, was ihr wollt, dass euch
die Leute tun sollen, das tut ihnen auch

MATTHÄUS 7,12

Mit der Bergpredigt erfolgreich wirtschaften

DR. KARSTEN PAETZMANN

Otto von Bismarck und Helmut Schmidt waren überzeugt: »Mit der Bergpredigt kann man keine Politik machen!« Auch andere Realpolitiker äußern Unverständnis über die Bergpredigt, vor allem über die Feindesliebe, eine der ethischen Konkretisierungen in der Bergpredigt. Wie kann man einen Feind lieben, der einen bedroht und mit dem man im Wettbewerb steht? Der Eiserne Kanzler (mit seinem »Kulturkampf« gegen die katholische Kirche) wie auch der Hamburger Ehrenbürger Schmidt (»Ich nenne mich einen Christen und bleibe in der Kirche«) rangen mit ihrem distanzierten Verhältnis zur Kirche, wenn auch zu unterschiedlicher Zeit und mit verschiedenen Themen.

Eine andere Sicht auf die Bergpredigt hatte Richard von Weizsäcker, Ex-Bundespräsident und zweimaliger Kirchentagspräsident. Er hob hervor: »Ich kann mir humane Politik nur mit der Bergpredigt vorstellen.« Geht da also doch etwas? Und gilt dies auch für die Unternehmenspolitik, also das Entscheiden und Handeln in der Wirtschaft? Kann man mit der Bergpredigt erfolgreich wirtschaften?

133

Durch das kirchliche Ehrenamt habe ich viel Kontakt zu Ordinierten, zu Menschen also, die Glauben und Verkündigung zu ihrem Beruf gemacht haben. Da werde ich manchmal gefragt, ob sich Christsein und Wirtschaften überhaupt miteinander vertragen oder ob man das Christsein beim Wirtschaften ablegen müsse, quasi an der Garderobe. Dem widerspreche ich, auch ist mir kein wirtschaftlich handelnder Christ bekannt, der davon berichten könnte. Vielmehr ist es so, dass ich christliche Wertvorstellungen als wichtigen »Kompass« des Handelns in meine unternehmerische Tätigkeit mit hineinnehme.

»Ich denke nicht, dass christliche Unternehmer die ethisch anspruchsvolleren Akteure sind.«

Ein Bibelwort, das mir bei der täglichen Arbeit Orientierung gibt, ist die Goldene Regel, wie sie in der Bergpredigt Jesu steht: »Alles nun, was ihr wollt, dass euch die Leute tun sollen, das tut ihnen auch« (Matthäus 7,12). In umgekehrter Fassung ist die Goldene Regel als gereimtes Sprichwort bekannt: »Was du nicht willst, das man dir tu, das füg' auch keinem andern zu.« Die Goldene Regel ist in vielen Religionen und philosophischen Leitsätzen verbreitet, man kann sie als echtes Weltethos bezeichnen. Das gezielte Sich-Hineinversetzen in die Sichtweise des anderen, um seine Interessen und Wünsche im eigenen Handeln zu berücksichtigen, kann zu einem ethisch verantwortlichen Handeln führen. Einen exklusiv christlichen oder gar evangelischen Maßstab verkörpert dies freilich nicht. Die Version der Goldenen Regel im Matthäusevangelium ist jedoch, anders als die meisten Vergleichsversionen, positiv formuliert, als Anstoß zum Guten. Zufall?

Martin Luther nahm in seinen wirtschaftsethischen Überlegungen »Sermon vom Wucher« Bezug auf die Goldene Regel und formulierte: »Denn wo du Vorteil an deinem Nächsten suchst, den du nicht auch wolltest an dir ihm lassen, da ist die Lieb aus und das natürlich Gesetz zerrissen.« Diese Gedanken Luthers sind gegründet in der biblischen »Option für die Armen« und bilden, wie es etwa Heinrich Bedford-Strohm einordnet (»Martin Luthers Wirtschaftsethik«), eine wichtige Quelle für die spätere Soziale Marktwirtschaft. Insgesamt denke ich nicht, dass christliche Unternehmer die ethisch anspruchsvolleren Akteure sind. Ich bin aber zu der Überzeugung gekommen, dass gläubige Christen im Wirtschaftsleben etwa bewusst die Goldene Regel beachten oder ihrem Handeln ein christliches Menschenbild zugrunde legen, wie es zum Wertekonsens unserer Gesellschaft gehört.

Zur Beantwortung der Frage, ob christlich geführte Unternehmen erfolgreich agieren oder gar erfolgreicher sind als Firmen, die nicht nach christlichen Maßstäben geführt werden, ist zunächst zu klären, worin generell unternehmerischer Erfolg besteht. Ein reines Streben nach finanziellem Erfolg (Gewinn, Unternehmenswertsteigerung) entspricht bereits seit Jahrzehnten nicht mehr dem aktuellen Stand der Betriebswirtschaftslehre. Neben rein finanziellen Zielen der Inhaber (*Shareholder Value*) sind auch weitere Ziele zu beachten: etwa die der Mitarbeiter, Kunden, Lieferanten oder die der Umwelt. Betriebswirtschaftliche Instrumentarien, um diese weiteren Ziele zu berücksichtigen, liegen vielfältig vor, etwa für die Unternehmenssteuerung (*Balanced Scorecard*) oder für eine Kapitalanlage nach ethischen Kriterien (etwa in Form des entsprechenden EKD-Leitfadens).

Vorstände börsennotierter Unternehmen erklären jährlich, dass (bzw. wenn nicht, warum nicht) sie sich an die Empfehlungen des »Deutschen Corporate Governance Kodex« halten. In Ziffer

135

4.1.1 heißt es dort: »Der Vorstand leitet das Unternehmen in eigener Verantwortung im Unternehmensinteresse, also unter Berücksichtigung der Belange der Aktionäre, seiner Arbeitnehmer und der sonstigen dem Unternehmen verbundenen Gruppen (*Stakeholder*) mit dem Ziel nachhaltiger Wertschöpfung.« Ein verantwortlicher Vorstand hat sich daher mindestens jährlich mit der Frage zu beschäftigen, ob seine Entscheidungen mehr als allein Kapitalinteressen berücksichtigen und ob sie nachhaltig sind. Auch sind nichtfinanzielle Aspekte zunehmend Teil der Berichterstattung von Unternehmen, wie es etwa die europäische »CSR-Richtlinie« von 2014 vorsieht. Letztlich wird sich, und das ist meine feste christliche Überzeugung, sogar in einer dominanten finanziellen Perspektive nachhaltig dort der Erfolg einstellen, wo ethisch verantwortlich gehandelt wird: Dort sind Mitarbeiter zufrieden und nachhaltig motiviert, dort arbeiten Kunden und Lieferanten gern miteinander und dort werden Anleger ihre Mittel gern investiert sehen. Also: nur Mut, auch mit der Bergpredigt ist erfolgreiches Wirtschaften möglich!

DR. KARSTEN PAETZMANN wollte ursprünglich Orchestertrompeter werden. Seine berufliche Laufbahn begann er dann jedoch in einem Frankfurter Bankhaus. Heute ist er Partner der Beratungsgesellschaft BDO und begleitet Unternehmenskäufe und Restrukturierungen. Gemeinsam mit seiner Ehefrau und zwei Kindern lebt er in Hamburg. Der Kirche seit der Kindheit verbunden, ist er Mitglied des Kirchengemeinderats der Blankeneser Kirche am Markt sowie Mitglied der Landessynode der Evangelisch-Lutherischen Kirche in Norddeutschland.

Gott ist da, wo unser eigenes Können nicht ausreicht

DR. ANDREAS NOÉ

Mein Glaube unterstützt mich eigentlich jeden Tag bei der Entscheidungsfindung. Trotzdem war insbesondere die Finanzkrise 2008 bis 2010 eine für unser Unternehmen und mich sehr schwierige Zeit, in der mir mein Glaube dabei geholfen hat, durchzuhalten und nicht den Mut zu verlieren.

Ende 2008 wurden von unseren Kunden mehrere Großprojekte abgesagt, bei denen wir uns gute Chancen ausgerechnet hatten. 2009 ging der Auftragseingang stark zurück. Wir hatten lange Zeit Kurzarbeit und zehrten von unseren Reserven. Erst in der zweiten Jahreshälfte 2010 ging es wieder aufwärts, dann allerdings rapide, so dass wir Ende 2012 die Krise finanziell kompensiert hatten. In jener Zeit bin ich oft mitten in der Nacht aufgewacht und konnte nicht mehr einschlafen. Was macht man, wenn kein Kunde mehr etwas bestellen will? Damals hat insbesondere die Bibellektüre in mir die Überzeugung reifen lassen, dass Gott von uns zwar erwartet, dass wir unser Bestes geben sollen, wir aber darüber hinaus ihm vertrauen können. Wir können darauf vertrauen, dass er da, wo unser eigenes Können nicht ausreicht, die Entwicklung der Dinge in einem für seine Schöpfung positiven Sinn beeinflusst, auch wenn wir das in dem Moment nicht verstehen. Damit meine ich: Wäre ich mit meinem Unternehmen trotz aller Anstrengungen am Ende gescheitert, dann sollte es halt so sein. Dann hat Gott vielleicht mit mir etwas anderes vor. Trotzdem hatte ich in der Krise eigentlich immer das Vertrauen darauf, dass sich die Lage wieder bessern würde, und so kam es ja dann auch.

Wer mich geprägt hat

Natürlich haben mich meine Eltern geprägt. Mein Vater war kein Christ. Als Katholik geboren, hat er seinen Glauben unter anderem verloren, als im Krieg an einem Tag 90 Prozent seiner Kompanie fielen. Meine Mutter war dezidiert evangelisch. Daher wurde ich überhaupt getauft. Durch meinen Vater habe ich gelernt, philosophische und theologische Fragen kritisch anzugehen. Wegen meiner Mutter, die mir evangelische Disziplin beigebracht hat, bin ich heute noch Mitglied in meiner Landeskirche, auch wenn ich bei einigen neueren Beschlüssen Bauchschmerzen habe.

Ich habe das Glück gehabt, in meinem Leben einige hervorragende Pfarrer und Pfarrerinnen kennengelernt zu haben, die mich in der Entwicklung meines Glaubens geprägt haben und mit denen ich zum Teil heute noch befreundet bin. Ich erinnere mich aber insbesondere an zwei Personen: an Pfarrer Wilfried Höfermann, der mich konfirmiert hat, und an unsere damalige Gemeindeschwester, die Kaiserswerther Diakonisse Hildegard Fischer. Pfarrer Höfermann hat bei mir das Interesse an Religion geweckt. Nach meiner Konfirmation habe ich im Kindergottesdienst mitgeholfen, habe einige Jahre die Jungenjungschar und zum Schluss einen Jugendchor geleitet. Kurz vor seiner Pensionierung habe ich Pfarrer Höfermann als Erwachsener noch einmal besucht, und wir hatten ein langes Gespräch, in dem ich erfuhr, wie er sich in seinem Glauben weiterentwickelt hatte. Dieses Gespräch beschäftigt mich noch heute.

»Wäre ich mit meinem Unternehmen am Ende gescheitert, dann sollte es halt so sein. Dann hat Gott vielleicht mit mir etwas anderes vor.«

Schwester Hildegard war für mich eine evangelische Heilige in dem Sinn, dass sie ein Vorbild für christliche Lebensführung war. Immer war sie liebevoll und hilfsbereit. Sie besuchte ständig die Gemeindemitglieder und wusste so, wenn es irgendwo ein Problem gab. Mit den Pfarrern war sie ein eingespieltes Team, und die wurden dann aktiv. Schwester Hildegard ging erst hochbetagt in den Ruhestand. Vor einigen Jahren habe ich ihr Grab in Kaiserswerth besucht und werde sie nie vergessen.

Ein Bibelwort, das mich begleitet, habe ich nicht. Ich sehe eher die Bibel als Gesamtwerk, in dem Menschen über Jahrhunderte über ihr Leben und ihre Begegnungen mit Gott erzählt haben. Für mich ist daher das Alte Testament ein integraler Bestandteil, und es fasziniert mich zu lesen, wie sich das Gottesverständnis entwickelt hat.

Wie mein Glaube meine Arbeit beeinflusst
Mein Glaube gibt mir ein ethisches Grundgerüst, an dem ich mein Verhalten und meine Entscheidungen zu orientieren versuche. Alle Menschen gehören wie ich zu Gottes Schöpfung. So sollen wir einander mit Respekt und Wertschätzung begegnen und einander nicht schaden. Diese Werte sind grundlegend für 141

den täglichen Umgang miteinander im Unternehmen. Der Erhalt und eine konstruktive Weiterentwicklung der Schöpfung sind Kriterien, an denen wir unsere Produkte und Dienstleistungen messen. Schon mehrmals haben wir einem Kunden kein Angebot unterbreitet, weil dieser keine Mindeststandards an Umweltschutz und Arbeitssicherheit einhalten wollte. Schwierig wird es manchmal, wenn wir eine Anlage liefern sollen, auf der zum Beispiel außer Metallbändern für die Automobilfertigung auch solche für Flugzeuge und damit auch Militärjets gefertigt werden können. In diesem Fall haben wir uns nach Abwägung dazu entschieden zu liefern.

Wir bemühen uns, unsere Kunden technisch objektiv zu beraten, auch wenn das zunächst zu unserem eigenen Nachteil ist. Über die Jahrzehnte haben wir uns ein Vertrauen der Kunden erarbeitet, das uns wichtiger ist als der kurzfristige Erfolg. Wichtig sind mir auch der Respekt vor unseren Wettbewerbern und ein fairer Umgang mit ihnen. Ein fairer Wettbewerb führt am Ende zu besseren und effizienteren Lösungen. Die Wertschätzung der Arbeit unserer Lieferanten liegt mir ebenso am Herzen. Sie tragen maßgeblich zur Qualität der von uns gelieferten Anlagen und Maschinen bei. Das alles liest sich natürlich wie Marketing-Phrasen. Bei allen Fehlern, die mir in der Arbeit unterlaufen, trotz vieler Kompromisse und schwieriger Entscheidungen gerade heute, in einer Zeit wachsender Unsicherheit, ist es mir aber ernst damit.

Wir haben in unserem Unternehmen unter Mitwirkung aller Mitarbeiter eine Leitlinie erarbeitet, an der wir uns orientieren wollen. Daran haben Christen wie Muslime und Religionslose mitgearbeitet. Inhaltlich finden sich u. a. die oben beschriebenen Aspekte wie eine langfristige Unternehmensperspektive, gegenseitiger Respekt, Wertschätzung, Fairness und umweltschonende Produkte wieder. Wir konnten uns in diesem Text auf die Formulierung »Welt bzw. Schöpfung« einigen. Insofern ist unsere Leitlinie nicht rein christlich. Dies gebietet auch der Respekt vor der Weltanschauung anderer. Als Christ kann man aber meines Erachtens gut mit dem Text leben.

Ob es zwischen gewinnorientierter Unternehmensführung und christlichem Glauben einen Widerspruch gibt? Ja und nein. Wenn es nur darum geht, den Gewinn zu maximieren, und diesem Ziel im Zweifelsfall alles andere untergeordnet wird, dann hat das nach meiner Überzeugung nichts mit christlichem Glauben zu tun. Ich bin kein Vertreter eines Shareholder Value-Kapitalismus. Ein Unternehmen muss aber, will es langfristig überleben, erstens seine Kosten decken und zweitens einen gewissen Gewinn erwirtschaften, damit in Entwicklungen oder Wachstum investiert werden kann und Reserven für schlechte Zeiten aufgebaut werden können.

DR. ANDREAS NOÉ (Jg. 1960) ist promovierter Maschinenbauingenieur und Inhaber des 1955 von seinem Vater gegründeten Familienunternehmen BWG Bergwerk- und Walzwerk-Maschinenbau GmbH in Duisburg. Von 1985 bis 1987 war er Leiter der US-Niederlassung der BWG in New Castle, PA, ist seit 1988 im Stammhaus in Duisburg tätig, seit 1991 Geschäftsführer und seit 2004 Inhaber. Dr. Andreas Noé ist verheiratet und Vater von drei Söhnen. Er ist Mitglied im Arbeitskreis Evangelischer Unternehmer, stellvertretendes Mitglied der Synoden der EKD und der Evangelischen Kirche im Rheinland sowie Mitglied im Stiftungsrat der Ev. Stiftung Kerken.

Mit jedem Kauf treffe ich eine Entscheidung für oder gegen die Schöpfung

PROF. DR. EDELTRAUD GÜNTHER

Frau Professorin Günther, wann denken Sie an die Schöpfung bei Ihrer Arbeit über Umwelt und Ökologie? Sie könnten eher fragen: Wann denken Sie nicht an die Schöpfung? Im Prinzip denke ich bei allem, was ich tue, an die Schöpfung. Vielleicht nicht gerade bei Verwaltungsaufgaben. Aber bei allem anderen ist mir der christliche Bezug immer präsent. Die Schöpfung ist die Grundlage meiner Lehre und Forschung. Wenn ich die Erhaltung der Schöpfung in betriebswirtschaftliche Instrumente umsetze, sind Kostenrechnung oder Kalkulation lediglich Werkzeuge. Was bewertet wird, ist immer die Schöpfung.

Kommt es an bei Unternehmen, mit denen Sie arbeiten, dass Sie in dieser Dimension denken? Es kommt natürlich immer auf das einzelne Unternehmen an, inwieweit man das Thema auch Schöpfung nennt. Es gibt Unternehmen, die rein rechtlich begründet Instrumente einsetzen, weil sie zum Beispiel ein Energie-Audit machen müssen. Ich versuche immer, die nächste

145

und damit auch die freiwillige Ebene zu thematisieren. Unternehmen können so auch andere Kundensegmente erschließen. Was zurzeit überzeugt, ist das Angebot von Dienstleistungen im Bereich der Sharing Economy. Ressourcen, die wir haben, können so mehr Menschen zur Verfügung stehen. Ich versuche Unternehmen dazu zu motivieren, nicht nur die Ressourcenebene der Schöpfung zu sehen, sondern auch den Menschen als Teil der Schöpfung, der Bedürfnisse hat, ein Recht auf Gesundheit hat. Wenn man zunächst auf der Ebene des ökonomischen Wettbewerbsvorteils argumentiert, kann man zu den Werten kommen.

Muss man Ökologie berechnen, damit Unternehmen umdenken? Das ist auf jeden Fall hilfreich. Wir können an vielen Stellen zeigen, dass es sinnvoll ist, ökologisch zu investieren. Ein Beispiel: Ich habe an einer internationalen Norm zur Materialflusskostenrechnung mitgearbeitet. Einfach gesagt geht es dabei darum, die Kosten eines Produktionsprozesses nicht nur auf die Produkte zu beziehen. Das Problem war bisher, dass bei der traditionellen Kalkulation nicht aufgezeigt wurde, wie viel hochwertiger Rohstoff zum Beispiel durch Verschnitt weggeworfen wird. Das sind bei manchen Produkten bis zu 40 Prozent. Ich habe aber noch kein Unternehmen gefunden, dass absichtlich Abfall erzeugen will. Wenn also die Kosten nur auf die hergestellten Produkte umgelegt werden, geht wichtige Information verloren. Durch die Zuordnung der Kosten auch zum Abfall entsteht eine neue Bewertung und so können Rohstoffe und Energie eingespart werden. Wenn Sie so an das Thema Ökologie herangehen, dann müssen Sie Unternehmen nicht lange überzeugen. Wenn Sie nur über die Wertediskussion kommen, dann ist das ein deutlich mühsamerer Weg.

Stehen Wirtschaft und Ökologie also in einem Spannungsfeld?
Leider ist das immer noch so, auch wenn ich mir wünsche, dass
es längst anders wäre. Das hat verschiedene Hintergründe. Zum
Teil ist es ein zeitliches Problem. Denn die Unternehmen müssten
erst einmal investieren, bevor sie von einem ökologischen Um-
bau profitieren. Um in unserem Beispiel zu bleiben: Wenn Sie 40
Prozent Abfall produzieren, dann wandern von Material im Wert
von 100.000 Euro 40.000 in den Müll. Um diesen Prozess zu verändern, müssen Sie zunächst Menschen beauftragen, beschäftigen und bezahlen, sie müssen die Technologie ändern. Diese
Vorleistungen sind immer notwendig. Zunächst muss ich Geld
ausgeben, die Einsparungen folgen erst später. Selbst wenn Sie
Unternehmen nachweisen können, dass sich Maßnahmen ökonomisch rechnen und ökologisch sinnvoll sind, werden sie manchmal nicht gemacht. Um das überhaupt zu verstehen, widmen wir
uns mittlerweile auch der Erforschung von Hemmnissen.

**Was hindert Unternehmen denn, in Ökologie zu investieren,
wenn es sich doch rechnet?** Das ist sehr vielfältig: Ihnen fehlt
die Zeit, der Wille, die Einstellung, Ressourcen sind nicht da, man
müsste Fehler zugeben. Da zeigt sich die Trägheit der Systeme.

**Könnte auch ein Hindernis sein, dass die Unternehmen nicht
wie Sie an die Schöpfung denken, wenn sie an Umwelt und Ökologie denken?** Oh. Ja, vielleicht. Das habe ich so noch nicht gesehen. Das könnte ein Aspekt bei den Einstellungen sein. Darüber
muss ich nachdenken ... Dahinter steckt auch die Frage, ob Glaube
im Spannungsfeld von Ökonomie und Ökologie einen Unterschied
machen könnte. Sicher ist der Glaube insofern hilfreich, als er
erdet, er hilft, über sich hinauszudenken und überhaupt Spannun-
gen zuzulassen.

147

PROF. DR. EDELTRAUD GÜNTHER

Wie ist das mit dem Spannungsfeld zwischen Wirtschaft und Glauben. Erleben Sie das? Ja, das erlebe ich tatsächlich. Und zwar weniger im Gespräch mit Unternehmen oder Kollegen als mit meinen Glaubensschwestern und -brüdern. Ich engagiere mich seit Langem in Kirchgemeinden, zum Beispiel bei den Kindergottesdiensten, und erlebe immer wieder, egal ob in Deutschland oder in den USA, dass beim Kauf von Material das billigste gekauft wird, ohne über Arbeitsbedingungen, Rückstände in den Produkten und die Folgen für die Umwelt nachzudenken. Beim Kaffee ist das genauso, auch da wird beim Discounter der billigste gekauft. Oder lauter Einwegverpackungen. Das bringt mich fast zur Verzweiflung. Ich finde, dass das gerade in kirchlichen Organisationen anders sein sollte. Dass hier bewusster konsumiert werden sollte und man versucht, im Sinne einer Konsumdemokratie etwas zu bewegen und zu verändern. Mit jeder Kaufentscheidung treffe ich auch eine Entscheidung für oder gegen die Schöpfung. Das versuche ich zu vermitteln und zu argumentieren. Und das ist erstaunlich schwer. Selbst mein Mann sagt: Du bist immer so eine Spaßbremse. Dabei finde ich, dass Christen es sich oft zu leicht machen. So nach dem Motto: Ich allein, was kann ich schon ausrichten? Ich kleiner Christenmensch. Gott wird's schon richten. Da schlägt der Glaube für mich manchmal auch in eine andere Richtung um.

Waren Sie in Umweltfragen immer so entschlossen und klar? Ja, ich kann mich noch gut an die Energiekrisen in den 1970er und 1980er Jahren erinnern, an die autofreien Sonntage. Und auch an Tschernobyl. Das hat mich sehr geprägt. Ich wollte mal Lehrerin werden, jetzt bin ich ja so etwas Ähnliches. Ich habe mich immer für Wirtschaft und Sprachen interessiert und, als die Lehrerschwemme kam, mich für BWL als Studium entschieden. Ich erinnere mich noch gut, wie meine Jungscharleiterin damals reagierte, als ich ihr von meiner Studienwahl erzählte. Sie fragte: Bist du jetzt nicht mehr Christ?

»Ich finde, dass Christen es sich oft zu leicht machen. So nach dem Motto: Ich allein, was kann ich schon ausrichten?«

Was haben Sie geantwortet? Ich war zunächst sprachlos. Dann habe ich zurückgefragt: Wieso? Jeder kauft doch ein, fährt Auto, hat ein Bankkonto. Das ist doch alles Wirtschaft, diese Menschen sind doch nicht alle böse. So entwickelte sich das Gespräch. Meine Tochter, die heute Luft- und Raumfahrttechnik studiert, wird damit konfrontiert, dass in diesem Feld unter anderem auch für militärische Zwecke geforscht werde. Dann antwortet sie: Dann ist es doch gerade gut, wenn Leute wie ich das machen.

Wie kamen Sie zur Ökologie als Thema der Betriebswirtschaft? Tschernobyl war für mich ein Einschnitt. Damals studierte ich und fragte mich, warum nichts davon in meinem Studium vorkommt. Es gab Produktionsfaktoren, die schaute man sich an, aber mehr auch nicht. Für mich war klar, wenn ich in der Wissenschaft weitermache, dann will ich eine andere Richtung einschlagen. Ich bekam dann die Gelegenheit, über ökologieorientiertes Controlling zu promovieren, und hatte einen Doktorvater, der mir dafür große Freiheiten gelassen hat.

Mit dem Thema waren Sie damals noch eine Exotin. Ja, absolut. Ich habe unter anderem Manager in Bilanzanalyse unterrichtet. 149

Mehr als einmal wurde ich mit großem Erstaunen konfrontiert: Sie können ja auch Bilanzen lesen! Wenn ich mich für Fragen der Schöpfung und des Umweltschutzes interessiere, wird unterstellt, dass ich die klassische BWL nicht verstehe.

Inzwischen kommt das Thema stärker in der Wirtschaft an. Und doch wird Ökologie und Ökonomie noch immer stärker im Konflikt gesehen, als das sein müsste. Das Thema wird parteipolitisch missbraucht und zum Beispiel mit Argumenten wie dem Verlust von Arbeitsplätzen beim Ausstieg aus der Kohle in Spannung gesetzt. Dabei war und ist Wirtschaft immer im Umbruch. Nach Schumpeter haben Innovationen immer eine zerstörerische Wirkung.

»Tschernobyl war für mich ein Einschnitt. Damals studierte ich und fragte mich, warum nichts davon in meinem Studium vorkommt.«

Das heißt: Wer nicht mitgeht, verschwindet vom Markt. Könnte das auch für die ökologischen Innovationen gelten? Wer nicht umdenkt, verschwindet? Langfristig wird das so sein. Wenn wir nicht umsteuern, sondern weiter so wirtschaften wie bisher, können wir davon ausgehen, dass im Jahr 2500 kein Leben mehr sein wird. Wir müssen Unternehmen dazu bewegen, langfristig zu denken. Dieser Zeitaspekt ist zentral für die Zukunft unserer Wirtschaft und unserer Schöpfung. Die Zeiträume, in denen wir Menschen denken, sind zu begrenzt. Ich sage den Unternehmen oft mit einem Augenzwinkern: Wir sprechen uns in 100 Jahren.

Das ist der Grund, warum wir in Dresden an der TU jetzt ein Zentrum für Nachhaltigkeitsbewertung gründen. Die ersten Doktoranden, die dort arbeiten, sollen sich mit der Dimension Zeit beschäftigen und der Frage nachgehen, wie Ökonomie, Ökologie und Gesellschaft in Gleichklang kommen. Wenn wir keine Ressourcen mehr haben, können Unternehmen nicht mehr produzieren. Wenn Menschen nicht gesund sind, können sie nicht arbeiten. Wir müssen die Diskussion versachlichen und vor allem entideologisieren. Nicht mit dem erhobenen Zeigefinger argumentieren, sondern über Innovationen, über neue Konzepte Konsum und Produktionsweisen hinterfragen. Und das vor dem Hintergrund des Faktors Zeit.

Wie hilft Ihnen Ihr Glaube in Ihrer Arbeit? Er hilft mir, klar in der Ansage zu sein. Die Geschichte von Jesus im Tempel, der die Tische der Händler umwarf, hilft mir dabei unglaublich. Christen haben nicht die Aufgabe, immer lieb und nett zu sein. Das ist nicht mein Bild. Die Bewahrung der Schöpfung als Auftrag ist für mich zentral. Manchmal lässt mich das etwas missionarisch erscheinen. Ich stehe dazu, auch wenn man erstaunt ist, dass ich Bilanzen lesen kann.

Waren Sie schon immer so fest im Glauben verankert? Ja, schon immer. Ich bin mit meinen Eltern sehr glaubensnah aufgewachsen, aber auch sehr frei. Sie haben mir sehr stark die Ehrfurcht vor der Natur beigebracht, dass die Natur etwas Heiliges ist. Wir sind zum Beispiel viel Rad gefahren, auch wenn wir ein Auto hatten. Vieles war ganz selbstverständlich.

Wie leben Sie heute Ihren Glauben? Zum Beispiel, indem wir immer ein Tischgebet sprechen und so Dankbarkeit zeigen für 151 das Essen. Auch ein regelmäßiges Abendgebet ist selbstverständlich. Seit einiger Zeit gehe ich in Exerzitien zum Schweigen, um vom Lärm abzuschalten. Das gibt mir Kraft, erdet und verankert mich. Wir haben einen Hauskreis und lesen regelmäßig in der Bibel. Gemeinsam mit drei anderen Familien haben wir eine Patenschaft für eine syrische Familie. Das alles ist für mich selbstverständlich und gehört zu meinem Glauben dazu. Ich fühle mich nicht besonders heilig. Es ist eher andersherum: Der Glaube gibt mir Kraft.

Haben Sie ein Bibelwort, das für Sie wichtig ist? Das Gleichnis von den Talenten. Aus den Gaben, die einem gegeben sind, erwachsen Aufgaben, diesem Gedanken folge ich. Und dann sicherlich der Psalm 18: »Mit meinem Gott überspringe ich Mauern«.

PROF. DR. EDELTRAUD GÜNTHER (Jg. 1965) ist seit 1996 Lehrstuhl-
inhaberin für Betriebliche Umweltökonomie an der Technischen Universität
Dresden. Sie studierte Betriebswirtschaft und Französisch und promovierte über Ökologieorientiertes Controlling. Für Gastprofessuren war sie
an der University of Virginia, USA, und der Kobe University, Japan. Sie war
unter anderem Leiterin des Arbeitskreises Nachhaltige Unternehmensführung der Schmalenbach-Gesellschaft für Betriebswirtschaft e. V. 2016
wird an der TU Dresden das von ihr initiierte Zentrum für Nachhaltigkeitsbewertung gegründet. **153**

Denn wir haben hier keine bleibende Stadt,
sondern die zukünftige suchen wir
HEBRÄER 13,14

... auch Religion ist Markt
(im Sinne von Angebot und Nachfrage)

MICHAEL FREIHERR TRUCHSESS

Fünfzehn Jahre lang verbrachte Michael von Truchseß die Sommerferien mit seiner Familie in Dänemark. Immer im gleichen reetgedeckten Häuschen, an einem Ort, der fast wie eine zweite Heimat war. War das Wetter schlecht, machte sich die Familie auf zu Ausflügen und Besichtigungen. Eine Situation erinnert Michael von Truchseß noch sehr genau: »Wir standen im leichten Nieselregen vor einer nordeuropäischen Backsteinschlichtheit, dem Schloss Rosenholm, Sitz einer bedeutenden dänischen Familie, und warteten auf die Führung. Über der Tür ist eine Sandsteinplatte eingelassen mit einer Bibelstelle, die es auch im Brahms Requiem gibt: ›Denn wir haben hier keine bleibende Stadt.‹ Das heißt, von uns bleibt nichts. Gar nichts! Und ein solcher Spruch hängt über einem Monument der Eigendarstellung einer bedeutenden Familie.«

Michael von Truchseß war 40 Jahre lang bei der Deutschen Bank beschäftigt, die Urlaubserzählung lässt er mit dem Satz enden: »Stellen Sie sich diesen Spruch mal über den Toren einer Bank vor.« Dort wäre diese Botschaft durchaus angebracht, meint

155

der ehemalige Banker. Und das nicht, weil Finanzinstitute in der Finanzkrise ihr Vertrauen verspielt haben. Den Satz nimmt er auch für sich selbst in Anspruch und stellt sich die Frage: »In dem Moment, wo Sie persönlich wirtschaftlich in einer Situation sind, wo Sie sich alles leisten könnten, wenn Sie es wollten. Was ist dann wichtig? Was bleibt? Bestimmt nicht meine 40 Jahre in der Deutschen Bank.«

»Für mich ist es immer klar, dass ich alles, was ich tue, privat und beruflich, am Ende des Tages vor Gott verantworten muss.«

Und doch ist es spannend, von jemandem, der 40 Jahre in der Branche gearbeitet hat, zu hören, wie Werte, evangelische Ethik und Finanzwirtschaft zusammengehen. »Für mich ist es immer klar, dass ich alles, was ich tue, privat und beruflich, am Ende des Tages vor Gott verantworten muss«, sagt Michael von Truchseß. Er legt großen Wert darauf, dass ihn nicht eine allgemein christliche, sondern eine dezidiert evangelische Grundhaltung prägt. »Durch die Reformation wurde definiert, dass ein Christenmensch durch das Sterben von Jesus Christus und die Erlösung von den Sünden vor Gott gerechtfertigt ist. Er kann also mit der ›Freiheit eines Christenmenschen‹ durch die Weltgeschichte gehen. Das ist ein wichtiges Grundverständnis. Als protestantischer Christ kann ich vor Gott nie an den Befehlsnotstand appellieren. Ich allein bin verantwortlich für mein Tun.«

In seiner Zeit bei der Bank habe er immer wieder Situationen erlebt, wo jemand sagte: »Uns ist da ein tolles Geschäft angetragen worden.« Mal sei es möglich, dann rein sachlich zu argumentieren, um zu einer Entscheidung zu kommen. Mal spiele auch der Bauch eine Rolle, ein gewisses Unbehagen. Und dann könne es durchaus hilfreich sein, »wenn es so eine evangelische Prägung gibt, die man eingeübt und auf die man sich festgelegt hat«.

Michael von Truchseß hat fast seine ganze berufliche Biografie bei der Deutschen Bank verbracht. Nach der Lehre bei der Bayerischen Staatsbank ging er 1970 zur Deutschen Bank, wo er im klassischen Kreditgeschäft in Hamburg anfing. Drei Jahre verbrachte er alsdann in Paraguay und war dort Mitleiter einer Filiale. Zurück in Frankfurt arbeitete er als Spezialist für Außenhandelsfinanzierung. Nach der Wende wurde er Regionalleiter für Thüringen und wechselte danach in die Leitung der Region Frankfurt. Zum Ende seiner aktiven Zeit wurde er Leiter der Vertriebsorganisation für Konzerne und Großkunden, zuerst in Deutschland, dann in Europa.

Eine Karriere, die mal flott, mal holprig ging, wie er sagt. Was spannend war: »Alle drei bis vier Jahre öffnete sich ein Window of Opportunity, eine neue Gelegenheit, eine neue Herausforderung und damit letztlich ein neuer Job. So war ich nie in der Verlegenheit, mich ernsthaft extern zu orientieren.« In den letzten drei Jahren habe er die Bankenkrise noch heftig erlebt. »Die Bank stand damals in einer Zerreißprobe. Herrhausen hatte das schon in den 80ern formuliert: Wir können so erfolgreich sein, wie wir wollen, das Ganze funktioniert nur, solange die Gesellschaft uns trägt. Wenn sich die Gesellschaft von uns abwendet und sagt, was die machen, das dient nicht den Menschen und dem Land, sondern ist nur noch Selbstzweck, dann verlieren Sie Ihre Rechtfertigung für das, was Sie tun. Und genau das ist eingetreten.«

Seine Erfahrungen als Bankmanager bringt er heute als Aufsichtsrat verschiedener Unternehmen und als Verwalter der Familienstiftung ein. Dass er sich außerdem in der Kirche enga-　157 giert und sich im Glauben zuhause fühlt, ist für ihn Teil einer Prägung, die ihn sein Leben lang begleitet hat.

Michael von Truchseß ist in einem Elternhaus aufgewachsen, wo der Vater Lektor war. Die Kinder wuchsen ein wenig wie Pfarrerskinder auf. Nach dem Sonntagsfrühstück in die Kirche zu kommen, war ganz selbstverständlich. Er spricht von einer »heftigen habituellen Prägung, die sich nicht nur in Ritualen erschöpfte, sondern (bis heute) in intensiven Tischgesprächen über Glauben und Kirche«.

Dass die Kirche etwas zu sagen hat in einer Zeit der gesellschaftlichen Umbrüche und Spaltungen, das ist ihm ein Anliegen, Einmischen ist wichtig. Aber: »Dafür muss sie für ihre eigene Zukunft etwas zu sagen haben und Glaubensinhalte kommunizieren. Da sieht es nicht gerade positiv aus. Wir erodieren und verlieren Relevanz. Und unseren Kirchen ist leider noch nicht viel ›Knackiges‹ eingefallen, wie sie dem entgegenwirken können.«

Von der Synode der Evangelischen Kirche Hessen-Nassau ist Michael von Truchseß als eines von vier ehrenamtlichen Mitgliedern in die Kirchenleitung gewählt worden. Wie »Priestertum aller Gläubigen« gelebt werden kann, das hatte er schon vor Jahren in Dänemark erlebt. »Der Pfarrer spielte im Gottesdienst eine für unsere Verhältnisse unbedeutende Rolle. Sie werden vom Kirchenvorstand begrüßt. Gemeindemitglieder lesen das Evangelium, sprechen die Gebete. Der Pfarrer ist reduziert auf die Predigt und – wenn es vorkommt – das Abendmahl. Großartig! Hier können sie die Eigenverantwortung der Gemeinde mit Händen greifen«. Genau so muss es seiner Meinung nach sein in den Kirchen. Seine Adresse an die Kirchenleitung lautet: »Wir sind nicht davon durchdrungen, dass wir etwas zu sagen haben, dass wir die Botschaft der Bibel haben. Das ist offenbar auch eine Frage der Struktur. In einer Körperschaft öffentlichen Rechts transportieren Sie das nicht. Gewisse Dinge funktionieren auf dem Markt besser als in einer Behörde – und Religion ist im Sinne von Angebot und Nachfrage eben auch Wettbewerb und somit Markt.«

»Es geht darum, Menschen klarzu-machen, was sie davon haben, Christen zu sein. So einfach ist das.«

Es müsse wieder aktiv diskutiert werden: Was heißt Mission? Was heißt es, Menschen zum Christentum zu bringen? Michael von Truchseß plädiert für ein zeitgemäßes Verständnis von Mission. »Es geht darum, Menschen klarzumachen, was sie davon haben, Christen zu sein. So einfach ist das. Das ist ein Prozess, der damit anfängt, dass Menschen Gemeinde erleben können, dass sie spüren, was es heißt: ... einer trage des anderen Last.«

Angesichts der Rasanz der technologische Entwicklungen, der hohen Mobilität und grundlegend veränderter Arbeitsprozesse sieht er die Spaltung der Gesellschaft nicht zwischen Armen und Reichen, Migranten oder Einheimischen, Frauen oder Männern. »Es geht um gesellschaftliche Teilhabe. Gewinner sind die, die eine gute Ausbildung haben, im hohen Maße mobil und flexibel sind. Das ist alles nicht neu, aber die Relevanz hat sich verändert. Wir müssen uns von gewissen Dingen verabschieden. Von gewissen Besitzständen. Und damit meine ich nicht Materielles, sondern gewisse Modelle, Denkmodelle. Wir müssen uns neu erfinden, wenn wir global mithalten wollen.«

Struktureller Wandel, wie wir ihn heute auf allen Ebenen sehen, erfordere einen Paradigmenwechsel und immer auch Systemveränderungen. »Wir müssen – nicht erst im Angesicht der

159

Flüchtlingsfrage – deutlich mehr darüber sprechen, wie wir als Gesellschaft künftig aufgestellt sein wollen. Dies geschieht leider viel zu wenig.«

Michael von Truchseß lässt sich dabei gern inspirieren von einer Aktivität, die für ihn schon fast zu einer »Ersatzreligion« geworden ist, der Fortwirtschaft. Als Verwalter der Familienstiftung leitet er zwei Forstbetriebe. Mit dem Bibelwort »Denn wir haben hier keine bleibende Stadt …« verbindet er auch die Verantwortung für nachfolgende Generationen. »Als Waldbauer sind Sie sich dessen immer bewusst. Wir entwickeln, begleiten, pflegen den Wald in der Hoffnung, dass die Stiftung auch in 100 Jahren noch funktionsfähig ist. Und sie ist in den vergangen 300 Jahren überhaupt nur funktionsfähig gewesen, weil der Wald von unseren Vorvätern entwickelt und aufgebaut worden ist. Es kommt nicht darauf an, was in den nächsten zehn Jahren passiert, sondern auf das, was in 100 Jahren wirtschaftlich rauskommt. Dann müssen Sie sich jedes Mal, wenn Sie die Axt anlegen, fragen: Ist das richtig für die ›zukünftige Welt‹?«

Denn wir haben hier keine bleibende Stadt, sondern die zukünftige suchen wir. (Hebräer 13,14)
»Die Auseinandersetzung mit der Ewigkeit ist eine spezielle Dimension des Christseins, weil der Tod durch die Zuversicht in eine Auferstehung für überzeugten Christen mit keinem Schrecken verbunden ist. Wenn ich gerechtfertigt bin vor Gott, dann muss ich vor dem Sterben keine Angst haben – und ich muss mich vor niemandem beweisen. Ich bin von Gott angenommen, was brauche ich mehr?«

MICHAEL FREIHERR TRUCHSESS (Jg. 1946) war von 1970 bis 2010 bei der Deutschen Bank im In- und Ausland tätig, zuletzt als Managing Director für das Firmenkundengeschäft in Europa. Er ist Vorsitzender des Kuratoriums des Arbeitskreises Evangelischer Unternehmer und u. a. im Stiftungsrat der Stiftung Wittenberg-Zentrum für Globale Ethik aktiv.

161

Nicht Angst, sondern Zuversicht ist für mich evangelische Haltung

KURT BOCK

Wer in der ostwestfälischen Provinz neben Kirche und Pfarrhaus aufgewachsen ist, wird mit zunehmendem Alter feststellen, dass der Schatten dieser Kirche länger ist, als man es sich in jungen Jahren vorstellen konnte. Und der wird auch feststellen, dass das Elternhaus, dreijähriger Konfirmandenunterricht und Jungschar prägender sind, als man es sich in Phasen kühler intellektueller Analyse seines Glaubens vorstellen oder auch eingestehen wollte.

Dazu mag beigetragen haben, dass eine steigende Verantwortung zwar eine große Bereicherung der beruflichen Tätigkeit ist – aber genau das ist eben auch eine größere Herausforderung. Dies umso mehr in einem Land wie Deutschland, in dem unternehmerische Gestaltungsfreude und Begeisterung für Neues, für Technik und Innovation häufig als Ausdruck eines naiven Wachstumsfetischismus und zerstörerischen Gewinnstrebens, als rückständige Fortschrittsgläubigkeit wahrgenommen werden, die die Ressourcen unseres Planeten überfordere. Wie kann man nun als

163

evangelischer Christ für grüne Biotechnologie, für Fracking und auch Nanotechnologie eintreten? Themen, die auf unseren Kirchentagen regelmäßig für einhellige Verdammnis sorgen. Und wie setzt man sich als Christ mit der Pflicht auseinander, Rechenschaft abzulegen? Jedes Quartal gegenüber Aktionären und der Öffentlichkeit, gefördert durch eine Presse- und Medienlandschaft, die große Unternehmen täglich 24 Stunden lang beobachtet, in Erwartung des Großartigen und immer bereit, kleinste Fehler aufzuspüren und zu kritisieren.

Orientierung liefern in diesen Zeiten Gesetze, Regeln, Konventionen, aber auch mein Glaube. In Anbetracht einer Flut neuer Gesetze, Grundsätze guter Unternehmensführung und allfälliger öffentlicher Appelle an die Tugenden des Unternehmers erscheint Letzterer fast überflüssig.

»Wie kann man als evangelischer Christ für grüne Biotechnologie, für Fracking und auch Nanotechnologie eintreten?«

Die Gesetzesflut hat nach der Finanz- und Wirtschaftskrise kräftig zugenommen. Der Gesetzgeber geht in seiner Fürsorge mittlerweile über das Setzen von Rahmenbedingungen im Sinne von Spielregeln und Verboten hinaus. Er macht häufig Vorgaben für politisch oder gesellschaftlich erwünschtes Verhalten, zum Beispiel bei der Frauenquote. Regeln, die Grundsätze guter Unternehmensführung, zum Beispiel in Form des deutschen Corporate Governance Kodex, schreiben heute im Detail vor, wie sich Unternehmen zu organisieren haben, wie Entscheidungsprozesse zu gestalten sind. Sie stellen damit Werturteile dar, was gutes und akzeptables Managerverhalten ist.

Konventionen spielen im Wirtschaftsleben unverändert eine große Rolle. Es sei dahingestellt, ob Evangelisch-Sein im Sinne von Max Webers protestantischer Ethik wirklich bedeutet, dass man ein besonders verantwortungsvoller und erfolgreicher Unternehmer ist. Auch ist es müßig zu fragen, ob der »ehrbare Kaufmann« tatsächlich Ausdruck innerer Haltung oder doch nur die Folge der Angst vor öffentlicher Bloßstellung und gesellschaftlicher Ächtung ist. Diese Konventionen stellen Vertrauen her. Dieses Vertrauen ist das Scharnier der Wirtschaft, auch global und jenseits kultureller und rechtlicher Unterschiede zwischen Regionen und Ländern.

Welche Rolle kann der Glaube dann noch spielen in diesem Spannungsfeld einer durch staatliches und gesellschaftliches Misstrauen geprägten Regelungswut einerseits und bewährter Konventionen und Usancen andererseits? Gerade weil die Meinung von Niklas Luhmann weiterhin durchaus Unterstützung findet, dass nämlich »keine Schnittmenge von Wirtschaft und Ethik« existiere, spielt der eigene Glaube eine Rolle. Er hilft mir bei der Prüfung, ob das eigene Handeln richtig ist, wenn eben keine Regeln gelten oder greifen und wenn niemand hinschaut und aufpasst. Und er erleichtert mich, im wahrsten Sinne des Wortes, denn man muss nicht jeden Tag quasi mit dem Aktiengesetz unter dem Arm herumlaufen.

Der Glaube hilft auch, sich selbst nicht so wichtig zu nehmen und deshalb auch Schwächen, die eigenen und die der anderen, sowie Fehlbarkeiten besser einordnen und verstehen zu können und sie damit auch als Chance zu begreifen, sich weiterzuentwickeln und zu verbessern.

Evangelisch zu sein, kann auch helfen, deutsche Debatten besser zu verstehen und im Gespräch mit den ausländischen Kollegen zu erläutern. Die quasi-religiöse Überhöhung von Problemen und Herausforderungen, die auch in anderen Ländern durchaus als relevant, aber letztlich als profan wahrgenommen werden – Stichwort Klimawandel –, ist dafür nur ein Beispiel.

Der Glaube kann auch bei der Prüfung helfen, ob ein Unternehmen den eigenen Ansprüchen entspricht. Das bezieht sich besonders auf Ziele und den Zweck des Unternehmens, also das »Was«, aber vor allem auch auf das »Wie« – die Umsetzung. In der BASF haben wir das »Wie« in vier Werten oder Prinzipien definiert, die unser Handeln im Unternehmen, aber auch mit unseren Kunden, Nachbarn und anderen Stakeholdern bestimmen sollen. Auf der Grundlage welcher Werte wollen wir also erfolgreich sein?

»Kreativ sein« heißt, neue Ideen haben. Dies gilt nicht nur für Forscher, das gilt für alle im Unternehmen. »Offenheit« heißt, Dinge klar beim Namen benennen, auch wenn die Wahrheit unangenehm ist. »Verantwortungsvoll« heißt, seine Aufgabe als die eigene annehmen und sich kümmern. »Unternehmerisch« heißt, neue Wege gehen, etwas versuchen, was andere vorher nicht gemacht haben, um das Unternehmen voranzubringen. Die Erfahrung zeigt, dass diese Werte, dieser Kompass, in allen Kulturkreisen und Regionen mit unterschiedlicher Ausprägung akzeptiert werden. Die Erfahrung zeigt aber auch, dass sie permanent vorgelebt werden müssen.

Den Zweck des Unternehmens haben wir so zusammengefasst: »*We create chemistry for a sustainable future*«. »*Creating chemistry*« ist mehr als Forschung und Innovation. Vor allem geht es um Zusammenarbeit, um Vertrauen-Schaffen – die Chemie muss stimmen, um erfolgreich zu sein. Eine nachhaltige Zukunft bedeutet für BASF immer, dass alle drei Dimensionen – wirtschaftlicher Erfolg, ökologische und soziale Verantwortung – zusammengehören; dass das Kurzfristige nicht das Langfristige dominieren darf und wir heute nichts tun, was künftige Generationen belasten könnte. Dass wir aber auch heute Gewinn machen müssen, um unsere Verantwortung für Kunden, Mitarbeiter und unsere Nachbarn wahrnehmen zu können.

Dies ist im Kern auch protestantisches Selbstverständnis: die Freiheit, Neues zu probieren und Veränderungen anzustoßen. Konkret heißt das aber auch, nicht nur die Nebenwirkungen, sondern auch die Hauptwirkungen, nicht nur die Risiken, sondern auch die Chancen zu sehen und diese auf der Basis von Fakten und nicht von Ahnungen und Vorurteilen zu beurteilen. Nicht Angst, sondern Zuversicht ist für mich evangelische Haltung.

Diese Zuversicht hilft mir auch, eingetretene Pfade zu verlassen und neue Herausforderungen zu suchen und anzunehmen. In einem weltweit tätigen Unternehmen mit seinen vielen Mentalitäten und lokalen Normen und Prägungen stellt man dann fest, dass die Provinz darauf gut vorbereiten kann. Man wünscht sich dann zunehmend, dass unsere Kirche heute nicht nur als Mahner und Warner, sondern auch als Institution auftritt, die solche Zuversicht fördert.

KURT BOCK (Jg. 1958) ist seit 2011 Vorsitzender des Vorstands der BASF SE. Er studierte Betriebswirtschaftslehre und promovierte 1985 an der Universität Bonn. Seine berufliche Laufbahn begann er 1985 bei BASF im Bereich Finanzen. Von 1992 bis 1998 war er in mehreren leitenden Positionen in Deutschland und Brasilien für den Automobilzulieferer und Elektronikkonzern Robert Bosch tätig und kehrte 1998 zur BASF zurück, war von 2003 bis 2011 Finanzvorstand und in dieser Zeit seit 2007 zusätzlich Chairman und Chief Executive Officer der BASF Corporation.

167

Von allen Seiten umgibst du mich
und hältst deine Hand über mir
PSALM 139,5

Ohne Glauben werden wir keine Gesellschaft weiterentwickeln

DR. BRIGITTE MOHN

Frau Mohn, welchen Platz hat der Glaube in Ihrem Leben? Mein Glaube ist mir jeden Tag präsent, er ist immer aktuell. Der Glaube leitet mich, er gibt mir Kraft, er gibt mir das Gefühl, etwas bewegen zu können und zwar auch im unternehmerischen Sinne. Arbeitsplätze zu sichern, Innovationen anzuregen, für Menschen da zu sein. Mich leitet in diesem Sinn ein Wort aus dem 1. Petrusbrief: »Seid alle Zeit bereit zur Verantwortung gegen jedermann ...«

Heißt das, Ihr Glaube wirkt sich ganz unmittelbar beruflich aus? Ja, das ist ein Thema von Fairness, Rücksichtnahme und Verantwortung für Menschen. Die Unternehmenskultur und der Unternehmenskodex sind das Fundament. Es kann nicht nur das Ziel sein, die Cash Flow-Optimierung zur privaten Kapitalisierung zu nutzen, sondern es geht darum, die Gewinne zum langfristigen Erhalt des Unternehmens zurückfließen zu lassen. Wir haben die

169

Verantwortung, Menschen im Berufsalltag ein Zuhause zu geben. Das ist ganz sicher nicht nur ein weicher Faktor, sondern hat mit Erfolg und Kontinuität in sich schnell ändernden und wettbewerbsintensiven Märkten zu tun.

»Ohne klare Werte wie Respekt und Toleranz könnte ich mir nicht vorstellen, erfolgreich zu sein.«

Unser Stiftungshandeln beruht ebenfalls auf diesem wertebasierten Denken, mit dem wir gesellschaftliche Verantwortung übernehmen, mit der Bertelsmann-Stiftung, der Stiftung Deutsche Schlaganfall-Hilfe, der Reinhard Mohn-Stiftung. Stiftungen sind oft Zeugnisse von gesellschaftlicher Verantwortungsübernahme. Ohne klare Werte wie Respekt und Toleranz könnte ich mir nicht vorstellen, erfolgreich zu sein. Ein christlicher Wertekodex und eine entsprechende ethische Grundlage sind ganz zentral. Wenn wir das in einem globalen Kontext verstehen, dann bedeutet das zum Beispiel entschieden zu sein gegen Korruption, gegen Kinderarbeit, Ausbeutung von Gesellschaften und für die Wahrung der Menschenrechte einzutreten.

Wann geraten Sie mit Ihrer werteorientierten Haltung in der Realität in Konflikte? Immer wieder. Wenn man in neue Märkte gehen will, dann wird man auch politisch herausgefordert. Da stellt sich immer die Frage: Wer gibt wem was? Da müssen Sie klare Grenzen ziehen. Und Sie müssen die Freiheit haben zu sagen: Dann lasse ich es lieber. Dafür brauchen Sie den Mut, Missstände anzusprechen und diese gemeinsam mit Menschen anzugehen und zu verändern. Das ist eine der größten Herausforderungen überhaupt. Eine Problemanalyse allein reicht nicht, man muss ins Handeln kommen und dazu braucht man eine starke Basis.

Und diese Basis kann ein christlicher Glaube sein? Ja, ich bin zwar vor vielen Jahren aus der Kirche ausgetreten, aber ich vertrete nach wie vor einen christlichen Glauben, weil ich davon überzeugt bin. Ohne Gott und die christlichen Grundlagen werden wir keine Gesellschaft weiterentwickeln und keinen Frieden erreichen. Wenn wir nicht erkennen, dass Dialoge vom Wunsch des Verstehens und der Liebe getragen sind, dann funktioniert es nicht. Wir haben eine Verantwortung für zukünftige Generationen. Als Christen müssen wir einstehen für das, was kommt.

Glaube bedeutet auch Bekenntnis. Wie wichtig ist es für Sie, dies auch öffentlich zu tun? Das finde ich ganz wichtig und halte das für zentral. Der Glaube ist eine innere Leitlinie für mein Handeln. Man kann diese Stärke und Kraft, die daraus erwächst, weitergeben. Das hat im Sinne Jesu auch mit einer Vorbildfunktion zu tun. Eine Vorbildfunktion in diesem Sinne ist anleiten, Weg weisen, Verantwortung übernehmen, für etwas einstehen, eine Richtung zeigen. Dies alles kann ich nur in einer Glaubensgemeinschaft leben. Ich stehe für christliche Werte, egal wo in meinem Leben. Das ist das, was mich schauen lässt und immer trägt.

Wer hat Ihnen diesen Glauben vermittelt? Ganz klar mein Elternhaus. Ich komme aus einem sehr theologischen protestantischen Elternhaus. Ich bin mit dem christlichen Glauben groß geworden, das war Teil des Miteinanders und unseres alltäglichen Lebens. Das habe ich mitgenommen. Und auch, dass glauben nicht bedeutet, dass man nicht selbst denken kann. Auch das habe ich dort gelernt: zu reflektieren und konstruktiv kritisch weiterzudenken.   171

Warum sind Sie dann aus der Kirche ausgetreten? Weil das eine die Organisation und das andere der Glaube ist. Die Taufe ist gesetzt. Ich bin immer noch kirchlich engagiert, in der Gemeinde aktiv und im täglichen Gespräch mit Gott. Das ist für mich kein Widerspruch. Christin zu sein im Sinne der Zehn Gebote, das kann ich jeden Tag und immer – das ist mein Wegweiser. Wenn ich dem Wort Gottes folgen will, dann muss ich nicht katholisch oder protestantisch sein. Gott dienen und für die Menschen da zu sein, das ist das eigentliche Gebot und das würde ich nie in Frage stellen. Das ist mein Licht.

Was störte Sie an der Organisation? Ich bin mit Anfang 20 aus der katholischen Kirche ausgetreten. Nach einem sehr intensiven Abwägen beider Seiten. Der entscheidende Grund dafür war für mich die Rolle der Frau. Ich wollte Bischöfin werden, hätte gern Theologie studiert. Aber für mich ist bis heute unverständlich, warum in der katholischen Kirche Frauen auf allen Ebenen als zweite Wahl behandelt werden. Das sind wir Frauen nicht. Ich möchte in dem, was ich tue, frei sein und in Verantwortung stehen. Das war dort nicht möglich. Später habe ich die anglikanische Kirche entdeckt, genau das fand ich interessant. Aber zu dem Zeitpunkt hatte ich meinen Weg in der Gesellschaft schon definiert. Wenn man eine Hälfte der Bevölkerung ausschließt, wie die katholische Kirche das tut, dann verliert man ein unglaubliches Potenzial.

Auch Glauben muss man lernen. Die Bertelsmann-Stiftung engagiert sich stark im Bereich der Bildung. Welche Rolle spielt dabei die religiöse Bildung? Religiöse Bildung, und damit meine ich nicht katholisch oder protestantisch, bedeutet zu verstehen, woher Menschen kommen, aus welchem religiösen Kontext, und was das für sie bedeutet. Wenn wir es nicht schaffen, besonders den Kindern Respekt und Akzeptanz der Weltreligionen zu vermitteln, dann werden wir später Konstellationen haben, die auch weiterhin zu Konflikten führen. Wenn wir das nicht in spielerischen Kontexten vermitteln, dann schlägt das hart aufeinander.

Welche Bedingungen brauchen wir dafür? Der katholische Theologe Christian Hennecke fordert in dem Zusammenhang die Öffnung der Konfessionalitäten und Religionen. Davon sind wir sicherlich weit entfernt. Wenn aber die Führung der Glaubensgemeinschaften einig wären, dass gegenseitiger Respekt und die Anerkennung des anderen als Leitbild zu vermitteln ist, dann wären wir weiter. Wir brauchen den Weg der Veränderung über die Führungspersonen. Glaubensbildung muss ich erfahren, leben, anfassbar machen. Warum sind die Kirchen leer? Warum glauben die Menschen nicht mehr? Das kann man alles negativ feststellen, aber man kann auch wie bei einer niedrigen Wahlbeteiligung gucken: Warum ist das so?

Haben Sie darauf eine Antwort? Ja, die Kirche ist zu weit weg von den Menschen. Es gibt ja Predigten oder Gottesdienste, die einen berühren, Gedanken, die einen mitnehmen und das ganze Leben begleiten. Wenn wir aber darauf warten, dass junge Menschen dorthin kommen, wo wir das vermitteln, dann machen wir einen Fehler. In unserem digitalisierten Alltag gibt es so viele Möglichkeiten, Menschen mitzunehmen. Im Consumer-Bereich gelingt uns das doch auch.

Wie kann Glaubensvermittlung diese Wege nutzen? Dafür muss ich zunächst wissen: Was will ich ihnen denn sagen? Wenn ich vermittle, was Glaube sein kann und beinhaltet, dann bin ich sicher, ist es genau das, wonach Menschen suchen in ihrer Sehn-

173

sucht nach einem geistigen Zuhause, nach Sinn. Gerade in dieser aktuellen schlimmen Diskussion mit der fatalen Abgrenzung vom Islam kann ich doch nicht darauf warten, dass die Menschen kommen, sondern ich muss auf sie zugehen.

Dazu gehört auch ein interreligiöser Dialog. Wie führen Sie diesen? Ein Beispiel ist der Religionsmonitor der Bertelsmann-Stiftung, den wir ins Leben gerufen haben. Darüber haben wir Kontakt zu vielen Experten. Unter anderem bin ich im Kuratorium der Dachstiftung Diakonie, über die Stiftungsarbeit reden wir mit vielen Menschen. Ich glaube, dass wir Glaubensvermittlung, auch eine interreligiöse, nur über institutionelle Bildung richtig stark machen können. Es ist eine gesellschaftliche Aufgabe, eine Antwort darauf zu finden, wie wir mit Vielfalt umgehen wollen. Und das geht nur, wenn Kinder das früh mitbekommen. Wenn das Elternhaus das nicht tut, dann geht das nur über institutionelle Bildung. Und das muss von allen Seiten gewollt sein.

Welchen Beitrag können die Glaubensgemeinschaften hier leisten? Sie müssen sich zuallererst selbst für Vielfalt öffnen. Das beginnt schon bei der Personalpolitik. Es kann doch nicht sein, dass ich zum Beispiel mit evangelischen oder auch katholischen Trägern spreche und diese starke Begrenzungen bei der Einstellung von Mitarbeitern anderer Konfessionen haben. Ausschluss aus einer Gemeinschaft und insbesondere im Arbeitsmarkt über Religionszugehörigkeit darf in unserer heutigen Zeit nicht mehr ausschlaggebend sein. Das kann nicht mehr die zentrale Frage sein. Das ist eine Frage von Unternehmenskultur.

Müsste in den Kirchen eine andere Unternehmenskultur einziehen? Unbedingt! In die Tiefen der Unternehmensführung einzutauchen, ist da sehr spannend. Es gibt zum Teil Bedingungen in kirchlichen Einrichtungen, die kaum nachvollziehbar sind. Das geht hin bis zu Mitbestimmungsrecht, Personalentwicklung und Managementstrukturen. Unternehmenskultur und Unternehmensführung in einer so weltweit tätigen Organisation wie der Kirche müssen weitergedacht werden. Es gibt fast keine andere Organisation, die so groß ist und einer so dringenden Weiterentwicklung bedarf. Ich bewundere Papst Franziskus für seine Klarheit und seinen Mut, Missstände anzusprechen, Veränderungen offen einzufordern und umzusetzen. Er hat einen sehr schweren Weg. Ich hoffe, dass die Kirche sich mit ihm bewegen kann. Von dieser Art Menschen mit Vorbildfunktion in der Führung wünsche ich mir mehr. Was er zeigt: Wenn ich den Glauben als inneres Gerüst habe, habe ich eine große Stärke. Auch für Veränderung.

Der Satz aus dem Petrusbrief ist Ihnen im beruflichen Kontext wichtig. Gibt es ein weiteres Bibelwort, das Sie im Alltag trägt?
Ja, das ist Psalm 139: Von allen Seiten umgibst du mich und hältst deine Hand über mir.

DR. BRIGITTE MOHN (Jg. 1964) ist seit 2005 Mitglied im Vorstand der Bertelsmann-Stiftung. Nach dem Studium der Politik, Kunstgeschichte und Germanistik, Promotion und MBA arbeitete sie u. a. als Lektorin am Institut für Weltwirtschaft, als Marketing-Leiterin für Verlage in New York sowie als Beraterin bei McKinsey und Pixelpark. 2002 übernahm sie den Vorstandsvorsitz der Stiftung Deutsche Schlaganfall-Hilfe, seit 2014 hat sie dort den Kuratoriumsvorsitz inne. 2002 wurde sie auch als Leiterin des Themenfeldes Gesundheit in die Geschäftsleitung der Bertelsmann-Stiftung berufen.

Wenn ihr bleiben werdet an meinem Wort,
so seid ihr wahrhaftig meine Jünger und
werdet die Wahrheit erkennen, und die Wahrheit
wird euch frei machen

JOHANNES 8,31A-32

Jeder kann schöpferisch tätig sein ...

HANS-JÖRG NAUMER

Neben dem Hauptgebäude von Allianz Global Investors an der Bockenheimer Landstraße in Frankfurt lädt die Evangelisch Reformierte Kirche zur Mittagspause mit Orgelmusik ein: »Raus aus dem Büro. Rein in die Kirche«. Hans-Jörg Naumer war noch nie da. Der Ort für seine spirituelle Auszeit liegt ein paar Straßen weiter in einem katholischen Kirchengebäude. 2001, nach den Terroranschlägen in New York, wurde hier das »Banker-Gebet« ins Leben gerufen. Es findet als interkonfessionelles Angebot noch immer regelmäßig einmal in der Woche statt.

Hans-Jörg Naumer ist Volkswirt und Leiter einer globalen Einheit zur Kapitalmarktanalyse. Er ist evangelischer Christ und predigt gelegentlich auch einmal, durchaus mit Freude. Seine Leidenschaft aber gilt der Wirtschaft. Verstehen, wie Wirtschaft funktioniert, wie Menschen ökonomisch agieren, wie über Investitionen Veränderungen möglich sind – das treibt ihn an. Bei der

177

Allianz Global Investors leitet er den Bereich »Capital Markets & Thematic Research«. Der Verhaltensökonomie gilt sein besonderes Interesse. Dabei geht es in ganz besonderer Weise um Menschen, und wie sie sich an den Kapitalmärkten verhalten.

»Als Analyst an den Kapitalmärkten trifft man Entscheidungen nach Möglichkeit rational«, sagt er auf die Frage, wie weit der Glaube in seinem beruflichen Alltag eine Rolle spielt. »Das lässt sich nicht einfach auf eine andere geistige Ebene heben. Aber meine Motivation und meine Kreativität sind sicherlich stark von dem Wunsch getragen, schöpferisch tätig zu sein. Für mich ist das das Wunderbare am Christentum, dass die Gottebenbildlichkeit sich überall durchzieht und dass wir die Aufgabe haben, schöpferisch aktiv zu sein.«

Schöpferisches Handeln, das drückt sich für den Volkswirt auch in wirtschaftlichem Wachstum aus. »Wenn man sich die Geschichte des Wachstums anschaut, dann sehen wir, dass Wachstum Wohlstand in die Breite getragen hat.« In gewisser Weise erkennt er hier eine Konkretisierung des Schöpfungsauftrags »Seid fruchtbar und mehret euch« – ein Ausblick auf exponentielles Wachstum. »Macht euch die Erde untertan« gebe dazu den ethischen Bezugsrahmen vor: »Passt gut auf die Welt auf.«

In der politischen Diskussion um die Grenzen des Wachstums vertritt Hans-Jörg Naumer eine eindeutige Position, die der Forderung der Ökumenischen Sozialinitiative, Wachstum in den Dienst der Menschen zu stellen, nahekommt. »Wachstum hat keinen Selbstzweck, sondern die Aufgabe, Lebensverhältnisse zu verbessern. Es gibt noch Milliarden von Menschen, die nur darauf warten, dass es ihnen nur halb so gut geht wie uns. Es geht nicht um das Ob sondern um das Wie des Wachstums.« Das ist seine Antwort auf Wachstumskritiker und zugleich ein Plädoyer für Wettbewerb, unternehmerische Gewinne und Investitionen. »Unternehmen haben – diese Debatte müssen wir in unserer Gesellschaft führen – zunächst einmal keine andere Aufgabe, als Gewinne zu erwirtschaften, auch wenn das erst einmal brutal klingt. Diese Gewinnerzielungsabsicht ist der eigentliche Treiber, dass Menschen wie Unternehmen die Anreize haben, sich einzubringen und dann im Wettbewerb das Bestmögliche zu erzielen.«

»Man kann am besten über Investitionen die Welt verändern.«

Für ein Unternehmen wie Allianz GI stelle sich dann die Frage, wo es sich lohnt für die Kunden mittel- und auch langfristig zu investieren, wie sich Unternehmen, Technologien und Märkte entwickeln. Zunehmend wende das Unternehmen Filter und Ausschlusskriterien an, die über rein betriebswirtschaftliche Kennziffern hinausgehen und gesellschaftliche Entwicklungen berücksichtigen. Ein Ansatz der Allianz GI sind in diesem Zusammenhang die Kategorien »Environmental, Governmental, Social«. Wo steht ein Unternehmen in puncto Umweltschutz? Sind die Governance-Strukturen nachhaltig? Wie wirkt das Unternehmen in seinem gesellschaftlichen Umfeld? Dabei gehe es immer um die Frage des investiven Risikos.

Man kann am besten über Investitionen die Welt verändern. Davon ist Hans-Jörg Naumer überzeugt. »Investitionen sind das, was Wachstum ermöglicht, was Gewinne ermöglicht, Reinvestitionen, Veränderungen, Innovation.« Der Gedanke, dass der Investor entscheidet, wo er mit seinem Geld investiert, und so Einfluss nimmt, gefällt ihm gut. Dass es auf diesem Weg möglich wäre, Menschen in der Breite über Investments Einkommen erzielen zu lassen, das ist für ihn ein entscheidendes Ziel und treibt ihn

179

in der gesamtgesellschaftlichen Debatte um Lebensstandards, soziale Teilhabe und Armut und Reichtum um.

»Das ganze Thema Kapitalaufbau ist vollkommen verschlafen worden«, sagt er über die Wirtschafts- und Sozialpolitik. »Es wird zu wenig dafür getan, dass die Menschen Eigenkapital aufbauen können. So bleiben Menschen unmündige Rentenempfänger, denen je nach Kassenlage ein paar Prozent mehr versprochen werden. Hätte man das Geld – und dann bevorzugt in unternehmerisches Kapital – langfristig angelegt und nicht im Schubladenprinzip verwaltet, wären wir längst ein Volk von Kapitalbesitzern.« Seine Vision ist, dass jeder Mensch in einer ganz einfachen Weise die Möglichkeit hat, Mit-Eigentümer von Unternehmen zu sein und selbst zu entscheiden, ob er bei einem großen oder kleinen, bei einem deutschen oder europäischen, bei einem Umweltunternehmen oder einem Industriebetrieb sein Geld anlegt.

»Ich bin davon überzeugt, dass wir die Wirtschafts- und Sozialpolitik wieder vom Kopf auf die Füße stellen müssen. In dem Sinne, dass wir die Eigenverantwortung der Menschen sehr viel stärker fordern. Ich bin ein großer Anhänger von Fordern und Fördern. Jeder Mensch, egal in welchem Lebensumfeld, kann etwas beitragen. Das bringt für mich das christliche Menschenbild mit sich. Jeder kann schöpferisch tätig sein. Das kann ganz unterschiedlich aussehen. Der Rahmen, den wir geben, ist entscheidend. Wir brauchen einen Ordnungsrahmen, der flexibel und an den Bedürfnissen der Menschen orientiert ist.« In Menschen zu investieren, das bedeutet für ihn eben auch, sie über Finanzprodukte an Kapital heranzuführen.

Dieses Ziel forschend und strategisch verfolgen zu können, ist einer der Gründe, warum Hans-Jörg Naumer sich bei der Wahl des Arbeitgebers im Jahr 2000 für Allianz Global Investors entschieden hat. Nach zwei anderen Arbeitgebern stand für ihn fest, dass er in der Analyse bleiben will. Schließlich war er Volkswirt geworden, um zu verstehen, »was da draußen passiert«. In diese Investmentfondsgesellschaft zu gehen, war daher eine bewusste Entscheidung für ein Unternehmen, das auf langfristige Anlagestrategien setzt und damit »Menschen in der Breite ermöglicht, Kapital und damit Eigentum aufzubauen. Das ist für mich der entscheidende Punkt.«

Dabei hätte Hans-Jörg Naumer vielleicht auch Politiker werden können. Viele Jahre war er auf dem besten Weg dorthin und hätte mit 25 sicherlich gesagt: Ich will Bundestagsabgeordneter werden. Mehr als 20 Jahre lang hat er in der Landespolitik intensiv Politik gemacht. In einer Zeit, in der der NATO-Doppelbeschluss, Umweltschutz, Drogenprävention, Menschenrechte und die Deutsche Einheit die tragenden Themen waren. Schon damals war er davon überzeugt, dass gute Politik mit der Wirtschaft beginnt. Dass Demokratie funktioniert, wenn Wirtschaft funktioniert. Beides gut zu verstehen, um Veränderungen gestalten zu können, das war sein Ziel: »Ich konnte mir nie vorstellen, dass Politik stattfindet, ohne dass ich sie verstehe und ich mich einmischen kann.«

Zum Politikbetrieb gehört aber auch immer die strategische Positionierung innerhalb einer Partei. »Ich hatte immer den Luxus der eigenen Meinung«, sagt Hans-Jörg Naumer im Rückblick, »und hatte dann irgendwann keine Mehrheiten mehr.« So wurde nichts aus der politischen Karriere. Ins EU-Parlament hätte er es damals fast einmal schaffen können, wenn auch mit einer nicht all' zu hohen Wahrscheinlichkeit. Dass das letztlich nicht gelang, freut ihn fast. »Der Politik-Apparat hätte mich aufgefressen. Heute bin ich viel freier und unabhängiger. Nur so lässt sich Politik gestalten.«

181

Wenn Wirtschaft funktioniert, funktioniert auch Demokratie – das ist auch ein Grundgedanke der Sozialen Marktwirtschaft. Für Hans-Jörg Naumer ist das eigentliche deutsche Wirtschaftswunder nicht, dass es überhaupt gelang, sondern dass es zentrale protestantische Vordenker waren, die die Basis für diese Werte- und Wirtschaftsordnung legten. »Ich finde es immer wieder faszinierend, dass die Soziale Marktwirtschaft die Wirtschaftsform ist, die dem Christlichen von seinem Menschenbild und seiner Historie her unglaublich nahesteht.« Der Arbeitskreis Evangelischer Unternehmer erinnerte 2015 mit der Publikation »70 Jahre Denkschrift des Freiburger Bonhoeffer-Kreises« an die protestantischen Wurzeln der Sozialen Marktwirtschaft. »Das möchte ich immer wieder einbringen in die Debatte.«

Auf die ihn so begeisternde Reise der Wirtschaft hat Hans-Jörg Naumer sein Vater mitgenommen, der ebenfalls Volkswirt war. Seine Mutter, so sagt er, habe sein Wertesystem geprägt. Dass er ein tiefgläubiger Christ wurde, dafür fand er Gesprächspartner außerhalb der Familie. »Das Christentum war für mich als Jugendlicher nie so konkret gewesen. Ich wurde halt konfirmiert, hatte in Religion eine 1, aber das bedeutete mir alles nicht viel.« Bis er ganz zufällig in einer kleinen Druckerei, in der er regelmäßig die Schülerzeitung drucken ließ, mit einem katholischen Christen ins Gespräch kam. Auf dessen erste Frage: »Was ist dir eigentlich wichtig?« folgten viele weitere Gespräche, Bücher, die ihm bis heute wichtig sind und die Erkenntnis, dass er auch den Glauben rational begreifen und durchdenken kann. »Ich bin dann später Menschen begegnet, die mir ihren gelebten Glauben nahebringen konnten, mit denen ich die Erfahrung machen konnte, dass Gebete erhört werden und dass der Glaube trägt.«

Dass Systeme verständlich sind und in sich logisch, das gehört für ihn auch zum christlichen Glauben. »Mich würde es völlig aus dem Gleis werfen, wenn ich erkennen würde, dass der christliche Glaube Widersprüche hat, irrational ist.« Dass das Wirtschaftssystem auf Grundlagen beruht, die er für sehr christlich hält, passt gut dazu. Zwei Seiten einer Medaille. »Für mich ist das Christentum die Religion der Freiheit. Das ist systemimmanent. Gott ist der, der mich liebt, der mich bei meinem Namen gerufen hat. Gott kommt zu mir herunter und schaut mir in die Augen. Das ist das höchste Maß an Freiheit.« Und der Volkswirt sagt: »Wirtschaftliches Handeln braucht Freiheit. Wenn Sie mich fragen: Wollen Sie ein System, das auf Freiheit aufbaut, oder eines, das auf Staat und Vormundschaft baut, dann gehe ich ganz klar in Richtung Freiheit.«

Wenn ihr bleiben werdet an meinem Wort, so seid ihr wahrhaftig meine Jünger und werdet die Wahrheit erkennen, und die Wahrheit wird euch frei machen. (Johannes 8,31a-32)
»Verstehen ist für mich eine wichtige Voraussetzung, um in der Welt zu sein. Das gilt für die Wirtschaft und die Politik ebenso wie für den christlichen Glauben. Ich kann den Glauben rational verstehen und emotional erleben, er birgt für mich eine tiefe Wahrheit.«

HANS-JÖRG NAUMER (Jg. 1967) ist seit 2000 Global Head of Capital Markets & Thematic Research bei Allianz Global Investors. Die berufliche Laufbahn des Volkswirts begann 1994 bei der Deutschen Bank. Vor seinem Wechsel zu Allianz Global Investors war er Head of Research Germany bei der französischen Investmentbank Société Générale. Einer seiner Forschungsschwerpunkte ist, neben spezifischen Investmentchancen und dem Herausarbeiten langfristiger Trends der Kapitalanlage, die Verhaltensökonomie.

Gewinn ist weder christlich noch unchristlich

DR. REINHARD GÖHNER

Unternehmensführung braucht Gewinnorientierung – ohne diese ist erfolgreiches Wirtschaften schlicht und einfach nicht möglich. Lediglich staatseigene Betriebe oder Non-Profit-Organisationen können auf Gewinnerzielung verzichten, allerdings wird hier der Gewinn durch öffentliche Zuschüsse oder durch Zuwendungen ersetzt. In der privaten Wirtschaft sieht es dagegen anders aus.

Warum gründet jemand ein Unternehmen? Weil er eine Idee hat, eine Marktlücke sieht, ein Gut oder eine Dienstleistung dafür entwickelt und diese anbieten und verkaufen will. Mit dem erzielten Gewinn sichert er die Existenz seines Unternehmens, kann seine Ideen weiterentwickeln, Mitarbeiter beschäftigen, Neues ausprobieren und nicht zuletzt seinen eigenen Lebensunterhalt und den seiner Familie sichern. Auch wenn die wenigsten Unternehmer – und Manager ohnehin – ihr Unternehmen gründen, sondern die meisten übernommen haben, ändert sich dieses grundsätzliche Prinzip nicht: »Gewinn« ist nichts anderes als das Geld, das mit dem Verkauf an die Kundschaft verdient wurde, abzüglich der investierten Unkosten und weiterer Ausgaben. Dass der Gewinn ordentlich ausfällt und eben mehr als lediglich

185

die Unkosten abdeckt, dass dabei effizient und ökonomisch gehandelt wird – ebendas meint »gutes Wirtschaften«.

Zwischen einer solchen gewinnorientierten Unternehmensführung und dem christlichen Glauben besteht daher kein grundsätzlicher Widerspruch. Kaufen und Verkaufen, Herstellen und Erwerben, Investieren und Konsumieren – dies sind menschliche Universalien, die den Austausch von Waren, Gütern und Dienstleistungen zu Zeiten der Evangelisten ebenso wie in heutigen Zeiten kennzeichnen. Das alltägliche Leben der Menschen spielt sich im Rahmen der Wirtschaft ab – jeder ist Kunde und Verbraucher, viele sind mit ihrem Arbeitsplatz in der freien Wirtschaft tätig, jeder ist abhängig davon, dass über den Wirtschaftskreislauf sein eigenes Einkommen entsteht oder die Gemeinschaft über Steuereinnahmen die notwendigen öffentlichen Güter bereitstellen kann. Gewinn ist mithin weder moralisch noch unmoralisch, weder christlich noch unchristlich.

»Manager oder Unternehmer zu sein, ist nicht automatisch moralisch fragwürdig.«

Der Zweck der Wirtschaft ist es schließlich, die Menschen mit Gütern und Dienstleistungen zu versorgen und für sie Einkommens- wie Teilhabechancen zu schaffen – darin besteht der Dienst der Wirtschaft am Menschen und hier hat die Unternehmensführung ihre Verantwortung. Nur wenn das Unternehmen seine Existenz im Markt sichert, bleibt es wettbewerbs- und zukunftsfähig, kann es Arbeitsplätze sichern und schaffen, in Ausbildung investieren, Chancen bieten, zu Wohlstand und

Fortschritt beitragen und sich darüber hinaus bürgerschaftlich engagieren. Gewinn signalisiert, dass die Strategie des Unternehmens im Wettbewerb richtig ist. Gewinn ist nicht alles, aber ohne Gewinn geht – gar nichts. Das heißt aber auch: Gewinn darf nicht per se moralisch verdächtigt werden. Manager oder Unternehmer zu sein, ist nicht automatisch moralisch fragwürdig. Ob die Unternehmensführung moralischen Ansprüchen genügt, wird sich erst herausstellen – also in der Art und Weise der Gewinnerzielung, nicht aber schon in der Gewinnorientierung an sich.

Die kritische Frage ist vielmehr, mit welchen Mitteln das Geld verdient wird, ob der Gewinn in einer angemessenen Relation steht zu den Kosten und ob nicht nur Einzelne, sondern viele vom erreichten Gewinn profitieren. Erst an diesem Punkt stellen sich die ethisch-moralischen Fragen ein. Kritisch diskutiert wird in der öffentlichen Debatte denn auch nicht mehr die Frage, ob Gewinn legitim ist oder nicht, sondern über die Höhe und den Preis des Gewinns.

Als skandalös empfunden werden sehr hohe Gewinne von Unternehmen, die weit über die entstandenen Unkosten hinausschießen und die Proportionen zwischen Aufwand und Profit sprengen. Gewinn wird in seiner ethischen Qualität dann hinterfragt, wenn er auf Kosten der Beschäftigten oder der Umwelt geht oder wenn die Gemeinschaft davon zu wenig zurückerhält, in deren Kontext der Gewinn überhaupt erst erzielt werden konnte.

Die ethischen Prinzipien guten unternehmerischen Handelns, wie sie der »ehrbare Kaufmann« verkörpert, gelten auch im Zeitalter der Globalisierung. Betriebswirtschaftlich unverantwortliche Entscheidungen gefährden den Bestand und die Zukunftschancen eines Unternehmens und damit auch seiner sozialen Funktionen. Was ökonomisch unvertretbar und verantwortungslos ist, kann daher nicht moralische Pflicht sein. Es ist ebenso einsichtig, dass unmoralisches Handeln nicht geboten sein kann.

Es gibt einige sehr klare Grenzen, und diese werden in der Regel von der gesetzlichen Ordnung auch so gezogen: Betrug und Fälschung oder irreführende Werbung sind weder rechtlich noch moralisch zulässig, um Gewinn zu erzielen. »Hard selling«, Bestechung, wissentliches Inkaufnehmen von irreparablen Schäden an der Natur, Ausnutzen von Nachfragemacht bis zur Vernichtung des Vertragspartners gehen ebenso wenig wie das Vorenthalten des vereinbarten Lohnes bei Beschäftigten.

Wer sich jedoch innerhalb des gesetzlichen Rahmens bewegt, muss und kann zunächst einmal davon ausgehen, dass sein Handeln insofern auch legitim ist. Die Qualität der Rahmenordnung ist daher auch eine moralisch relevante Größe – insoweit sie durch ihre Normsetzung gutes Handeln fördert und schädliches Tun verhindert oder zumindest verhindern soll. Ethische Fragen werden dementsprechend vor allem dort diskutiert, wo es sich um moralisch kritische Aspekte handelt, es aber keine Normsetzungen gibt oder vorhandene Normen Schlupflöcher bieten und widersprüchlich sind oder aber der Verstoß dagegen absehbar nicht geahndet wird. Der christliche Glaube setzt an diese Stelle und in diese »Lücke« eine überzeitliche Normativität, eben auch wenn es keinen irdischen Richter gibt. Insofern besteht für eine christliche Unternehmensführung durchaus eine ethisch höhere Verantwortung – eine Verantwortung vor Gott und dem eigenen Gewissen.

Eine gute und eine christliche Unternehmensführung unterscheiden sich nicht unbedingt und wenn, dann eher im Detail – ich bin aber doch überzeugt, dass ein christlich geprägter Unternehmer sich seiner besonderen Verantwortung auch ganz besonders bewusst sein wird. Über den Einsatz unethischer Mittel wird er nicht einmal nachdenken. Er wird von sich aus mehr und freiwillig an Gutem tun – für die Mitmenschen im Betrieb, für die Bewahrung der Schöpfung und für die soziale Gemeinschaft. Er wird auf die Regelkonformität achten und sich aus vielem eher ein Gewissen machen als andere. Er wird auf Nachhaltigkeit achten und den Beschäftigten wie Geschäftspartnern mit Respekt und Wertschätzung begegnen. Er wird Gelder verantwortungsvoll anlegen und nicht auf das »schnelle Geld« schauen. Als Christ wird er aber auch mit Optimismus und Pragmatismus an die Zukunftsfähigkeit des Unternehmens herangehen. Dabei ist er keineswegs naiv und blauäugig, nicht vertrauensselig gegenüber Dritten oder übertrieben rücksichtsvoll gegenüber Wettbewerbern – damit würde er letztlich seiner Sache, ja seiner Aufgabe und dem Beruf schaden –, er wird sich fair verhalten, aber ebenso auch klug und tüchtig sein.

»Für eine christliche Unternehmensführung besteht durchaus eine ethisch höhere Verantwortung – eine Verantwortung vor Gott und dem eigenen Gewissen.«

Immer wieder appelliert Jesus in seinen Gleichnissen an die innerweltliche Rationalität und die ökonomische Effizienz; sie sollen nicht ausgehebelt, sondern bewusst eingesetzt werden – für die richtigen Zwecke, für die wichtigen Prioritäten, um letztlich den »Schatz im Himmelreich« zu erwerben. »Siehe, ich sende euch wie Schafe mitten unter die Wölfe. Darum seid klug wie die Schlangen und ohne Falsch wie die Tauben« steht dafür beispielhaft (Matthäus 10,16). Die gottgegebenen Talente sollen wir sehr wohl entfalten und zielorientiert einsetzen, uns kundig in dieser Welt und ihren Spielregeln bewegen und sie durchaus für unsere Zwecke nutzen – und dabei stets gerecht bleiben. »Macht euch Freunde mit dem ungerechten Mammon« (Lukas 16,9).

Gibt es aber nicht auch Wirtschaftssysteme, in denen man gar nicht umhinkann, sich unmoralisch zu verhalten, wenn man sich ökonomisch behaupten will? Hat man unter Umständen gar nicht die Wahl, sich dem zu entziehen? Die Rahmenordnung selbst muss in der Tat so konzipiert sein, dass sie gutes Handeln ermöglicht und schlechtes Tun nicht begünstigt. Ohne eine solche Rahmenordnung kann eine christliche Unternehmensführung unter Umständen tatsächlich schwierig sein und sogar unmöglich werden. Deshalb besteht aber auch wiederum eine ethische Pflicht, sich für diese förderlichen Rahmenbedingungen politisch einzusetzen. Dabei sind wir überzeugt, dass ein Engagement für solche Rahmenbedingungen wiederum allen nützt – wirtschaftliche Freiheit und politische Freiheit, Rechtsstaatlichkeit und Menschenrechte sowie soziale Sicherheit gehen meistens Hand in Hand.

Als Christen kann uns der Lauf der Welt ohnedies nicht gleichgültig sein. Das einzelne Engagement setzt dabei immer am konkreten Einzelfall an – wir können nicht »die ganze Welt retten« und die Probleme auf einen Schlag lösen. Jesus hat nicht mit einem Wort die Leiden aller Menschen geheilt, sondern immer nur den einzelnen Leidenden befreit, der ihm konkret begegnete und ihn persönlich ansprach.

Auch in unserer entwickelten Gesellschaft in Deutschland und Europa sind Wirtschaft und Wohlstand maßgeblich von den wirtschaftspolitischen Rahmenbedingungen abhängig. Dabei kommt dem Gesetzgeber eine erhebliche Verantwortung zu: Umfangreiche sozial- und arbeitsrechtliche Regulierungen, zunehmende Bürokratie und starke Ausweitung von Sozialleistungen bringen immer wieder Belastungen für die Unternehmer mit sich. Es ist daher auch Aufgabe einer guten Unternehmensführung, auf die wirtschaftliche Leistungsfähigkeit als Voraussetzung von gesellschaftlicher Solidarität hinzuweisen. Deshalb ist es gut und auch notwendig, dass die Arbeitgeber mit ihren Verbänden politisch mitwirken. Unternehmen sollen Gewinne erzielen und erzielen können, von denen letztlich alle profitieren.

DR. REINHARD GÖHNER (Jg. 1953) ist seit 1996 Hauptgeschäftsführer der Bundesvereinigung der Deutschen Arbeitgeberverbände (BDA). Von 1983 bis 2007 war er Mitglied des Deutschen Bundestages, von 1990 bis 1994 Parlamentarischer Staatssekretär, zunächst im Bundesjustizministerium, dann drei Jahre im Bundesministerium für Wirtschaft. Er war Hauptgeschäftsführer verschiedener Arbeitgeberverbände. Seit 1981 ist er Rechtsanwalt mit eigener Kanzlei, seit 1985 in einer Sozietät und seit 1988 auch Fachanwalt für Arbeitsrecht.

Lass dich nicht treiben von jedem Wind,
und folge nicht jedem Weg wie die doppelzüngigen
Sünder, sondern bleibe fest bei dem, was du
erkannt hast, und rede nicht bald so, bald anders

SIRACH 5,11-12

Dass man ein Leben und Verantwortung dafür hat ...

ANDREAS DE MAIZIÈRE

Herr de Maizière, spielen Sie Lotto? Das müsste ich wohl, ich bin ja im Aufsichtsrat einer Online Lotterie. Ich tue es aber nicht.

Warum nicht? Weil die statistische Wahrscheinlichkeit zu gewinnen extrem gering ist. Vermutlich spiele ich aber nicht, weil ich zu faul bin. Wobei ich nur empfehlen kann, online Lotto zu spielen. Das ist sehr einfach. Sie müssen keine Sorgen haben, Ihren Schein zu verlieren, Sie werden bei einem Gewinn benachrichtigt.

Was haben Lotto und Glück miteinander zu tun? Lottospielen ist nicht so sehr Glück, sondern die Anregung zur Phantasie. Natürlich gibt es wunderbare Beispiele dafür, dass einer gewinnt. Aber es geht vor allem um die Phantasie: Was würde ich mit so viel Geld tun? Das beflügelt Menschen. Und dass ein Lottospieler glücklich wird, wenn er gewinnt, ist auch nicht immer gegeben.

Was bedeutet für Sie Glück? Glück bedeutet für mich erstens ein kurzes Gefühl großer Befriedigung. Dieses Glück hält nicht so lange, das sagt mir die Lebenserfahrung. Und zweitens ist es der – häufig erfolgreiche – Versuch, etwas besonders Schönes dann doch über einen langen Zeitraum zu halten. Ich bin 42 Jahre lang verheiratet, das ist für mich ein großes Glück. Dieses langfristige Glück ist anders als etwa das spontane Glücksgefühl, zum Beispiel bei einer schönen Aussicht oben auf dem Berg. Aber kurze Momente des Glücksempfindens und die Strukturen des eigenen Lebens, die einen immer wieder dazu befähigen, gehören doch eng zusammen. Wenn mich einer meiner kleinen Enkel am Morgen begrüßt, dann ist das ein Moment ausgeprägten Glücksgefühls. Ein kurzer Moment und zugleich das Wissen, dass da mehr ist, eine große Vertrautheit. Ein Glücksgefühl ist immer auch eine Erdung.

»Glauben zu können, das empfinde ich durchaus als Glück.«

Was haben das so beschriebene Glück und Glaube für Sie miteinander zu tun? In dieser Langfrist-Definition von Glück ist der Glaube auch enthalten. Wenn man glauben kann, was eine langfristige Bindung und eine Basis ist, dann gibt es dabei durchaus ein Glücksgefühl. So ein Moment der ausgesprochenen Wallung, das gibt es im Glauben ja auch. Glauben zu können, das empfinde ich durchaus als Glück.

Wo haben Sie das gelernt? Begonnen hat das sicherlich mit einer familiären Prägung. Ich hatte gläubige Eltern, bin als Kind zu Kindergottesdiensten gegangen, wurde konfirmiert. Das hat sich so entwickelt. Dann kommt dazu, dass ich mich auch kognitiv mit Kirche und Glauben beschäftigt habe. Als pubertierender Junge habe ich sehr damit gerungen, was der Sinn des Lebens ist, warum man lebt. Ich habe in dieser Zeit auch mit meiner Mutter gerungen, die sagte:»Der Sinn des Lebens ist zu leben. Das hat Gott dir geschenkt, du hast den Auftrag zu leben. Die Gaben, die Gott dir gegeben hat, die soll man entwickeln und nicht wegwerfen.« Später habe ich viel gelesen und erkannt, dass das eine ausgesprochen protestantische Gedankenwelt ist. Ich habe BWL und im Nebenfach Politische Wissenschaften studiert und über Letzteres auch ein bisschen Philosophie. Darüber habe ich mich wieder mit Religion und Protestantismus beschäftigt und begonnen, den Glauben auch kognitiv zu festigen.

Da gab es nie Zweifel? Wenn man sich mit der Kirchengeschichte und den Organisationsstrukturen der Kirche beschäftigt, dann kann man schon mal zweifeln. Aber ich bin der festen Überzeugung, dass man als gläubiger Christ nicht aus der Kirche austritt, schon gar nicht aus opportunistischen Gründen oder weil man sich ärgert.

Der praktische Glaube hat auch etwas mit Tradition und Formen zu tun. In einem Gottesdienst eine gute Predigt zu hören und dann auch noch die schönen Kirchenlieder, die »Kassenschlager« sozusagen, zu singen … sich dem hinzugeben, das kann auch ein Glücksgefühl sein. Für mich persönlich war es auch eine gute Entwicklung, in den Arbeitskreis Evangelischer Unternehmer einzutreten, weil es hier um die Frage ging, wie ich mein berufliches Leben mit der Kirche verbinden kann.

Welche Bedeutung spielte und spielt der Glaube denn in Ihrem beruflichen Leben? Der Glaube prägt ja über eine lange Zeit. Im

195

Beruf wird er auch noch mal gefordert. Ich habe mir immer zugetraut, etwas schaffen zu können. Das hat sicherlich mit Selbstvertrauen zu tun, aber auch mit Glauben und Gottvertrauen. Im Beruf hatte ich es mit einer Professionalität zu tun, die ich auch von Amtsträgern erwarte. Etwas professionell zu tun, das ist mein Anspruch an Qualität.

Wenn Sie das selbst einigermaßen gut machen, mit Selbstvertrauen und Verantwortung, mit dem Wissen um die eigene Begrenztheit, dann haben Sie auch Respekt und Demut vor der Leistung des anderen. Denn die Gegenbuchung zur eigenen Leistung ist der Respekt vor der Leistung des anderen. Die Persönlichkeit des anderen zu erkennen – selbst in einer Situation, in der man zum Beispiel jemanden entlassen muss –, halte ich für notwendig.

Um Menschen mit Respekt zu begegnen, muss man aber kein Christ sein. Das stimmt, aber es hilft sehr. Mir hat es geholfen. Es gibt sicher eine Reihe von Pastoren, die dafür kein Verständnis haben und der Meinung sind, ein evangelischer Christ dürfe keine Menschen entlassen. Unternehmer und Manager tragen Verantwortung für Unternehmen in einer sich verändernden Welt. Dazu kann es dann auch gehören, Arbeitsplätze abzubauen. Wenn Sie das pauschal kritisieren, dann dreht sich die Moral in die falsche Richtung. Etwas zu tun, wovon Sie wissen, dass es falsch ist, das ist aus meiner Sicht unmoralisch. Sie können das Nächstenliebe, Gerechtigkeit oder Fairness nennen. Sie können aber nicht jedem mit Ihrem christlichen Glauben auf die Nerven gehen.

Hat es Ihnen im beruflichen Alltag geholfen, Christ zu sein? Ja, sowohl bei Entscheidungen vor Entlassungen als auch in anderen schwierigen Situationen, da hat es mir geholfen. Da habe ich mit mir gerungen und habe auch mit Menschen aus dem theologischen Bereich gesprochen und mir Rat geholt. Diese Haltung hat mir geholfen im Umgang mit Menschen.

Hat der Glaube Ihnen auch geholfen, als Sie 2005 im Geldwäsche-Skandal die Commerzbank verlassen haben? Der Vorwurf der Geldwäsche war falsch, aber der Verdacht war da und der musste geklärt werden. Die Situation war damals so, dass die BaFin Druck machte und ein Exempel brauchte. Ich bin gewissermaßen ein Kollateralschaden, und ich habe damals sehr viele sehr positive Rückmeldungen auf meinen Rücktritt erhalten. Aber ja, in dieser Zeit hat mir mein Glaube sehr geholfen.

»Sie können das Nächstenliebe, Gerechtigkeit oder Fairness nennen.«

Beweist sich der Glaube stärker in Krisen? Ja, das denke ich schon. Weil Krisen drohen, die Persönlichkeit zu verändern. In externen Krisen, Kriegen oder Katastrophen, können Menschen radikal oder rachsüchtig werden. In persönlichen Krisen müssen Sie Ihr Leben verändern. In der Phase des Kampfes verändern Sie sich. Da können Menschen egoistisch oder selbstsüchtig werden, weil sie so stark mit sich beschäftigt sind. Ich habe das oft erlebt, wenn Unternehmen in die Pleite gehen. In existenziellen Krisen verändern sich Menschen.

Hilft der Glaube, dem zu widerstehen? Ja, aber nicht in allen Fällen. Ich habe erst kürzlich einen Artikel gelesen über die Flugzeugkatastrophe, bei der Schüler und Lehrerinnen aus Haltern

197

gestorben sind. Dieser war überschrieben mit dem Titel »Ich habe meinen Glauben verloren«. Solche Lebenskrisen habe ich nicht erlebt, dass ich drohte, meinen Glauben zu verlieren.

»Warum ereilt mich jetzt dieses Schicksal? Warum mutet Gott mir das zu?« Diese zutiefst existenziellen Fragen hatte ich nicht. Mir half in meinem Leben, dass ich wusste: Ich habe Fehler gemacht, aber nicht so, wie die Vorwürfe lauten. Da tun wir Protestanten uns ja schwer. Die Katholiken haben die Beichte und die Absolution, wunderbare Erfindungen. Wir Protestanten müssen das im Grunde mit unserem Gewissen ausmachen.

Wie nähren Sie Ihren Glauben? Was braucht der Glaube, damit er stark bleibt? Erstens eine einigermaßen gute Basis. Zweitens andere, die einen darin bestärken. Drittens ein Beschäftigen damit. Einer redet gern, ein anderer hört zu, ich habe immer viel gelesen. Und viertens braucht es eine Form, eine Tradition, Gemeinschaft.

Haben Sie Vorbilder im Glauben? Die hatte ich in meinen Eltern und sicherlich auch in ein paar persönlichen Kontakten. Ich habe einige Freunde, deren Glauben, oder wie sie ihren Glauben täglich praktizieren, ich sehr bewundere. Einen solchen täglichen Ritus habe ich nicht. Er ist mir ehrlicherweise auch ein wenig lästig. So fromm bin ich nicht. Ich bewundere es aber sehr, wenn Menschen das können und sich damit auch Struktur geben.

Was macht für Sie den Kern des evangelischen Glaubens aus? Das eine ist die Gewissheit, dass es da jemanden oder etwas gibt, der die Geschicke auf dieser Welt lenkt. Das ist eine Art göttlicher Gewissheit. Ich habe vor einiger Zeit einen Vortrag eines Physikers über schwarze Löcher gehört, der mich sehr beeindruckt hat.

Er sagte, je tiefer er in die Thematik einsteige und die Frage nach den Ursprüngen stelle, umso mehr frage er sich: Wo ist da Gott? All die Gesetzmäßigkeiten, die es in unserem Universum gebe, müssten einen tiefen Sinn haben und das beunruhige ihn zunehmend. Für mich habe ich definiert, dass es da etwas gibt. Das ist eine tiefe innere Gewissheit und deswegen ist das ein Glück, ein Langfrist-Glück.

Dass man ein Leben und Verantwortung für sein Leben hat, für seine Familie, die Gesellschaft, für ein Unternehmen – dieser reformatorische Gedanke ist für mich zentral. Freiheit und Verantwortung so zu gestalten, dass man nicht komplett egoistisch lebt, das ist mühsam. Aber das verstehe ich als Auftrag.

Verantwortung für Unternehmen tragen – heißt das, es gibt eine christliche Unternehmensführung? Nein, die gibt es eigentlich nicht. Wie wollen Sie christlich in diesem Zusammenhang definieren? Das halte ich für schwierig. Aber es gibt Unternehmer, die mit christlichen Werten operieren, die mit christlichen Werten ihre Unternehmen führen. Eine solche Haltung halte ich für sehr erstrebenswert. Und dazu gehört die Bereitschaft, Verantwortung zu übernehmen und sich nicht wegzuducken. Das fehlt mir gelegentlich in der Kirche. Da wird am Ende von Sitzungen ein Gebet gesprochen, ein Mäntelchen drübergedeckt und erwartet, dass der »Heilige Geist« es schon richten wird. Leider erleben wir in der Kirche immer mal wieder in diesem Sinne eine schlechte und nicht sehr christliche Unternehmensführung. Aber unsere Kirche wird mit ihren Reformbewegungen immer besser.

Sie sind neben zahlreichen Positionen in Aufsichtsräten stark ehrenamtlich engagiert. Ist das auch eine Form, Verantwortung zu übernehmen? Ich bin in verschiedenen Institutionen wie dem 199

AEU, der Kulturstiftung der Länder, der Deutschen Stiftung für Denkmalschutz und der Jürgen Ponto Stiftung. Ich finde diese Arbeit wichtig und schön, weil man mit engagierten und interessanten Menschen zusammenarbeitet. Sicherlich hat das auch mit Verantwortung zu tun, der Gesellschaft etwas zurückzugeben ..., was aber gelegentlich auch ein Mäntelchen ist. Und manchmal trifft man auch hier Gutmenschen, die auf den »Heiligen Geist« warten ... Mein Engagement hat vermutlich etwas mit Verantwortung zu tun und mit Respekt, mit unserer Gesellschaft, aber sicherlich auch mit meinem eigenen Vergnügen.

Gibt es ein Bibelwort, das für Sie wichtig ist? Mein Konfirmationsspruch ist bis heute für mich wichtig: »Lass dich nicht treiben von jedem Wind, und folge nicht jedem Weg wie die doppelzüngigen Sünder, sondern bleibe fest bei dem, was du erkannt hast, und rede nicht bald so, bald anders.« Für mich bedeutet das: Habe ein starkes Herz und übernimm Verantwortung. Hab ein Ziel und folge diesem Weg.

ANDREAS DE MAIZIÈRE (Jg. 1955) war von 1999 bis 2005 Mitglied des Vorstandes der Commerzbank. Er hat Betriebswirtschaftslehre und Politische Wissenschaften studiert, begann seine berufliche Laufbahn 1976 als Trainee bei der Commerzbank AG, wo er später Filialen in Paris, Bremen und Hamburg leitete. Andreas de Maizière ist heute Vorsitzender und Mitglied verschiedener Aufsichtsräte, darunter die Arenbergischen Gesellschaften, die Eisen- und Hüttenwerke AG, die Fürstlich Castell'sche Bank, Credit-Casse AG und ZEAL NETWORK SE.

201

Walter Euck

der Freiburger Schule
iert im akademischen V...
e; moralische Instanz.
Walter Eucken (1891
nung als ebenso me...
freiheitliches Wirtsch...
menballung von staat...
wird durch ein funktion...
gewährleistet, das rela...
zeigt. Hierzu ist stabi...
e offene Märkte, Vertra...
ung und eine stetige
eine aktive Wettbewer...
rung externer Effekte

*Denn Gott hat uns nicht gegeben
den Geist der Furcht, sondern der Kraft und
der Liebe und der Besonnenheit*

2. TIMOTHEUS 1,7

Es gibt den guten Gewinn

DR. HANS-PETER KLÖS

(1) Spiele dich nicht als Herrgott auf und halte dich nicht für allwissend oder allmächtig. Höre auf dein Gewissen und auf deine Mitarbeiter. Sei kritisch dem Zeitgeist gegenüber und orientiere dich an bleibenden Werten.

(2) Missbrauche Gott und die religiösen Symbole nicht zu Werbezwecken. Rede nicht von höchsten Werten, wenn du nicht danach handelst. Verstecke deine Geschäftsinteressen nicht hinter hohen moralischen Ansprüchen.

(3) Halte dir den Sonntag frei als Zeit der Rekreation, der Danksagung und des familiären Lebens. Respektiere die religiösen Ansprüche deiner Mitarbeiter. Achte darauf, zur Ruhe und Besinnung zu kommen in der Hektik des Alltags. […]«

Das sind die ersten drei Gebote der »10 Gebote für Unternehmer«, entstanden in einer Arbeitsgruppe des Bundes katholischer Unternehmer, der »Aktion Moses«. Mit ihnen antwortet Dr. Hans-Peter Klös auf die Frage, was ethisches Wirtschaften ausmacht.

203

Mit diesem Zitat erklärt er zugleich, dass der »moralische Grundwasserspiegel« unserer Wirtschaft und unserer Gesellschaft, wie er es gern nennt, durchaus eine christliche Komponente hat.

Hans-Peter Klös hält sich aber nicht für besonders gläubig, »sondern für einen Menschen mit einem festen Wertefundament«. Geprägt habe ihn die Grundhaltung seiner Eltern zum Leben, sich anständig, aufrichtig, ehrlich und in gutem nachbarschaftlichen Miteinander zu verhalten. Aufgewachsen in einem lutherischen Elternhaus, ging er zum Studium der Volkswirtschaft an die Universität Marburg, »die erste protestantische Universität Deutschlands«. Früh habe sich für ihn das Arbeitsleben verbunden mit der Frage: Wie stelle ich mich zu bestimmten Werten wie Pflicht, Fleiß und Respekt vor anderen Einstellungen?

Mit dieser Grundhaltung fühlte er sich beim Institut der deutschen Wirtschaft Köln (IW) gut aufgehoben, »bei einem Forschungsinstitut, das ein festes Wertefundament in der Satzung und in seinem Leitbild hat«, zu dem er 1988 nach seiner Promotion kam und dessen Geschäftsführer er seit 2001 ist. Das 1951 gegründete private Forschungsinstitut positioniert sich als »Anwalt der Sozialen Marktwirtschaft«. Damit verbunden ist der Anspruch, das »Verständnis wirtschaftlicher und gesellschaftlicher Zusammenhänge zu verbessern und einen Beitrag zu nachhaltigem Wachstum und dauerhaftem Wohlstand zu leisten«.

»Verhaltensökonomik und Wirtschaftsethik« ist einer von elf Schwerpunktbereichen des IW. Die IW Akademie, eine Kooperation mit der Universität zu Köln, der Technischen Hochschule Köln und der Hochschule Bonn-Rhein-Sieg, bearbeitet in ihren Seminaren und Studiengängen an den Schnittstellen von Wirtschaftsethik und Ökonomie grundsätzliche Fragen zum Zusammenhang von Gewinn und Gewissen. Regelmäßig einmal im Jahr führt das IW gemeinsam mit den kirchlichen Akademien in Berlin

Veranstaltungen durch. Alle zwei Jahre wird der Max-Weber-Preis verliehen, der Wissenschaftler für Studien zu ethisch verantwortlichem und integrem Wirtschaften auszeichnet.

»In der Sozialen Marktwirtschaft wird der Markt eingehegt durch einen Rahmen, der aus einer ethischen Fundierung heraus kommt.«

In den vergangenen Jahren habe sich die Aufmerksamkeit für das Thema Compliance in Unternehmen deutlich vergrößert, stellt Hans-Peter Klös fest. Dass es dennoch Probleme gibt, die sich in der Bankenkrise und anderen öffentlich gewordenen Wirtschaftsskandalen zeigen, sieht er aber keinesfalls als generelles Systemversagen. »Wir haben eine Rahmenordnung, die ein solches Fehlverhalten auf Dauer nicht erfolgreich sein lässt. In der Sozialen Marktwirtschaft wird der Markt eingehegt durch einen Rahmen, der aus einer ethischen Fundierung herauskommt. Das ist das Entscheidende, worauf wir immer wieder Bezug nehmen müssen. Wirtschaft ist das Ineinandergreifen von Kollektivmoral und Individualmoral. Jeder Einzelne hat eine Mitverantwortung, die individuelle Moral gibt die Werte vor.«

Eine solche Haltung zu erlernen und auch ethisch zu reflektieren, müsse ein zentraler Aspekt ökonomischer Bildung sein. Dabei, so Hans-Peter Klös, komme diese insgesamt viel zu kurz. »Wir haben keinen Überschuss an ökonomischer Bildung in Deutschland. Dabei ist Wirtschaft etwas sehr Alltagsrelevantes. Wir müssen das Wissen darüber verstärken.« Zugleich fehle es in den Hochschulen vielfach an einer ökonomischen Bildung, die auch Werte diskutiere, »bis hin zur Dogmengeschichte«. Das IW engagiert sich daher mit der IW JUNIOR gGmbH für die ökonomische

205

Bildung der jüngeren Generation. Mit der IW Akademie sollen wirtschaftsethische Diskurse über berufsbegleitende Masterstudiengänge sowie Seminare für Führungskräfte stärker Eingang in Unternehmen und die Management-Praxis finden.

Was die Teilnehmerinnen und Teilnehmer hier unter anderem lernen: dass ethisches Wirtschaften sich langfristig auszahlt und dass es als nachhaltige Gewinnerzielung zum Wohl des ganzen Unternehmens wirkt. Hans-Peter Klös ist zudem sicher, dass »eine werteorientierte Fundierung einen vor einem Verhalten feit, sich gegenüber anderen aufzuspielen«. Denn grundsätzlich sieht er keinen Widerspruch zwischen einer wachstumsorientierten Unternehmensführung und einer christlichen Grundhaltung. »Es gibt den guten Gewinn, wenn er nach den Maßgaben des ehrbaren Kaufmannes erzielt wird.« Was konkret bedeutet, dass Unternehmen ihre Ziele so durchbuchstabieren, dass sie allen – Stakeholdern, Shareholdern, Kunden, Mitarbeitern – zugutekommen.

Wie sich wertebasiertes unternehmerisches Handeln auszahlt, ist eines der Ergebnisse, die das IW mit empirischen Mitteln belegen kann. Unternehmen, die fair agieren, so der Wissenschaftler, haben langfristig eine bessere Performance. Daran zeigt sich auch der Anspruch des Instituts, das gemeinhin als arbeitgebernah gilt: sich der normativen Bedingtheit und damit der eigenen Wertegrundsätze bewusst zu sein, und zugleich mit empirischer Wirtschaftsforschung Annahmen über das wirtschaftliche und gesellschaftliche Geschehen in Deutschland zu überprüfen.

Das führt dann zum Beispiel dazu, dass das IW in einer Stellungnahme sehr kritisch auf die letzte EKD-Denkschrift zur gewachsenen sozialen Ungleichheit in Deutschland reagierte. »Mit unseren Daten lässt sich das so nicht belegen«, sagt Hans-Peter Klös. »Wir stellen fest: Die Normalarbeitsverhältnisse haben nicht abgenommen. Zwar sind Vermögen ungleich verteilt, aber die Einkommensschere geht nicht weiter auf und atypische Beschäftigungsverhältnisse sind nicht per se prekär.«

Auch an den aktuellen Diskussionen um die Zukunft der Arbeit und die sogenannte Arbeit 4.0 ist Hans-Peter Klös mit dem IW aktiv beteiligt. Dabei betont er auch hier, dass medial gängige Thesen wie die von der Generation der »Jobhopper« oder der »Clickworker« sich empirisch bisher nicht belegen lassen. »Die Debatte über mobiles und zeitlich flexibles Arbeiten ist wichtig, wir brauchen eine realistische Debatte über gute Arbeit. Was wir aber wissen und belegen können: In Deutschland ist die Arbeitszufriedenheit im internationalen Vergleich hoch. Gute Chefs schaffen gute Arbeit, das heißt: Gute Führung ist ein Prädiktor für Arbeitszufriedenheit und Produktivität.«

In der Debatte über die Zukunft der Arbeit sei zudem stets die sozialethische Frage zentral: Ist jede Arbeit besser als keine Arbeit? Vor allem die Vermeidung von Arbeitslosigkeit sei in diesem Sinn eine ethische Herausforderung und Verantwortung. Denn Hans-Peter Klös ist davon überzeugt, dass Arbeit dem Leben Struktur gibt und hohe Arbeitslosigkeit den Sozialkitt der Gesellschaft zerstört. »*Work organizes daily life*«, zitiert er den Wirtschaftsnobelpreisträger Edmund Phelps. »Zu meinem Wertefundament gehört Arbeit – und mit der Arbeit habe ich eine Orientierung und eine Sinnstiftung gleichermaßen.«

DR. HANS-PETER KLÖS (Jg. 1959) ist seit 2001 Geschäftsführer und Leiter des Wissenschaftsbereichs des Instituts der deutschen Wirtschaft Köln. Er studierte Volkswirtschaftslehre und promovierte an der Universität Marburg. Seit 1988 arbeitet er im Institut der deutschen Wirtschaft. Er ist Mitglied zahlreicher Beiräte und Expertenkommissionen zur Zukunft der Arbeit.

Eine Bank muss sich Moral leisten

DR. EKKEHARD THIESLER

Über den Drang des Menschen nach Geld haben sich von Platon und Aristoteles über Franz von Assisi und Luther bis zu Kant, Schopenhauer und Sloterdijk immer schon die hellsten Köpfe Gedanken gemacht. Ist dieser Drang moralisch vertretbar? Wie ist er zu rechtfertigen? Zu einem allgemeingültigen Nenner hat bisher niemand gefunden. Sophokles sieht im Geld die Verkörperung des Bösen: »Der ärgste Fluch des Menschen ist das Geld«, schrieb er in seiner Antigone.

Zweifellos spielt die Frage nach Schuld und Moral im Umgang mit Geld eine Rolle – gerade im Bankensektor. Die Finanzkrise hat deutlich gemacht, wie gefährlich der Mangel an Werten und ethischer Verantwortung für unser gesamtes Wirtschafts- und Gesellschaftssystem werden kann. Besonders das Auseinanderklaffen von Risiko und Haftung ist bedrohlich. Es hätte wohl in den vergangenen Jahren alles nicht zu solch desaströsen Auswirkungen geführt, wenn nicht eine grenzenlose Gier nach immer höherer Verzinsung nach der Maxime »möglichst schnell – möglichst viel« bei vielen eine vernünftige Risikoabwägung verdrängt hätte.

209

Die Grundlage unseres Handelns als Kirchenbank ist weniger die Philosophie eines Platon oder Schopenhauer, sondern sind vielmehr unsere christlichen Wurzeln. Wir Christen handeln nicht nur um unserer selbst willen, sondern wir wollen und sollen auch das Wohl unseres Nächsten im Blick haben. Zweifellos ist nicht gleich jeder Christ ein kompetenter oder gar tugendreiner Finanzexperte. Doch wer die Bibel liest, lernt viel über das Geld. Denn Bibel und Ökonomie sind enger miteinander verwoben, als viele annehmen. Viele Beispiele im Neuen Testament spielen auf das Thema Geld an: das Gleichnis vom klugen Verwalter (Lukas 16, 1-9), von den Arbeitern im Weinberg (Matthäus 20,1-16) von den zwei Schuldnern (Lukas 7,41-43), von der falschen Selbstsicherheit des reichen Mannes (Lukas 12,16-21) oder natürlich vom barmherzigen Samariter (Lukas 10,25-37).

»Wer die Bibel liest,
lernt viel über das Geld.«

Eine besondere Bedeutung in der theologischen Ethik kommt der Bergpredigt zu. Dort heißt es (Matthäus 6,24): »Ihr könnt nicht Gott dienen und dem Mammon.« Ich habe mich oft gefragt, ob ich diesen Satz anders lese, seit ich Vorstand einer Bank bin. Habe ich ihn als Jugendlicher oder als Student auch als so radikal empfunden? Auch damals brauchte ich Geld zum Leben. Geld, um das Studium zu finanzieren.

Und jetzt stehe ich beruflich vor diesem Satz. Sind Banker *»Bankster«*, wie Der Spiegel es einmal in Anspielung auf das Wort »Gangster« pauschal formuliert hat? Und ist jeder Bürger und jeder Christ dann ein kleiner Gangster, wenn er sein Geld einer Bank gibt und Zinsen dafür verlangt?

Dass man sich in Finanzgeschäften nicht nur heillos verlieren, sondern auch strafbar machen kann, haben wir alle während der Finanz- und Bankenkrise – und auch ganz aktuell – gesehen. Notwendigerweise hat die Botschafterin für das Reformationsjubiläum 2017, Margot Käßmann, Managern und Bankern die Leviten gelesen, indem sie an den Reformator aus Wittenberg erinnerte. »Luther hat gesagt, woran du dein Herz hängst, das ist dein Gott. Wenn ich die Finanzwelt sehe, habe ich schon den Eindruck, da hängt das Herz nicht am Gemeinwesen, sondern an der Gier.«

Nun ist eine Kirchenbank keine Bank wie jede andere – auch wenn sie am Ende eine Bank bleibt, die nach den Regeln und Vorschriften eines Finanzinstituts zu rechnen und abzurechnen hat. Gier jedoch war und wird nie unser Motiv sein. Als Kirchenbank sind und fühlen wir uns sehr stark ethischem Handeln verpflichtet. Das dem Gemeinwohl verpflichtete Ethos ist uns genauso wichtig wie unternehmerisches Handeln. Gewinne zu erzielen, ist für uns kein Selbstzweck, sondern dient allein dazu, Unternehmen und Arbeitsplätze zu erhalten und soziale Aufgaben wahrzunehmen. Es bleibt stets unser Ziel, die Förderung von Kirche und Diakonie immer im Blick zu haben und stark genug zu sein, die gewünschten Finanzierungen auch darstellen zu können.

Doch existiert so etwas wie ein »christliches Banking«? Die Frage ist schwierig zu beantworten. Für mich hat die Antwort vor allem mit der Rolle des Bankers als Christ zu tun – und mit seiner Praxis: Für uns als Kirchenbank gibt es keine Geschäftsbereiche, die losgelöst vom Evangelium betrieben werden können.

Wir diskutieren immer wieder in Sitzungen und auch im Aufsichtsrat die Frage, was christliche Verbundenheit und Verpflichtung konkret im Umgang mit dem der Kirche anvertrauten Geld bedeuten. »Ethisches Investment«, »Nachhaltigkeit«, »Trans-

211

parenz« – diese Werte gehören zu unserem Leitbild. Schon die Gründer der Bank, aber auch wir, haben es immer für falsch gehalten, wenn Fonds oder Vermögensverwaltungen, mit denen etwa Rücklagen für kirchliche Gebäude gesichert werden, Rüstungsgeschäfte oder Glücksspiel ermöglichen – oder die Umwelt und die Gesundheit von Menschen schädigen. Es ist überfällig, dass Investoren weltweit endlich den Zusammenhang zwischen der Zukunft der Menschheit und der Gesundheit unseres Ökosystems anerkennen, ihre Kräfte bündeln und Maßnahmen ergreifen.

Für uns steht deswegen fest: Geldanlagen ohne ethisch-nachhaltige Qualität reichen nicht aus. Mit dieser Überzeugung stehen wir auf dem Boden der Bibel und der Kirchenväter. »Was nicht im Dienst steht, steht im Raub!«, hat Martin Luther gesagt. Und genau wie Luther den Ablasshandel ablehnte, investieren wir nicht in Geldanlagen, die ethisch gesehen »Giftpapiere« darstellen. Wenn wir Geschäfte am Kapitalmarkt machen und die Gelder unserer Kunden anlegen, so müssen sie einen zertifizierten Nachhaltigkeitsfilter durchlaufen. Das ist für uns verantwortungsvoller Umgang mit Geld. Dieser Filter beleuchtet ökologische und soziale Aspekte und berücksichtigt gleichzeitig ökonomische Anforderungen. So stehen eben auch Unternehmen auf unserer Tabuliste, die mit Pornografie handeln, die Atomstrom erzeugen oder Kinderarbeit zulassen.

Mit diesen Grundsätzen ist die Bank für Kirche und Diakonie auch im 90. Jahr ihres Bestehens abermals kräftig gewachsen. Wir zählen heute zu den größten Primärbanken im genossenschaftlichen Kreditsektor. Insofern steht für mich fest: Eine Bank kann sich nicht, sondern sie muss sich eine Moral leisten. Moralisch zu handeln, zahlt sich für ein Unternehmen langfristig aus. Moral ist ökonomisch vernünftig. Hierhin muss vor allem die Finanzbranche zurückfinden.

Zwischenmenschliche Beziehungen mit unseren Kunden sind für mich genauso wichtig wie finanzielle Beziehungen. Im Matthäusevangelium 5,37 steht: »Eure Rede sei: Ja, ja; nein, nein. Was darüber ist, das ist vom Übel.« Diese Worte bedeuten für mich zweierlei: einerseits Glaubwürdigkeit – das, was wir denken, sollten wir auch sagen. Und das, was wir sagen, sollten wir auch tun. Und das, was wir tun, sollten wir auch sein. Eines meiner großen Vorbilder, der Bankmanager Alfred Herrhausen, den ich wegen seiner Weitsicht und Weltsicht immer sehr bewundert habe, hat das einmal sehr viel treffender zum Ausdruck gebracht: »Sagen, was ist. Tun, was man sagt. Und sein, was man tut.«

Andererseits verbinde ich mit dem Bibelwort aus Matthäus 5,37 auch immer ein »Schwarz-Weiß-Malen«: Denn einige Übersetzungen deuten die Worte folgendermaßen: »Ein Ja sei ein Ja, ein Nein sei ein Nein.« Nun ist die Wirklichkeit immer in Grautönen gemalt – das soll heißen: Als Banker muss ich manchmal Kompromisse eingehen. So gibt es Unternehmen, die zum Beispiel Computer-Hard- und Software herstellen, die sowohl zu zivilen Zwecken als auch zu militärischen Zwecken genutzt werden können, sogenannte Dual-Use-Güter. Konsequenterweise müsste das Unternehmen eigentlich komplett ausgeschlossen werden – gemäß dem vorhin zitierten Bibelwort. Doch so schwarz-weiß ist leider auch unsere ethische Kirchenbankenwelt nicht.

Manchmal werde ich auch mit dem Vorwurf konfrontiert, unchristlich zu handeln, wenn wir beispielsweise eine Finanzierung kündigen müssen. In der Regel ist in solchen Fällen ein jahrelanger Verhandlungs- und Diskussionsprozess vorangegangen. Allerdings, wenn wir sehen, dass ein Altenheim über einen sehr langen Zeitraum unwirtschaftlich arbeitet, wichtige Investitionen in die Instandhaltung von Gebäuden unterbleiben und die Geschäftsführung keine sinnvollen Maßnahmen zur Besserung einleitet, muss man ehrlich miteinander umgehen und sich trennen. Hier geht es auch um den Schutz der Mittel unserer kirchlichen Anleger. Wenn wir – nur äußerst selten – diesen sehr schwierigen Weg beschreiten, ist meist kein anderes Kreditinstitut mehr bereit, diesem Träger weiterhin mit Darlehen zur Seite zu stehen. In letzter Konsequenz führt diese Maßnahme zur Schließung eines Hauses – und die Heimbewohner müssen ausziehen. Das sind dann auch schwere Stunden für uns als Kirchenbanker.

Christlich zu wirtschaften bedeutet damit natürlich auch, Verantwortung zu übernehmen für unangenehme Entscheidungen – und für das große Ganze. Bei großen Investitionen, bei weitreichenden Entscheidungen hilft es, seinen Glauben zu haben und einen Segen für die getroffenen Entscheidungen zu erbitten. Mir persönlich hilft mein Glaube, nicht zu verzagen und nicht aufzugeben – trotz großem Gegenwind. Die evangelische Meinungsvielfalt ist eine große Stärke. Manchmal ist es aber auch nicht leicht, damit umzugehen. Und manchmal verzögert sie auch Entscheidungsverfahren. Dennoch: Das Subsidiaritätsprinzip, das ihr entspricht, ist besser als ein von oben nach unten strikt delegierter Prozess. Davon bin ich überzeugt.

Ein anderes Vorbild – gerade auch in seinen Überzeugungen – ist für mich Martin Niemöller, ein Mitgründer unserer Bank. 30 Jahre nach seinem Tod fing ich bei der Bank für Kirche und Diakonie an. Niemöller war ein Mann voller Tatendrang und hatte natürlich seinen eigenen – für seine Mitmenschen nicht immer bequemen – Kopf. So konnte er es nicht mehr ertragen, dass sich beispielsweise die Kinder seiner Zeit auf den Straßen herumtrieben und keine Kindertagesstätte hatten. Um ihnen zu helfen, gaben ihm weder Sparkasse noch Landesbank ein Darlehen, wie er später erzählte. »Dann gründe ich eben meine eigene Bank!«, soll er daraufhin gesagt haben. Mit Fritz von Bodelschwingh und

weiteren Verantwortlichen in der Evangelischen Kirche von Westfalen legte er den Grundstein für unseren heutigen Erfolg.

Wohl den wichtigsten Einfluss auf mich und meine spätere
berufliche Entwicklung hatte aber meine Mutter. Sie war mir immer Vorbild. Nüchtern-norddeutsch machte sie nie viele Worte
um etwas, sondern verstand es, als Leiterin eines evangelischen
Altenheimes ihre Mitarbeitenden zu führen und zu motivieren
und den Heimbewohnern ein sicheres und attraktives Zuhause zu
geben. Meine Mutter war – ausgestattet mit Empathie und gesun-
dem Menschenverstand – stets klar in ihrem Handeln, zumindest
uns Kindern gegenüber nie zweifelnd in ihrem Glauben.

Doch obwohl ich in einem sehr christlichen Elternhaus aufgewachsen bin, muss ich doch zum Schluss gestehen: Meinen
Konfirmationsspruch weiß ich wirklich nicht mehr! Dafür ist mir
aber Psalm 23 – so abgedroschen er vielleicht vielen Theologinnen
und Theologen erscheinen mag – zur emotionalen Heimat geworden. Auch in schwierigen Situationen denke ich an ihn. Unser
Sohn hat ihn für seine Konfirmation ausgewählt. Bestimmt war
ich an seiner Entscheidung nicht ganz unbeteiligt. Wenn es jeden-
falls nach unserer sehr geschätzten Pfarrerin gegangen wäre,
hätte er sicher einen individuelleren gewählt. Aber ich hoffe, mit
Psalm 23 wird es auch ihm in Zukunft an nichts mangeln.

DR. EKKEHARD THIESLER (Jg. 1965) ist seit 2005 Vorstandsvorsitzender
der Bank für Kirche und Diakonie eG – KD-Bank. Er ist gelernter Bankkaufmann und promovierter Betriebswirt. Seine berufliche Laufbahn begann er
als Trainee bei der damaligen DG-Bank (heute DZ-Bank) in Frankfurt und
London. In der KD-Bank hat er sich insbesondere für die Einführung eines
Nachhaltigkeitsfilters für die Eigenanlagen der Bank eingesetzt. Er ist Lehr-
beauftragter an der kirchlichen Hochschule Wuppertal-Bethel und wirkt in
verschiedenen Kuratorien mit.

Ihr aber, liebe Brüder,
seid zur Freiheit berufen
GALATER 5,13

Ich finde es gut, wenn der gefühlte Glaube durch den Kopf geht

BERNHARD FISCHER-APPELT

**Herr Fischer-Appelt, vor einigen Jahren haben Sie ein Buch ge-
schrieben mit dem Titel »Die Moses-Methode«. Was hat Moses
mit Management zu tun?** An der Moses-Geschichte hat mich
damals fasziniert, eine andere Auslegung über den Auszug aus
Ägypten zu versuchen als die übliche, die wir von der Kanzel hören. In dieser Geschichte gibt es viele stilprägende Elemente, die
ich unter einem anderen Aspekt betrachten wollte. Damals haben
sich Manager gerne über Gipfelsturm oder Bergsteigen positioniert, ich habe mir angeguckt, wie man durch die Wüste kommt.

Wie aktuell ist das Buch noch? Was gar nicht mehr aktuell ist,
das sind die Beispiele in diesem Buch. Manche haben nach wie
vor ein hervorragendes Image, aber keiner sitzt mehr am Steuer.
Das zeigt auch, wie vergänglich Führung im Management ist.
Ganz anders als bei politischen Führungspersönlichkeiten, die
vielleicht in Geschichtsbücher eingehen. Bei großen Unterneh-

217

mensgründern mag das anders sein. Aber Manager haben wenig geschichtliche Bedeutung.

Wie kommt man durch die Wüste? Kurz gesagt: Um durch die Wüste zu kommen und eine Zeit der Entbehrung zu überwinden, muss man eine Menge Vertrauen auf sich und die Sache erzeugen. Man muss viel Identität stiften, damit Menschen mitgehen. Das gemeinsame Feiern von Erfolg ist weniger schwierig.

»Wenn man seinen Glauben ernst nimmt, hat man vor nicht viel anderem Angst, als dass einem der Himmel auf den Kopf fällt.«

Wie stiften Sie in Ihrem Unternehmen eine gemeinsame Identität? Das Agenturgeschäft ist ein sehr schnelllebiges Geschäft, da ändern sich die Themen recht zügig. Gerade Kommunikation ist durch neue Plattformen und wachsende Mobilität von einem rasanten Wandel betroffen. Man muss die Leute bei konstanten Veränderungen mitnehmen. Denn nicht alle Menschen finden stete Veränderungen per se super.

Warum finden Sie Veränderungen gut? Ich mache meinen Job hier seit 30 Jahren und ich mache meine Sache sehr kontinuierlich, weil sie sich ständig verändert. Mich reizt das Kontinuierliche, genauso wie es mich reizt, als Unternehmer immer eine neue Herausforderung zu finden. Ich schaue nicht gern zurück und verabscheue die Perspektive, dass früher alles besser gewesen sei.

Welche Rolle spielt für Sie die christliche Tradition, für die man ja sehr weit nach hinten schauen kann? Der Glaube ist für mich eine wichtige Freiheitsgrundlage. Etwas, was Identität stiftet, Zuversicht schenkt und angstfrei macht. Wenn man seinen Glauben ernst nimmt, hat man vor nicht viel anderem Angst, als dass einem der Himmel auf den Kopf fällt, wie es bei Asterix so schön heißt.

Spürt man im Unternehmen, dass Sie mit diesem Vertrauen ausgestattet sind? Man spürt, dass wir eine bestimmte Haltung haben, und man spürt, dass wir zuversichtlich nach vorne gucken. Dass wir unsere Mitarbeiter ernst nehmen und ihnen auf Augenhöhe begegnen. Dass Hierarchie eine Frage von Strukturen und nicht von Wertigkeit ist. Diese Dinge kann man hier sicherlich spüren, insofern gibt es eine Wechselseitigkeit zwischen dem Fundament, auf dem ich persönlich stehe, und dem, wie ich als Unternehmer handle. Ich würde mich immer schwer damit tun, zu behaupten, dass es eine Form von christlichem Management oder Unternehmertum gibt, die religiös geprägt ist, weil dies in der Regel unterstellt, dass man versucht, der bessere Unternehmer zu sein. Ob man der bessere Unternehmer ist, misst sich an den Ergebnissen und nicht am Glauben.

Eine gewisse Werteorientierung ist aber doch Voraussetzung für Erfolg. Es ist schon wichtig, dass andere Menschen wissen, wo man selbst steht. Gerade einen Wertekosmos zu haben, ist natürlich wichtig. Ich spreche in dem Zusammenhang lieber von Haltung. Früher hat man zuerst über Ethik gesprochen, dann über Werte. Alle Unternehmen haben Werte und erstaunlicherweise sind diese Werte oft identisch. Alle behaupten von sich, sie seien besonders vertrauenswürdig, transparent usw. Das steht überall drauf, ist aber nicht überall drin. Ich tue mich schwer damit, so etwas zu postulieren. Es kommt darauf an, was man lebt, und weniger darauf, was man postuliert.

Welche Haltung unterscheidet Sie? Dass man mit beiden Beinen auf dem Boden steht und seinen Wertekosmos auch nicht verlässt. Dass man auch in Konflikten dazu steht. Eine gewisse Orientierung ist schon hilfreich im Leben.

Ihre Aufgabe als Agentur ist es, die Botschaften und auch Werte von Unternehmen zu kommunizieren. Wie gelingt Ihnen das, wenn sich hier alle sehr ähnlich positionieren? In der Kommunikation zählen der Unterschied und die Überraschung. Es ist wichtig, die Aufmerksamkeit zu gewinnen und den Moment wertzuschätzen, den die Menschen einem schenken. Sie nicht zu belästigen oder mit Kundenwerbung zu behelligen, sondern zu unterhalten oder Nutzen zu stiften. Es ist wichtig zu wissen, dass ein Unternehmen eine solide Haltung hat und ein Fundament, auf dem es steht. In der Kommunikation ist wichtiger, dass wir das bemühen, was Konflikte erzeugt, was Unterschiede aufzeigt, was eine Neuheit ist, Emotionen weckt.

Wo verlaufen die Grenzen? Da, wo Kommunikation zum Selbstzweck wird. Das ist die große Falle der Kommunikation. Öffentliche Aufmerksamkeit ist eine große Verlockung. Wenn man dieser Verlockung erliegt, kann man daran auch kaputtgehen.

Gibt es für Sie ethische Grenzen? Ständig gibt es ethische Grenzen. Aber wohl weniger dort, wo man das erwartet. Es gibt für mich nicht viel, was erkennbar und objektiv ethisch schlecht ist. Selbst bei Waffen oder Kernkraft. Wir haben früher auch für Elektrizitätswerke gearbeitet, die einen Anteil Kernkraft hatten. Werbung für den neuen Standort eines Kernkraftwerks habe ich nie gemacht, würde ich auch nie machen. Aber arbeitet man deshalb nicht für ein Energieunternehmen? Da würde ich die Grenze nicht so eng ziehen. Wenn man nicht für Waffen werben will, kann man dann auch nicht für Airbus arbeiten? Das ist eine Grenze, die ich nicht ziehen mag. Gleichwohl gibt es für mich klare ethische Grenzen, und zwar dort, wo jemand nicht zu seiner Haltung steht. Wenn Loyalität, Ehrlichkeit und Aufrichtigkeit fehlen, dann kriege ich eher ein ethisches Problem als mit dem Weltfrieden, der Umwelt oder dem Tierschutz.

Als Kommunikationsberater ist es nicht mein Job, über die Sache des Kunden moralisch zu richten, wenngleich es für mich Grenzen gibt. Wir haben häufig mit Krisenmandaten zu tun, die gerade dadurch zustande kommen, dass jemand einen Fehler gemacht hat. Wer das Problem vertuschen will, ist bei mir komplett an der falschen Adresse. Wer sich das Thema auf die Hörner nimmt und eine Lösung braucht, die ihn aus der Krise bringt, der ist bei mir an der richtigen Adresse. Sich da nicht zum moralischen Richter zu machen, ist enorm wichtig, gerade weil die mediale Öffentlichkeit sehr schnell moralisch richtet.

Warum ist es wichtig, dass Unternehmer mit Kirchen in den Dialog gehen? Kirche ist eine ganz andere Welt und repräsentiert auch eine ganz andere Facette der Gesellschaft. Es ist wichtig, das zu verstehen. Die Verknüpfung zwischen Kirche und Wirtschaft ist wichtig, um sich klar zu sein, dass unsere Gesellschaft unterschiedliche Facetten hat und dass die religiöse Ebene stilprägend ist für unsere ganze Kultur. Die Kirche hat eine wichtige Rolle, weil sie in der Gesellschaft aktiv ist, um Dinge zusammenzubringen, die sonst auseinanderfallen, und um eine Stimme zu erheben, die man als Unternehmen vielleicht gar nicht erheben kann. Denn in der Unternehmenswelt geht es um andere Dinge, um Kapital, Innovation, um Zyklen. Die Hauptkompetenz, die aus der Wirtschaft kommt, ist das Machen, das Umsetzen, die Effizienz. Davon kann gelegentlich auch die Kirche ganz gut profitieren, weil das naturgemäß nicht unbedingt eine ihrer Kernkompetenzen ist.

Wie aktiv sind Sie in der Kirche? Ich bin seit Jahren aktiv in meiner Gemeinde. Ich war eine Zeitlang im Kirchgemeinderat und bin jetzt im Förderverein der Gemeinde. Ich finde es spannend, sich in der Kirche zu engagieren, weil es hier so ein breites Spektrum gibt, einen Querschnitt durch die Gesellschaft, den man so sonst nicht findet. Eines der interessantesten Erlebnisse in der Kirche war für mich die Mitwirkung in der Perspektivkommission von Bischof Huber, weil es um einen Perspektivwechsel in der evangelischen Kirche ging. Das Reformpapier mit »Kirche der Freiheit« zu überschreiben, war ein großes Motiv und ein großer Unterschied. Wenn ich zurückblicke, war das eine gute Sache. Das war ein Stück Bekenntnis und Haltung, aber auch ein Stück Handwerk, weil es darum ging, die Strukturen der Kirche zukunftsfähig zu machen.

Woher kommt Ihr Bezug zur Kirche? I'm a son of a preacher man. Mein Vater ist auch Pastor. Mein Elternhaus hat mich stark geprägt. Meine Eltern vermittelten mir eine sehr aufgeklärte und sicher auch intellektuelle Sicht auf Glauben und Religion. Es gab natürlich auch Erlebnisse wie Kirchentage, denn man braucht auch Erfahrungen, die einen anfassen. Mich hat das Thema in unterschiedlicher Intensität immer interessiert. Es begleitet mein Leben und ist ein Grundbestandteil meines Lebens. Im Moment interessiere ich mich sehr für Kirchenmusik, das ist noch einmal eine schöne emotionale Ebene. Im Glauben spielt auch das Gefühl eine Rolle und nicht nur das Verstehen. Wobei mir die reformatorische Tradition gerade in dieser Kombination so lieb ist. Das ist ein sehr intellektueller Glaube und ich finde es gut, wenn der gefühlte Glaube auch durch den Kopf geht.

Wenn Sie sehen, dass die Kirchen in der Öffentlichkeit an Bedeutung verlieren, fordert Sie das als Kommunikator heraus? Ja, ich habe mich schon mehrfach mit kirchlicher Kommunikation beschäftigt. Zum Beispiel in einem Kreativbeirat für das Lutherjahr. Dort haben wir zum Beispiel empfohlen, das Lutherjahr 2017 nicht nur im Jahr selbst zu feiern, sondern frühzeitig in Themenjahre zu unterteilen. Auch andere Themen kirchlicher Kommunikation haben mich interessiert.

Was machen Sie damit? Ich versuche, ab und zu mal Rat zu geben.

Mehr nicht? Als Geschäftsfeld finde ich es nicht so attraktiv. Die Kirche tut sich schwer mit professioneller Kommunikation, weil sie sehr stark in Gremien organisiert ist und sehr viel selber macht in ihrer eigenen Institution. Die nötige Schärfe, die Kommunikation interessant macht, die fällt Kirche sehr schwer.

Tut Ihnen das als kirchlich verbundenem Menschen nicht ein wenig weh, dass Sie das, was Sie professionell können und empfehlen würden, hier nicht realisieren können? Na ja, ein aktuelles Thema in der Kommunikation ist der Trichter, der vom inhaltlichen Interesse zur Kaufentscheidung führt, was bei der Kirche die Entscheidung zur Mitgliedschaft wäre. Nicht mehr nur Image oder Marke stehen im Vordergrund, sondern die Kaufentscheidung. Wenn man sich unter dieser Prämisse die Kirche anguckt, muss man erkennen, dass das hier vollkommen unterentwickelt ist. Was fehlt, ist ein Mitgliederdialog, der sich auf die Momente und die Situationen bezieht, in denen es wirklich darum geht, die Mitglieder ein Leben lang zu begleiten, auch die Distanzierteren. Das macht man im Wesentlichen über die Gemeinden, Gottesdienste und regionalen Angebote, da ist die Kirche 223 sehr gut. Da würde sehr viel mehr gehen, aber das lässt sich in der Kirche nur mit einiger Verzögerung realisieren. Kirche ist da nicht so modern. Die katholische Kirche ist vielleicht sogar 100 Jahre hinterher. Wahrscheinlich ist das auch gut so. Wenn man mehr als 2000 Jahre alt ist, ist es ganz gut, wenn man seiner Zeit nicht voraus ist.

Was mich kommunikativ mit Religion beschäftigt, ist, dass aktuell konservative Religionen zunehmen, die dem Mitglied eine Mühe machen. Wo man sich immer wieder neu bewähren oder sein Verhalten dauernd optimieren muss. Das ist ja in der protestantischen Kirche total anders, da ist es egal, wie man sich verhält, weil Kirchenmitgliedschaft nicht das Ergebnis von Leistung oder von Taten ist. Es ist genau anders herum. Man ist Mitglied, weil man ein Bekenntnis darstellt, weil man berührt wurde. Man muss aufpassen, dass man Einfluss nimmt und nicht zulässt, dass die Freiheit flöten geht.

»Wenn man mehr als 2000 Jahre alt ist, ist es ganz gut, wenn man seiner Zeit nicht voraus ist.«

Was wären die besten Geschichten für ein kirchliches Marketing? Kirche muss sich aus einer christlichen Perspektive in die aktuellen Fragen einmischen. Das tut sie zum Beispiel durch die Positionierung in der Flüchtlingsfrage. Das ist sehr wichtig. Und es ist genauso wichtig, die Menschen in ihrem Lebensalltag zu berühren. Was die meisten Menschen im Alltag beschäftigt: Wie man an den Punkten, die einem persönlich wehtun, begleitet wird. Wir sollten zeigen, wie die Kirche da begleitet, aus welcher

Orientierung gebenden, nachsichtigen Haltung heraus – und

nicht belehrend, fordernd oder richtend. Die richtigen Geschichten wären solche, die Menschen öffnen und ihnen einen Zugang schaffen, die zeigen, dass man was zu bieten hat. Dass die Kirche ein Ort ist, um offen zu sein. Geschichten über Familie oder über Lebensalltag. Was die Menschen in der Mitte beschäftigt.

Gibt es ein Bibelwort, das Sie trägt? Galater 5,13: Ihr seid zur Freiheit berufen.

BERNHARD FISCHER-APPELT (Jg. 1965) ist Gründer und Vorstand der fischerAppelt AG, einer der größten Kommunikationsgruppen Deutschlands, die Agenturen in den Bereichen Public Relations, Werbung, Digital Marketing, Bewegtbild, Design, Live Marketing und strategische Kommunikation betreibt. Bernhard Fischer-Appelt studierte Volkswirtschaftslehre und Politische Wissenschaften an der Universität Hamburg sowie Industrial Relations und Personnel Management an der London School of Economics and Political Science. Er wurde mit zahlreichen Preisen in den Bereichen Werbung, Design und PR ausgezeichnet, unter anderem den Cannes Lions, den London International Awards und dem Deutschen PR Preis.

Es geht um einen Glauben, der sich über die Menschen vermittelt

PROF. DR. ANDREAS PINKWART

E r ist Rektor, akademischer Geschäftsführer und Lehrstuhl-inhaber für Innovationsmanagement der HHL – und evangelischer Christ. Er war FDP-Politiker, Innovations- und Wissenschaftsminister. Professor Dr. Andreas Pink-wart sagt von sich: »Ich bin heute Wissenschaftler, Wissenschafts-manager und Wissenschaftsförderer. Was ich anstrebe, das ist eine exzellente Qualität in Forschung und Lehre aus einer Hal-tung der Unabhängigkeit und der Verantwortung heraus.« Eine Haltung, die viel mit seiner liberalen Grundeinstellung zu tun hat und ebenso viel mit seinem Verständnis von Wirtschaft.

Als evangelischer Christ hatte sich Andreas Pinkwart schon in seiner Zeit als aktiver Politiker öffentlich zu seinem Glauben bekannt. »Auch wenn ich in der evangelischen Kirche nie Ämter innehatte, so sehe ich mich doch in der Verantwortung, mich so zu verhalten, wie es meinem Glauben entspricht. Vor mir selbst muss ich das sowieso einlösen. Aber als Person des öffentlichen

Lebens stehe ich auch in einer öffentlichen Verantwortung. Die Bürger haben ein Recht darauf zu wissen, wofür man steht. Dazu gehört auch der persönliche Glaube.« Sein persönliches und berufliches Wirken an christlichen und liberalen Werten auszurichten, entspricht seinem Grundverständnis und Menschenbild. Dabei zählt Andreas Pinkwart sich zu jenen Menschen, die wenig davon halten, Freizeit und Arbeitszeit voneinander zu unterscheiden. »Das hat nichts damit zu tun, dass ich zu denen gehöre, die gerne viel arbeiten und dies auch von anderen erwarten. Vielmehr geht es um Lebenszeit, mit der alle Menschen verantwortungsvoll umgehen müssen. Das gilt erst recht für jene, die über Arbeitszeit und Arbeitsinhalte anderer Menschen mitbestimmen.«

Für Andreas Pinkwart haben Autonomie und Motivation sowie faire Bedingungen für das arbeitsteilige Zusammenleben der Menschen daher oberste Priorität. Im Rahmen seiner zeitlichen Möglichkeiten bringt er sich auch ohne Kirchenamt in evangelische Projekte ein. So gehört er zu den Autoren der neunten Auflage des Evangelischen Soziallexikons, in dem er die Themen Betrieb, Gründungen und Gewinn aus wirtschaftswissenschaftlicher Sicht behandelt. Auch wenn es darum geht, Mittel für kirchlich-soziale Projekte zu mobilisieren, hilft er mit. Der Wissenschaftler ist davon überzeugt, dass es wichtig ist, öffentlich klar und unmissverständlich gegen Intoleranz und Ausländerfeindlichkeit in unserem Land Stellung zu beziehen. »Darin sehe ich eine der zentralen Aufgaben der Christen in unserem Land und ich bin dankbar, in Leipzig auf mutige evangelische Pfarrer und Gemeindeglieder zu treffen, die sich den radikalen Kräften mit Herz und Verstand entgegenstellen und den Geist der friedlichen Freiheitsrevolution in der Stadt wachhalten.«

Dass die HHL Leipzig Graduate School of Management einen starken Schwerpunkt im Bereich der Wirtschaftsethik hat, das habe allerdings weniger mit ihrer christlichen Prägung zu tun als mit ihrer bisherigen Entwicklung und Schwerpunktbildung. Seit 2012 trägt die traditionsreiche Handelshochschule Leipzig den Namen HHL Leipzig Graduate School of Management. Vor 20 Jahren wurde der Studienbetrieb der ältesten deutschen Wirtschaftshochschule wieder aufgenommen, in dem aktuell etwa 650 Studierende in Management-Vollzeit- oder Teilzeit-Studiengängen (M. Sc. oder MBA) sowie im Doktorandenprogramm ausgebildet werden.

»Die Bürger haben ein Recht darauf zu wissen, wofür man steht. Dazu gehört auch der persönliche Glaube.«

An dem Lehrstuhl für Wirtschafts- und Unternehmensethik, der durch die Dr. Werner Jackstädt-Stiftung gefördert wird, sind ethische Fragen Querschnittsthemen. Die Wirtschaftsethik gehört zum Grundkanon der Ausbildung und ist in alle Studiengänge integriert. So kommen die Studierenden unter den verschiedenen Perspektiven der Betriebswirtschaftslehre mit der Frage in Berührung, wie es Menschen besser gelingt, sich bei ihrem wirtschaftlichen Tun moralisch zu verhalten.

Die HHL ist als Graduate School international orientiert. »Unsere Studierendenschaft ist von großer sozialer und internationaler Diversität geprägt«, sagt Andreas Pinkwart. »Die HHL sollen alle besuchen können, die sich aufgrund ihrer Motivation, ihrer fachlichen Qualifikation und ihrer Leistungsorientierung bewähren – und nicht diejenigen, die sich nur ein Studium an einer privaten Business School leisten können. Wenn Sie Exzellenz ausbilden wollen, dann geht das nicht über den Geldbeutel 229 der Eltern, sondern nur über das Können und den Leistungs-willen der Studierenden.« Die HHL bietet deshalb für das vier-semestrige Studium, das zwischen 25.000 und 45.000 Euro kos-tet, verschiedene Finanzierungsmöglichkeiten an. Über die Spar-kasse Leipzig kann jeder Student und jede Studentin einen nach-gelagerten Studienkredit erhalten, der erst dann zurückgezahlt werden muss, wenn das spätere Gehalt es hergibt. Und das sei ziemlich wahrscheinlich. Nach Auskunft des Rektors gehören die Absolventinnen und Absolventen der HHL zu denen, die drei Jahre nach ihrem Abschluss europaweit die zweithöchsten Ge-hälter erzielen.

Exzellenz in dieser Weise zu fördern und zugleich dafür zu sorgen, dass Absolventen ihrer Hochschule langfristig als Alumni und Förderer verbunden bleiben, das macht die HHL aus seiner Sicht stark. »HHLer stehen mitten im Leben und sind zur Über-nahme von Verantwortung bereit. Das ist Teil unserer Kultur, das leben wir und das verbindet man mit uns. Uns geht es um jeden Einzelnen in seiner Besonderheit.«

Ein Anspruch, den auch die Professoren in der Lehre ein-lösen müssen. »Wer Exzellenz herausbilden will, muss auch selbst exzellent unterrichten«, laute die Devise an der HHL. »Ob es hier-für besonderer Anreize auch für die Lehrenden bedarf, wurde bei uns offen diskutiert. Wir haben uns dabei bewusst gegen Erfolgs-prämien ausgesprochen. Eine Hochschule hat ja kein rein ökono-misches Zielsystem. Wenn Sie zum Beispiel Prämien zahlen für die Betreuung besonders vieler Master-Arbeiten oder Prüfungen, dann sagt das noch nichts über die Qualität der Arbeiten und ihre Betreuung sowie den Raum für das fachliche Gespräch und die kritische Reflexion.«

Dass Vertrauen und ethisches Handeln ökonomisch Sinn machen, lasse sich zum Beispiel spieltheoretisch belegen. Wer kooperiert, kommt zu besseren Ergebnissen, auch wenn das Vertrauen in einen Geschäftspartner natürlich auch einmal enttäuscht werden kann. Und doch sei es eine wichtige Erkenntnis, dass sich in einer derart komplexen Welt nicht alles vertraglich regeln lasse. »Sie müssen Vertrauen bilden und rechtfertigen. Hierzu brauchen wir Investitionen in Regeln, Verträge, und in Vertrauen.«

»Wir beschäftigen uns zu wenig mit Fragen und zu viel mit Antworten.«

Damit eine Diskussionskultur lebendig werden kann, in der Erkenntnisse wie diese erfahrbar gemacht werden, seien die Hochschullehrer besonders gefordert. »Wir beschäftigen uns zu wenig mit Fragen und zu viel mit Antworten«, sagt Andreas Pinkwart im Blick auf die gesamte Hochschullandschaft und die Verantwortung der Lehre. »Junge Menschen können sich heute auf vielen Wegen und Kanälen Wissen aneignen. Dafür bedarf es der traditionellen Vorlesung nicht mehr. Was wir stattdessen brauchen, ist Begeisterung für das Fach, seine aktuellen Themen und deren Weiterentwicklung. Diese Begeisterung zu wecken, die unterschiedlichen Begabungen und Talente zu veredeln, das ist die anspruchsvollste und zugleich wichtigste Aufgabe der Lehrenden – in Schulen und Hochschulen.«

Begeisterung für sein Tun muss man bei Andreas Pinkwart nicht lange suchen. »Wenn ich etwas mache, dann neige ich dazu, mich voll und ganz darauf zu konzentrieren«, sagt er über seine berufliche Biografie. »Nebenbei« ist nicht sein Ding. Als der FDP-Politiker 2002 in den Deutschen Bundestag einzog, stellvertretender Bundesvorsitzender seiner Partei wurde und dann in NRW

2005 Wissenschafts- und Innovationsminister wurde, ließ er seine Professur an der Universität Siegen ruhen und widmete sich ganz dem politischen Geschäft. Für ihn ist es im Rückblick ein wichtiger Aspekt, dass er, der 20 Jahre lang ehrenamtlich Politik gemacht hatte, dies nie ernsthaft als berufliche Perspektive in Erwägung gezogen hatte. »Mit dieser Unabhängigkeit habe ich meine Aufgaben in Berlin und in Düsseldorf viel wirksamer ausfüllen können. Im politischen Geschäft spürt man schnell, ob jemand von seinem Amt abhängig ist oder nicht. Nur die innere Unabhängigkeit macht Sie politisch stark und glaubwürdig.« Mit dieser Haltung konnte er dem politischen Geschäft viel Begeisterndes abgewinnen. Dass nach den Wahlen 2010 vorerst Schluss war, hat ihn daher – zumindest in Bezug auf seine berufliche Karriere – nicht betrübt. »Die politische Arbeit hat mir viel Spaß gemacht. Das war eine tolle menschliche Erfahrung und ich schließe absolut nicht aus, dass ich das noch einmal tun würde. Demokratie macht es möglich, unterschiedliche Interessen friedlich und fair zu verhandeln und zu einem Ausgleich zu führen. Wer demokratisch gewählt ist, ist dabei nicht nur seinen Wählern sondern allen Menschen und dem Land gegenüber verantwortlich.«

»Im politischen Geschäft spürt man schnell, ob jemand von seinem Amt abhängig ist oder nicht. Nur die innere Unabhängigkeit macht Sie politisch stark und glaubwürdig.«

Kultur und Strukturen der Hochschulen waren dem Wissenschaftler Andreas Pinkwart auch in seiner politisch aktiven Zeit zentrales Anliegen. Als Wissenschafts- und Innovationsminister hat er in NRW das Hochschulfreiheitsgesetz auf den Weg gebracht, das den Hochschulen eine größere finanzielle Eigenständigkeit und mit der Verantwortung für eigene Budgets auch mehr inhaltliche Gestaltungsspielräume ermöglichen sollte. Die damals vielfach befürchtete größere Abhängigkeit von der Wirtschaft sei nicht eingetreten, sagt Andreas Pinkwart. »Durch die Hochschulräte und die Öffnung gegenüber den Alumni und Stakeholdern werden die Hochschulen stärker mit der Gesellschaft vernetzt. Wir leben nicht mehr nur in einer Wissens-, sondern in einer Wissenschaftsgesellschaft. Dies verlangt auch, dass sich die Menschen mehr mit der Wissenschaft auseinandersetzen. Dies gilt unter Wahrung der verfassungsrechtlichen Freiheit von Forschung und Lehre durchaus auch für die Kirchen. Noch sind diese, abgesehen von Kirchentagen oder singulären Veranstaltungen, zu sehr auf die theologischen Fakultäten fokussiert.«

Andreas Pinkwart freut sich darüber, dass es an seiner Hochschule eine besondere Nähe zur örtlichen Gemeinde und einen guten Austausch mit der Kirche gibt. Die Hochschule fühlt sich der Leipziger Thomaskirche verbunden. Die jährlichen Graduiertenfeiern finden hier immer im Rahmen eines ökumenischen Gottesdienstes statt, vorbereitet durch die Studierenden selbst. Vielleicht erinnert er sich in solchen Stunden auch an seine eigene religiöse Sozialisation. »Sich angenommen zu fühlen, nicht alleingelassen, das ist für mich das Grundgefühl, das ich mit dem Glauben verbinde. Ich bin ein sehr positiver Mensch und sehe mich von Gottvertrauen getragen. Ich neige dazu, eher das Gute im Menschen zu sehen und ihm Grundvertrauen entgegenzubringen. Das ist sicherlich ein christlicher und Gott zugewandter Ansatz.«

Als Schüler gehörte Andreas Pinkwart zu den Externen eines von den Salesianern getragenen Gymnasiums mit Internat und auch das hat ihn geprägt. »Ich war von den Ordensleuten und ihrem Lebensweg tief beeindruckt. Die Padres, die sich um jeden Einzelnen kümmerten, haben mir einen Glauben vorgelebt, der sich über die Menschen vermittelt und nicht allein theoriegetrieben ist. So verstehe ich auch gute Lehre. Es geht nicht nur um die Inhalte, sondern auch um die Menschen, die sie vertreten, und um jene, die sie für sich erschließen.«

Ihr aber sollt mich sehen, denn ich lebe und ihr sollt auch leben. (Johannes 14,19a)

»Alle Menschen teilen dasselbe Schicksal eines nur auf Zeit angelegten irdischen Seins. Unsere begrenzte Lebenszeit sollten wir daher als kostbares Geschenk begreifen, mit dem wir in Bezug auf uns selbst wie auch auf andere Mitmenschen verantwortlich umgehen. Dies erfordert Toleranz und Mitmenschlichkeit, indem wir jeden Menschen in seiner Einzigartigkeit begreifen und Achtung vor dem Nächsten haben, unabhängig von seiner Erscheinung und seiner Herkunft.«

PROF. DR. ANDREAS PINKWART (Jg. 1960) ist ehemaliger FDP-Politiker, Wirtschaftswissenschaftler und seit 2011 Rektor der HHL Leipzig Graduate School of Management und Inhaber des Stiftungsfonds Deutsche Bank Lehrstuhls für Innovationsmanagement und Entrepreneurship. 2005 bis 2010 war er Minister für Innovation, Wissenschaft, Forschung und Technologie sowie stellvertretender Ministerpräsident des Landes Nordrhein-Westfalen. Zuvor war er Universitätsprofessor für Betriebswirtschaftslehre an der Universität Siegen und von 2002 bis 2005 Mitglied des Deutschen Bundestages.

235

Cool Heads. Warm Hearts. Working Hands

BODO LIESENFELD

Donnerstag, 6. September 2001 – ich bin gebucht auf LH 430 von Frankfurt nach Chicago. Zwei Tage Messe dort und dann weiter nach New York City. Der Sonntag ist verplant mit Freunden, und für Montag und Dienstag sind Meetings mit dem Firmenteam im Büro im 32. Stock des North Tower des Word Trade Centers vorgesehen. Einer der Meeting-Termine ist am 9. September um 8:30. Doch dazu kommt es nicht.

24 Stunden vor Antritt der Reise bittet uns ein Kunde zu einer Abschlussverhandlung nach Tel Aviv. Das Projekt ist wichtig, ich werfe meine USA-Reisepläne über den Haufen. Am Sonntag und Montag arbeiten wir in Tel Aviv und nehmen den Sehr-früh-morgens-Flug am Dienstag um 3:30 Uhr zurück nach Frankfurt. Im Hamburger Haupthaus gegen Mittag angekommen, beginnt das De-Briefing der Israel-Reise. Es ist 14.50 Uhr, als jemand ins Konferenzzimmer stürmt und berichtet, dass ein Flugzeug ins World Trade Center geflogen ist. Um 15:15 Uhr, 9:15 Uhr in New York, kommt die erschreckende Nachricht: Ein zweites Flugzeug ist in die Türme geflogen. Sofort wird klar, dies ist kein Unfall, sondern die unvorstellbare Wirklichkeit eines Terror-

237

angriffs. In diesem Moment damals bleibt die Welt stehen und nichts ist mehr, wie es vorher war.

Ich habe immer wieder darüber nachgedacht, ob es ein Zufall war, dass wir ausgerechnet nach Israel gerufen wurden. Kein Zufall war sicher, dass ich 9/11 nicht um 8:30 Uhr im 32. Stock des World Trade Centers saß. Es sollte so nicht sein. Alle Telefonleitungen waren im selben Augenblick tot. Die Datenverbindungen funktionierten noch, und wir luden herunter, was wir kriegen konnten. Als 90 Minuten später die Türme einstürzten, war auch das vorbei.

35 Menschen arbeiteten bei uns. 17 waren zu der Zeit bereits im Büro angekommen. Alle kamen mit dem Leben davon. Der Weg über die Feuertreppe dauerte eine quälende Stunde, denn die Rettungsmannschaften drängten über die gleichen Stufen hinauf. Irgendwann wurde es stockfinster und aus den Sprinklern ergoss sich Wasser. Eine grauenhafte Szenerie für die Betroffenen. Wir haben zwei Menschen verloren, eine Deutsche, die seit Langem für uns tätig war und von herabstürzenden Trümmern erschlagen wurde, und einen jungen Puerto Ricaner, der zwei Wochen zuvor seinen Job angetreten hatte und vermutlich in einem der Underground-Züge ums Leben kam.

Die ersten Transatlantikflüge fanden am folgenden Wochenende statt und ich saß am Mittwoch drauf im Flieger nach JFK. Meine Mission war, unsere Mitarbeiterinnen und Mitarbeiter zu treffen, um mit ihnen zu sprechen und ihnen Beistand zu leisten. Was ich antraf, waren vollständig traumatisierte Menschen, die sich in dem winzigen Büro am Flughafen zusammendrängten, um nicht allein zu sein. Sie suchten die Nähe ihrer Kolleginnen und Kollegen, um das Erlebte, diesen unvorstellbaren Alptraum gemeinsam ertragen zu können.

Ich habe mich wohl kaum je so komplett hilflos gefühlt, mit einer Situation konfrontiert, die ich nie erlebt hatte, auf die ich nicht vorbereitet war und in der ich mich völlig überfordert fühlte. Ich erreichte keinen dieser Menschen wirklich und spürte eine ungeheure Frustration. Mein Gedanke und Wunsch, mit den Betroffenen ins Gespräch zu kommen, war vergebens.

»Was ist es, das Menschen im Zusammenleben einen Sinn gibt? Was ist es, woran sie glauben können und wollen?«

Aber es war auch der Weckruf, der mich darüber nachdenken ließ, was eine Gemeinschaft, egal ob in einem Unternehmen, einer Familie oder welcher Art auch immer, zusammenhält. Was ist es, das Menschen im Zusammenleben einen Sinn gibt? Was ist es, woran sie glauben können und wollen? Was hält sie in einem Unternehmen jenseits der extrinsischen Motivation einer angemessenen Vergütung ihrer Arbeitszeit? Was ist stark genug, derart extreme und traumatische Ausnahmesituationen zu überstehen, aber auch andere Krisensituationen, die jedes Unternehmen erleben kann und in denen die Gemeinschaft gefragt und auf die Probe gestellt ist?

Unmittelbar darauf begann ich, mit verschiedenen Gruppen innerhalb des Unternehmens an einem Wertekodex zu arbeiten. Wir wollten gemeinsam erarbeiten, was uns als Gemeinschaft ausmacht, was uns zusammenhält und woran wir glauben. Der Prozess war unerwartet bereichernd. Betroffene wurden zu Beteiligten. Alle brachten sich ein und waren mit Freude an der Arbeit. Gleichzeitig standen wir vor der Herausforderung, allen Menschen im Unternehmen auf fünf Kontinenten gerecht zu werden, verschiedenen Kulturen, Geschlechtern und Religionen.

239

Je mehr ich nach gleichermaßen verständlichen, gültigen und akzeptablen Werten suchte, desto mehr näherte ich mich der christlichen Ethik und beschäftigte mich intensiv mit der Frage, wie diese Ethik konkret und praktisch in einem Unternehmen umgesetzt werden kann. Zu diesem Zeitpunkt entstand meine erste direkte Berührung mit dem Arbeitskreis Evangelischer Unternehmen. Hier fand ich viele Antworten auf meine Fragen, und wenn es keine vorgefertigten Antworten gab, dann zumindest Anstöße, die mich eigene Lösungen finden ließen. Es stellte sich heraus, dass die christlich protestantische Ethik ein idealer gemeinsamer Nenner für viele war. Die eine oder andere Formulierung geriet dabei eher weltlich als religiös, was aber den Inhalten und Bedeutungen keinen Abbruch tat.

Einer der vielen Leitsätze, auf die wir uns verständigten, war: »*Cool Heads, Warm Hearts, Working Hands*«, eine schöne Analogie, die vermutlich keiner weiteren Erklärung bedarf. Es entstand ein Kanon aus zehn Werten, auf die wir uns beziehen konnten. Alle diese Werte stehen im Einklang mit der christlichen Ethik und führten zu einem gemeinsam getragenen Verständnis auf allen Führungsebenen. Wir wissen, dass Führungsverantwortung keine Frage der Hierarchie ist. Jeder im Unternehmen hat eine Verantwortung zur Führung, letztlich für sich selbst. Lassen Sie mich einige Beispiele erwähnen.

In diesen Tagen war ich bei einer protestantischen Unternehmergruppe eingeladen. Der Vortragende sprach von seinem empfundenen Widerspruch zwischen einerseits dem Unternehmensziel der Gewinnmaximierung, wofür er seine Mitarbeitenden konsequent einsetzte, oder, wie er es selbst empfand, ausnutzte, und andererseits der (christlichen) Fürsorge, jedem die Möglichkeit zu geben, sich selbst zu entwickeln und seine persönlichen Wachstumsziele zu erreichen. Ich meldete mich bei der anschließenden Diskussion und fragte ihn, wie er dazu käme, dass es diesen Konflikt gäbe. Ich würde den Begriff Maximierung lieber durch Optimierung ersetzen und sei überzeugt, dass es nachhaltig überhaupt nur dann möglich sei erfolgreich zu wirtschaften, wenn man gewinnorientiert wirtschafte, die mitarbeitenden Menschen mit deren (gottgegebenen) Talenten respektiere und ihnen die Möglichkeit gebe, sich selbst in ihrer Arbeit zu entwickeln und verwirklichen und darüber zu Freude an ihrer Aufgabe kommen zu lassen. Damit konnte er interessanterweise nicht viel anfangen. Einige wenige Zuhörer kamen nach der Veranstaltung zu mir und pflichteten mir heftig bei.

»Ist es nicht christliches Unternehmertum, darauf zu achten, dass Menschen mit ihrer Zeit gut umgehen?«

Zu christlicher Unternehmensführung gehören das respektvolle und anerkennende Verständnis und die grundsätzlich wohlwollende Zuneigung gegenüber allen Mitarbeitenden. Zu Letzterem gehört wiederum auch eine ehrliche und angemessene Fehler- und Kritikkultur. Fehler müssen gemacht werden dürfen, sonst wird aus Angst gehandelt, oder eben auch nicht. Kritik richtet sich an, nicht gegen einen Menschen und sollte außer sachlich vorgetragen zu werden, was mehr ein Ausdruck von Höflichkeit denn von Christlichkeit ist, dem Adressaten helfen, noch »besser« zu werden und sich letztendlich auch besser zu fühlen. Offen und rechtzeitig ansprechen heißt helfen, unterstützen und wachsen lassen.

Persönlich finde ich es wichtig, den Menschen im Unternehmen das Gefühl oder besser die Gewissheit zu geben, dass sie ihre Zeit dort sinnvoll verbringen. Nicht alles, was zu tun ist,

241

macht Spaß, aber es kann einen Sinn haben. Zeit (auf dieser Erde) ist eines der wichtigsten Geschenke, das wir bekommen haben.

Ist es nicht christliches Unternehmertum, darauf zu achten, dass Menschen mit ihrer Zeit gut umgehen? Das kann auch beinhalten sie daran zu erinnern, wenn sie es einmal von sich aus nicht tun.

Mit respektvollem Abstand beziehe ich mich auf das bekannte Bibelwort »Liebe deinen Nächsten wie dich selbst«, weil es (zu) häufig zitiert und vielfach gedehnt wird. Dennoch: So einfach es erscheint, halte ich es für einen der elementarsten Leitsätze für Menschen in dieser Erdengemeinschaft. Erst die offene, wertschätzende, bescheidene, anerkennende, ehrliche und tiefe Liebe zu sich selbst führt den Menschen dazu, eine respektvolle, Raum gebende, annehmende, unterstützende und aufrichtige Nächstenliebe zu praktizieren. Für mich ist der Bibelspruch weniger eine Gebrauchsanweisung als eine Ermahnung. Liebe gegenüber anderen basierend auf gesunder Eigenliebe ist bescheiden, still und nicht effektheischend. Sie ist würdevoll und achtet die Souveränität des anderen. Der Verleitung zur Selbstverliebtheit erliegen manche, aber das ist so offensichtlich, dass ich darauf nicht eingehe.

Apropos Liebe: Es ist spannend, wie scheu Menschen im Businesskontext mit dem Begriff Liebe umgehen. Vor vielen Jahren habe ich einen Vortrag zum Thema »Wie landet man einen großen Deal?« gehalten. Unter anderem bin ich darauf eingegangen, dass es unumgänglich ist, die beteiligten Menschen zu sehen, zu verstehen, welches ihre Werte sind, diese respektvoll anzuerkennen, ohne sie auszunutzen. In diesem Zusammenhang habe ich sozusagen als Credo meiner Ausführung gesagt, es habe mit aufrichtiger Liebe den Menschen gegenüber zu tun. Die eine Hälfte des Auditoriums guckte einigermaßen konsterniert, die andere lächelte und nickte zustimmend. Interessant, oder?

Die christliche Ethik schließt auch Führungsqualität und -stärke nicht aus. Ein christlich ausgerichteter Führender handelt immer wieder auch situativ und intuitiv. Christliche Führung heißt nicht Weichheit oder Anpasserei. Sie bedeutet vielmehr Verstehen, Anleiten und allen nach Möglichkeit den Raum und die Unterstützung zu geben, sich authentisch selbst zu entwickeln.

»Verzeihen und sich selbst verzeihen sind für mich Grundwerte christlicher (Selbst-)Führung.«

Das klappt mal besser und mal schlechter, wenn Sie mir diesen persönlichen Einwurf erlauben. Ich bin in vielen Fällen nicht zufrieden mit mir, meist im Nachhinein, wenn ich mir klar werde, was ich getan habe. Verzeihen und sich selbst verzeihen sind für mich ebenfalls Grundwerte christlicher (Selbst-)Führung. Es ist kaum verträglich, mit einer wachsenden Last von Selbstvorwürfen durchs Leben zu gehen. Weder darf man anderen gegenüber »Rabattmarken kleben«, noch sollte man sich unter einem Haufen unerledigter Selbstkritik begraben. Das macht unfrei und verhindert gute Führung im christlichen Sinne.

Und dann passiert etwas, das hat man nicht erwartet, oder zumindest nicht so heftig. Eine Herausforderung oder ein Schicksalsschlag, der einen an den Rand des Erträglichen und Beherrschbaren bringt. Im Unternehmerdasein, und nicht nur da, habe ich immer wieder Situationen erlebt, in denen ich mich mit dem Rücken an der Wand und unter enormen Druck fühlte. Gott sei Dank, im wörtlichen Sinne, dass ich stets das Vertrauen hatte, dass es irgendwie weitergehen würde. Das ist die bewusste Seite. Emotional braucht es manchmal einen Kick, der uns wieder auf-

baut, etwas, das Vertrauen schafft und den eigenen Glauben fes-
tigt. Ich habe das abseits der vermutlich üblichen Pfade in einem
Song der A-Cappella Gruppe Take 6 gefunden. Ich habe ihn mir
ins Ohr geholt, wann immer ich ihn brauchte. Und es half. Hier
der Text *You don't have to be afraid*:

> *The situation's getting rough /*
> > *and you feel it's more than you can take*
> *The good things in your life /*
> > *all your problems seems to awake*
> *When will you let go and understand /*
> > *that I got the master plan*
> *You gotta trust me and just believe /*
> > *that I am always holding your hand*
>
> *You don't have to be afraid /*
> > *as my love shows you the way*
> *Best friend I stay /*
> > *so you don't have to be afraid*
>
> *Somebody says that problems come /*
> > *they only come to make you strong*
> *You see I'm never far away /*
> > *and you know I never steer you wrong*
> *When will you let go and understand /*
> > *that I got the master plan*
> *You gotta trust me and just believe /*
> > *that I am always holding your hand*
> *I am always watching you /*
> > *I have so much more love to give /*
> > *and I'm gonna see you through*

Für diesen Gospelsong bin ich dankbar. Er hat mich in vielen herausfordernden Momenten begleitet und unterstützt. Er hat mich im Vertrauen auf Gottes schützende Hand bestärkt und in dem Gefühl, nicht allein zu sein.

BODO LIESENFELD (Jg. 1952) führte nach BWL-Studium und längeren Auslandsaufenthalten in zweiter Generation das Speditionsunternehmen Rohde & Liesenfeld mit 75 Büros weltweit. Seit dem Verkauf der Gesellschaft 2007 ist er Privatinvestor. Seit 2009 hat die Familie mit sechs Kindern zwei Wohnsitze in Boston und Hamburg. Liesenfeld gehört seit vielen Jahren zum Führungskreis Nord des Arbeitskreises Evangelischer Unternehmer und ist Mitglied des Kuratoriums. Daneben hat er zahlreiche weitere ehrenamtliche Funktionen. Seit 2014 produziert sein Unternehmen Menck Windows deutsche Fenster in den USA.

245

Dienen ja, verbiegen nein!

STEPHAN KÜHNE

**Herr Kühne, im Code of Conduct der Intersnack Group findet
sich eine überraschende Formulierung. Dort steht, dass Ihre
Grundsätze »auf Treu und Glauben« basieren. Was bedeutet
das?** Oh, da haben Sie die deutsche Übersetzung vorliegen. Ins
Englische übersetzt bedeutet dies »*good faith*«, und das hat nichts
mit einem religiösen Glauben zu tun. »Treu und Glauben« meint
in diesem Zusammenhang, dass wir unsere Geschäfte aufrichtig
und ethisch einwandfrei tätigen wollen. Unabhängig von einer
professionellen Unternehmensführung unterstreicht es die kaufmännischen Tugenden, sich in gutem Glauben auf jemanden verlassen zu können und glaubwürdig zu sein. Als Unternehmen ist
die Intersnack Group konfessionell offen und toleriert keine Dis-
kriminierung am Arbeitsplatz. Unsere Corporate Social Responsibility nehmen wir ernst.

247

Was heißt das konkret? CSR ist aus unserer Sicht die Basis für nachhaltiges Wirtschaften und wird zu Recht auch von unseren Kunden und Konsumenten zunehmend eingefordert. Die täglich gelebte Verantwortung für eine erstklassige Qualität unserer Produkte, für unsere Mitarbeiter und für die Umwelt hilft, die Zukunft des Unternehmens zu sichern. Unsere Produkte entstammen der landwirtschaftlichen Produktion, daher messen wir einer nachhaltigen Wertschöpfungskette besondere Bedeutung zu. So arbeiten wir zum Beispiel beim Einkauf unserer Nüsse direkt mit Kleinstkooperativen in Bolivien zusammen, fördern die Ausbildung von Landarbeitern und führen Qualitätsstandards ein. In Afrika unterstützt Intersnack unter anderem zusammen mit der Bill & Melinda Gates Stiftung 150.000 Cashew-Farmer auf ihrem Weg zu nachhaltigen, selbstständigen Arbeitsbedingungen. Kinderarbeit oder dubiose Zwischenhändler haben dabei keine Chance.

Das ist das alte Prinzip des Fair Trade. Ja, und das ist auch unser Prinzip. Das gilt im Kleinen wie im Großen. So setzen wir auch im Umgang mit großen Kartoffelanbaubetrieben in Deutschland seit vielen Jahren auf einen fairen, partnerschaftlichen Umgang.

Wie wichtig ist für Ihre Arbeit ein christliches Fundament? Ich werde demütig, wenn ich mir im Arbeitsalltag die Bewahrung der Schöpfung als Menschheitsaufgabe vor Augen führe. Und dies geht weit über Umweltschutz oder die Diskussion zu Treibhausgasen hinaus. Die Art des menschlichen Miteinanders, unabhängig von der Religion, spielt eine wesentliche Rolle. So spiegelt sich eine faire, respektvolle Personalführung in konstruktiver Personalentwicklung wider, muss sich gerade aber auch im Falle von Werksschließungen und Entlassungen beweisen. Denn es ist nicht immer alles Friede, Freude, Eierkuchen – auch in der Bibel gibt es Beispiele für Streit und harte Entscheidungen. Da kann man einiges auch für den Arbeitsalltag lernen.

Wo zum Beispiel? Matthäus 5,41: »Und wenn dich jemand nötigt, eine Meile mitzugehen, so geh mit ihm zwei.« Mit anderen Worten: Versucht jemand, Ihnen das Leben schwer zu machen, dann stellen Sie sich ihm, gehen Sie ein Stück mit, das kann durchaus zum Guten provozieren. Oder Amos 3,3: »Können zwei miteinander wandern, es sei denn, sie werden einig unterwegs?«

»Auch in der Bibel gibt es Beispiele für Streit und harte Entscheidungen. Da kann man einiges lernen.«

Diese beiden Bibelstellen beschreiben Konfliktlösungsmechanismen, die auch heute unverändert hilfreich sind. Denn nur dann, wenn Sie sich aufmachen, wenn Sie sich Mühe geben, kommen Sie zu guten Lösungen. Heute geschieht Krisenkommunikation zu oft per digitalem Knopfdruck. Diese Bibelworte halten dagegen. Es geht – beim Elternabend in der Schule wie in der Strategiesitzung im Unternehmen – um den persönlichen Kontakt, darum, den Weg miteinander zu gehen und gerade bei Konflikten im Gespräch zu bleiben. Funktioniert das in jedem Fall? Wahrscheinlich nicht. Aber die Mühe ist es meistens wert.

Wie konkret wirkt sich das Christliche dann in Ihrem Alltag aus?
Ich glaube, das Christliche spürt man mit dem Herzen. Bei der Arbeit wie im Familienleben – der Mensch sehnt sich grundsätzlich nach einem friedlichen Miteinander, das aber das konstruktive

249

Ringen um die bessere Lösung – egal wozu – explizit mit einschließt. »Frieden«, dazu muss man nicht nach Washington oder Moskau reisen, den lernt man zuallererst am Küchentisch, aber eben auch bei der Budgetplanung. Mal geht es eher um persönliche, mal um fachliche Themen. Immer aber gilt es, für Herausforderungen eine Lösung zu finden. Diese Lösung muss nicht jedem gefallen, aber sie sollte vermittelbar sein und langfristig den Frieden bewahren.

Macht eine christliche Haltung dann einen Unterschied in der Unternehmensführung? So wie im Namen Christi über Jahrhunderte Wohl und Wehe verbreitet wurde, so gibt es grundsätzlich auch gute oder schlechte christliche Unternehmensführung. Gleiches gilt übrigens für andere Religionen. Aber das Menschenbild eines christlichen Unternehmers ist für mich ein Bild, das unternehmerisches Wirtschaften fördert, weil es von der Bewahrung der Schöpfung, von der Nächstenliebe und von der Verantwortung für andere motiviert ist. In einem solchen Biotop wird in die Zukunft investiert, ein innovatives Klima gefördert und Wachstum ermöglicht. Nicht zuletzt dadurch werden Arbeitsplätze geschaffen. Ich glaube schon, dass es eine Korrelation zwischen ethisch-christlichen Werten und guter Unternehmensführung gibt.

Gibt es Entscheidungen, die Sie anders gefällt hätten, wenn Sie nicht auf diesem christlichen Fundament stünden? Durchaus. Ein Beispiel: Ich habe mit meiner Familie sieben Jahre in den USA gelebt. Zusammen mit meiner Frau und unserem zwei Monate alten Sohn bin ich dorthin gegangen, zwei unser drei Kinder sind dort zur Welt gekommen. Es war eine herrliche Zeit, zumal wir viel Zeit füreinander hatten. Aber nach sieben Jahren standen wir vor einer Entscheidung: Das Unternehmen, für das ich zehn Jahre gearbeitet hatte, wurde verkauft, und der Erwerber machte mir ein äußerst attraktives Angebot zur Weiterbeschäftigung. Wir haben eine Nacht schlecht geschlafen und uns dann gefragt: Wie viele Leben haben wir? Wo und wie wollen wir leben? Als Familie, mit den Kindern. Auch wenn wir uns in den USA sehr wohlfühlten und wir dort Mitglied in einer Kirchengemeinde waren, so war es für uns wichtig, die Kinder in einem europäischen Geist und mit der Familie als Wurzel christlich zu erziehen. Wir haben uns dann gegen das Angebot und für die Rückkehr nach Deutschland entschieden.

Familie als höchster Wert? Familie ist etwas Einzigartiges, das würde ich ungern kategorisieren. Und mir ist bewusst, dass Menschen – gewollt oder ungewollt – auch ohne intakte Familienbande leben. In unserem Fall spielt die Familie durchaus eine Rolle: Als wir aus den USA in Hannover ankamen, in die Nähe unserer Familien, da bekamen die Kinder ein ganz anderes Familienbild. In den USA hatten wir viele Freunde, aber eben keine Familie im erweiterten Sinne, die ein gutes Klima der Vertrautheit, Toleranz und Inspiration vermittelt – meines Erachtens eine wichtige Voraussetzung für ein friedliches, fröhliches Miteinander und Humus für das weitere Leben. Für mich ist diese familiäre Anbindung und zugleich die Gewissheit einer höheren Instanz etwas, das mir eine gewisse Gelassenheit gibt.

Haben Sie das auch in Ihrer Familie so erlebt? Die Fähigkeit, schwierige Situationen konzentriert und mit Schwung anzugehen und gleichzeitig innerlich gelassen zu bleiben, das führe ich stark auf meinen Vater und auf meinen Schwiegervater zurück. Mein Vater, heute leider durch Schlaganfall zur Inaktivität gezwungen, war Landwirt und hatte, wie er gerne sagte, »immer einen guten

251

Draht nach oben«. Er ist ein genialer Mensch, unabhängig im geistigen wie materiellen Sinn, mit großem Gottvertrauen. 1959, zu einer Zeit, in der die Flucht aus der damaligen DDR bereits unter Strafe stand, floh er mit meiner Mutter und meinen beiden Schwestern in den Westen. Zu seinen Überzeugungen zu stehen, das habe ich von meinem Vater und sehr auch von meinem Schwiegervater gelernt. Sie haben mir diese Haltung vorgelebt, und gerade bei schweren Entscheidungen dient sie mir als Orientierung: Ich könnte das jetzt machen, aber ich verbiege mich nicht. Nach der Rückkehr nach Deutschland konnten die Kinder in Ruhe Wurzeln bilden. Zehn Jahre später, unser »Nest« leerte sich zusehends, habe ich noch einmal die Aufgabe gewechselt.

Sind Sie als Landwirtssohn bewusst in die Lebensmittelbranche gewechselt? Natürlich habe ich durch den familiären Hintergrund eine besondere Beziehung zur Landwirtschaft entwickelt und kann mich mit unseren Produkten und ihrer Herstellung gut identifizieren. Was mich allerdings zum Wechsel reizte, war, die Strukturen eines erfolgreichen, über 150 Jahre alten Familienunternehmens mit seinen Werten kennenzulernen – und dies, nachdem ich mit viel Freude zehn Jahre in einem börsennotierten Industriekonzern und zehn Jahre bei einem öffentlich-rechtlichen, industrienahen Dienstleistungsunternehmen gearbeitet hatte. Familienunternehmen prägen die deutsche Wirtschaft stark, sie haben traditionell ein hohes und besonderes Arbeitsethos. Unsere Eigentümer suchen Führungskräfte, die den unternehmerischen Spielraum nutzen und das Unternehmen wirtschaftlich und nachhaltig voranbringen, sich dabei aber persönlich zurücknehmen können.

Auch wenn das Produkt für Ihre Job-Entscheidung nicht die
entscheidende Rolle spielte: Wie ist es mit Ihrem Anspruch

an Verantwortung vereinbar, aus Kartoffeln kein Grundnahrungsmittel zu machen, sondern Snacks, die nicht wirklich gesund sind? Rohe Kartoffeln, in Scheiben geschnitten, schonend durch Sonnenblumenöl gezogen und etwas natürliches Gewürz draufgestreut, die sind wahrscheinlich deutlich gesünder als Ihre Bratkartoffeln! Im Übrigen ist es vor allem die mangelnde körperliche Bewegung, die die Menschen krank macht. Wir setzen alles daran, Snacks bester Qualität herzustellen, indem wir beispielsweise in neueste Produktionstechnologien investieren. Ich verteidige also durchaus meine Kartoffelchips. Braucht man die unbedingt? Nein. Aber wir brauchen so vieles nicht. Wir verkaufen ein nahrhaftes Geschmackserlebnis und kein Grundnahrungsmittel. Mit den Nüssen verhält es sich etwas anders. Da verschreibt mir sogar der Arzt eine Handvoll vor dem Essen. Der Markt für Nüsse wächst, die liegen, wie unsere Snacks insgesamt, im Trend. Ich kann mit den Produkten gut leben.

Welcher Kerngedanke ist für Sie als evangelischer Manager zentral? Die These von Oswald von Nell-Breuning, dem Begründer der katholischen Soziallehre, dass zwischen ethisch akzeptablem Verhalten und profitablem Wirtschaften keine Entweder-Oder-Beziehung besteht. Das ist die Basis für mein Handeln.

Wenn man darüber hinaus entschieden hat, dass man nicht nur für sich selbst, sondern ganz wesentlich auch für sein Umfeld lebt, dann verkrampft man meines Erachtens weniger. Dann erhebt man sich nicht über andere, sondern versucht, einfach einen guten Job zu machen. Dieses Denken gibt mir einen gewissen Kompass. Mit dem »Vater unser … dein Wille geschehe …« ist immer auch eine Gegenprobe möglich: Wessen Wille geschieht hier? Gewinne ich nur persönlich oder geht es mir um die Sache?

Wann ist eine solche Haltung schwer? Die Versuchungen sind sicher groß, zum Beispiel, wenn es um Gehälter oder Boni geht. Jesus hat von sich größere Anstrengungen verlangt als von seinen Jüngern. Das sollte auch für Führungskräfte gelten. Schwierig wird es immer dann, wenn mit zweierlei Maß gemessen wird. Wenn der eine glaubt, sich mehr herausrausnehmen zu können als der andere. Das Menschenbild macht den Unterschied.

Wie spürbar ist für Ihr Umfeld und Ihre Mitarbeiter, dass Sie aus einer christlichen Haltung heraus handeln? Meinem persönlichen Umfeld ist meine christliche Haltung bekannt, ohne dass ich das besonders thematisiere. Vielmehr bin ich davon überzeugt, dass die Weitergabe von Glaubenserfahrungen in Wort und Tat Gemeinde schafft, im Privaten wie im Beruf. So gebe ich mich auch im beruflichen Umfeld als Christ zu erkennen, bin aber aus Gründen unseres Corporate Governance Codex zurückhaltend. Ich freue mich vielmehr, dass unser Unternehmen offen und tolerant gegenüber anderen Glaubensrichtungen ist. Da können manche Regionen der Welt noch von uns lernen!

Was können christliche Unternehmer in den Kirchen beitragen? Ich denke, dass die Kirchen aktuell einen Fehler machen, wenn sie glauben, zum Beispiel in ihrer Rolle als Seelsorger durch das Streichen von Pfarrstellen langfristig Geld sparen zu können. Damit sägen sie an dem Ast, auf dem sie sitzen. Von einem Pfarrer ist das Wort überliefert: »Auftreten, nicht austreten!« Dieser richtige Appell an die Gemeinde gilt aber gerade auch für die Kirche selbst. Die Kirche muss wirtschaftlich umdenken, muss mehr investieren, vor allem in menschliche Bindungen, um den aktuell schwächer werdenden Mitgliederstamm zu stärken. Hier können

erfahrene Unternehmer hilfreich sein, weil sie beurteilen können, was man als Unternehmen Kirche tun könnte. Hier eine größere Durchlässigkeit zu erreichen, wäre gut. Die Kirche muss kluge Antworten geben auf Fragen der Zeit, und da können auch Menschen aus der Wirtschaft helfen.

Welches Bibelwort ist für Sie wichtig? Da fällt mir mein Trauspruch ein. Meine Frau und ich konnten uns nicht einigen (lacht), also haben wir zwei bekommen, die der Pfarrer miteinander verbunden hat: »Denn Gott hat uns nicht gegeben den Geist der Furcht, sondern der Kraft und der Liebe und der Besonnenheit« (2. Timotheus 1,7) und: »Dienet einander, ein jeder mit der Gabe, die er empfangen hat, als die guten Haushalter der mancherlei Gnade Gottes« (1. Petrus 4,10). Der Pfarrer spiegelte uns diese Auswahl: Du hast das Abstrakte gewählt, deine Frau das Konkrete. Und da hatte er Recht. Für mich bedeuten diese beiden Bibelsprüche: Lasst uns nicht furchtsam sein, sondern mit Kraft und Besonnenheit Dinge lösen, füreinander und nicht gegeneinander. Dienen ja, verbiegen nein!

STEPHAN KÜHNE (Jg. 1964) ist seit 2011 Mitglied der Geschäftsführung der Internsnack Group GmbH & Co. KG in Düsseldorf. Zuvor war er zehn Jahre Mitglied des Vorstands der Deutschen Messe AG in Hannover. Im Klöckner-Werke Konzern, Duisburg, war er von 1992-2002 tätig, davon sieben Jahre in den USA in geschäftsführenden Funktionen. Nach einer kaufmännischen Lehre studierte Stephan Kühne von 1988-1992 Betriebs- und Volkswirtschaft sowie Psychologie an der Ludwig-Maximilians-Universität in München. Der Diplom-Kaufmann und Reserve-Offizier hat zusammen mit seiner Frau drei erwachsene Söhne.

*Ein guter Baum kann nicht schlechte
Früchte bringen und ein fauler Baum
kann nicht gute Früchte bringen*

MATTHÄUS 7,18

Glauben muss man wollen und können

MATTHIAS WITTENBURG

Ehrbare Kaufleute und die Freie und Hansestadt Hamburg. Diese beiden gehören untrennbar zusammen. Wer in Hamburg groß geworden und Unternehmer ist, stellt sich gerne in diese Tradition. Wer in Hamburg Manager und evangelischer Christ ist, wie Matthias Wittenburg, für den ist das Wertesystem des ehrbaren Kaufmanns eng mit seiner christlichen Orientierung verbunden. »Die Tugenden des ehrbaren Kaufmanns – Weitsicht, Ehrlichkeit und Redlichkeit – haben diese Stadt zu einem weltoffenen Handelszentrum gemacht. Wenn Sie diese Tugenden neben die der Bergpredigt legen, dann haben Sie eine Deckungsgleichheit von sicher 80 Prozent.«

Matthias Wittenburg war von 2013 bis 2016 Vertriebsvorstand der HSH Nordbank. Der christliche Glaube ist für ihn sein wesentliches Rahmenwerk, eine Orientierung, die auch eine Bank einlösen müsse: »Es ist für mich durchaus erstrebenswert, eine

257

Bank nach christlichen Werten zu führen, aber ohne dass ich Menschen anderen Glaubens auf die Füße trete. Als Christ bemühe ich mich, redlich zu arbeiten. Wenn ich glaube, dass es eine höhere Macht gibt, die sieht, was ich tue, dann muss ich mir dessen bewusst sein. Nicht im Sinne von Angst, wie im Mittelalter, sondern im Sinne eines gütigen Vaters, eines Spiritus Rector, der mir durch sein Dasein hilft, dass ich mich in die richtig Richtung bewege. Wenn ich mich nicht an dieser Macht orientierte, dann könnte das zu einem höheren Maß an Beliebigkeit, Egoismus, Egozentrik und Unreflektiertheit führen. Dabei will ich auf keinen Fall missionarisch wirken. Ich erlebe für mich selbst, dass es etwas sehr Schönes ist und dass es mir hilft, wenn ich meine Arbeit mit meinem christlichen Glauben in Einklang bringen kann.«

»Es ist für mich durchaus erstrebenswert, eine Bank nach christlichen Werten zu führen.«

Nicht immer war ihm der Glauben in seinem Leben so wichtig. Für Matthias Wittenburg war evangelisch zu sein einfach ein Teil der sozialen Prägung. Er war getauft und konfirmiert worden, hatte kirchlich geheiratet. Im Rückblick bezeichnet er sich als nicht sehr gläubigen Menschen in dieser Zeit. »Vor etwa zehn Jahren kam der Zeitpunkt, wo ich im Zusammenhang mit einer persönlichen Krise die Frage stellte: Was gibt es eigentlich noch im Leben? Ich war in dieser Krisensituation eine Woche in einem Benediktiner-Kloster, wo ich mich bewusst auf den Tagesablauf der Mönche eingelassen habe, vom ersten Gebet morgens um fünf bis zum letzten abends um halb zehn. Dort habe ich angefangen, mit Gott sprechen zu können. Was ich vorher nicht wirklich gelernt hatte und auch nicht zulassen konnte. Sicher brodelte irgendwo in mir der Wunsch nach Glauben. Glauben muss man wollen und können. Ich habe dann bewusst nach Themen gesucht, die ich auch ehrenamtlich bespielen möchte. Und ich bin in Kontakt mit Persönlichkeiten gekommen, die mir ganz wichtige Gesprächspartner geworden sind.«

Im Arbeitskreis Evangelischer Unternehmer fand er Gleichgesinnte. Aktive Menschen aus der Wirtschaft, die auf demselben Fundament ähnliche Fragen stellen. Und die auch vergleichbare Konfliktsituationen und Fragen kennen, wie zum Beispiel die, wie es mit dem christlichen Glauben vereinbar ist, Menschen entlassen zu müssen. Gerade als Banker sieht sich Matthias Wittenburg häufig im Fokus öffentlicher Kritik. Die HSH Nordbank, die aus einer Fusion von Hamburgischer Landesbank und der Landesbank Schleswig-Holstein hervorging, hat in den vergangenen Jahren immer wieder schlechte Schlagzeilen geschrieben. Mehrfach standen Manager der Bank wegen umstrittener Finanzgeschäfte in der Kritik, gegen ehemalige Vorstände ermittelte die Staatsanwaltschaft, die Bank wurde am Rande der Insolvenz mit Garantien der öffentlichen Hand gestützt. Dass aufgrund der Verfehlungen Einzelner eine ganze Branche in Verruf gerät und pauschal diffamiert wird, das kritisiert Matthias Wittenburg scharf und stellt die von ihm schon oft zitierte Frage: Was hat denn die Schalterbeamte in Buxtehude mit der Bankenkrise zu tun? »Der weit überwiegende Teil der Menschen, die für uns arbeiten, ist vollkommen unverdächtig, weil sie nichts mit Spekulationen zu tun haben. Sie gehen einem Beruf nach, der eine hohe volkswirtschaftliche Relevanz hat. Jeder Mensch hat ein Bankkonto, jeder Mensch hat irgendwo Geldanlagen oder Finanzierungen.«

Matthias Wittenburg war selbst Investmentbanker, er arbeitete vor 20 Jahren für Lehman Brothers, verdiente in Frankfurt, London und New York sein Geld. Dass er sich nach einer Bereichs-

259

leitung bei der Commerzbank in Frankfurt für den HSH Vorstand entschied, war für ihn vor allem eine berufliche »Challenge«, die Möglichkeit, eine Aufgabe mit mehr Verantwortung zu übernehmen. Aber auch der Wunsch, in der norddeutschen Heimat an der Lösung eines für die Allgemeinheit großen Problems mitzuwirken, spielte für ihn hierbei eine Rolle.

Vielleicht ist es sogar die Zugehörigkeit zu dieser Branche, die ihn in besonderer Weise herausfordert und motiviert, sich öffentlich als evangelischer Christ zu bekennen. »Das Thema, über das ich als Christ und Banker am meisten nachdenke, ist mit Redlichkeit und Ehrlichkeit zu überschreiben. Ich war auch vorher sicher kein notorischer Lügner und ich kann jedes Geschäft, das ich gemacht habe, vor Gott und der Welt rechtfertigen. Durch die Auseinandersetzung mit dem christlichen Glauben habe ich dieses Wertegerüst noch mal klarer herausgeschält. Ich frage mich: Ist das, was ich tue, richtig? Daran messe ich mich. Mir selbst und meinem Schöpfer gegenüber.«

Ein öffentliches Bekenntnis, das ist ihm dabei durchaus bewusst, kann immer beides sein: Ausdruck besonderer Glaubwürdigkeit und Angriffsfläche zugleich. Matthias Wittenburg ist in der Öffentlichkeit als evangelischer Christ sichtbar, als ehemals stellvertretender Vorsitzender des Arbeitskreises Evangelischer Unternehmer und deren Sprecher der regionalen Arbeitsgruppe Hamburg/Schleswig-Holstein, in Interviews oder bei Kongressen christlicher Führungskräfte sowie als Johanniter. Er pflegt die Dialoge zwischen Kirche und Wirtschaft, lädt gemeinsam mit der Bischöfin zu entsprechenden Foren ein und ist sicher, dass beide Seiten von diesem Austausch profitieren können. »Dadurch, dass ich mich als Christ oute, erhöhe ich – nicht unbewusst – die Fallhöhe. Bei einer Verfehlung – und würde sie nur von jemandem antizipiert – würde sofort jemand darauf Bezug nehmen, dass ich irgendwo gesagt habe: Das macht man nicht. Es gab sicher immer mal Versuche, mich über dieses Thema zu diskreditieren. Aber ich kam nie in eine Situation, dass das eine Story wert gewesen wäre. Wenn ich glaubhaft rüberbringen kann, dass ich Christ bin, dann mag es dazu führen, dass Menschen mich auch glaubwürdiger finden. Aber das Vertrauen, um das es geht, das entsteht ja nicht durch ein Label, sondern das wächst durch ein Verhalten, dass dies rechtfertigt.«

Ein ehrbarer Kaufmann sein – das ist eine Seite dieses Verhaltens. Eine andere der »Corporate Citizen«. Dabei spricht Matthias Wittenburg über das soziale Engagement, das er in der HSH Nordbank angestoßen hat, gar nicht so gern. »Wir wollen mit sozialem Engagement keine Schlagzeilen machen«, sagt er. Und genau deshalb gibt es über ein Projekt, das er in Hamburg und in Kiel mit den Obdachlosenvereinen Pik As und Hempels auf den Weg gebracht hat, kaum etwas zu lesen.

»Dadurch, dass ich mich als Christ oute, erhöhe ich – nicht unbewusst – die Fallhöhe.«

Die Idee hatte er schon aus Frankfurt mitgebracht: Die hauseigene Kantine kocht in den Wintermonaten 10.000 Essen zusätzlich. Mehrere Wochen lang sind dann Mitarbeiterinnen und Mitarbeiter der Bank in den Suppenküchen aktiv und geben dort das Essen aus. »Ich habe bewusst vermieden, darüber öffentlich zu sprechen, weil es ganz schnell falsch verstanden wird. Die öffentliche Wahrnehmung unserer Bank ist seit vielen Jahren schwierig und wird immer schwierig sein. Ich hatte keine Lust auf Kommentare wie: Guck mal die Banker, jetzt glauben sie, 261 weil sie einem Obdachlosen eine Suppe geben, sind sie gute Menschen. Das wollte ich nicht.« Dabei gäbe es über dieses Projekt, das beiden Seiten etwas gibt, viel zu erzählen. Die 90 Plätze für Helferinnen und Helfer sind Monate im Voraus vergeben. Es hat sich eine Sektion Ehrenamt in der Bank gegründet. Viele Kolleginnen und Kollegen engagieren sich inzwischen auch in der Hospizarbeit und an anderen Orten, weil die Erfahrung des unmittelbaren Helfens sie berührt hat.

Matthias Wittenburg verbindet auch hier sein persönliches und sein berufliches Selbstverständnis, individuelle Werte und die Kultur des Unternehmens. »Es ist seit jeher eine gute Übung von Unternehmen, dass sie der Gesellschaft etwas zurückgeben, und das geht über das Schaffen von Arbeitsplätzen und das Zahlen von Steuern hinaus.«

Ein guter Baum kann nicht schlechte Früchte bringen und ein fauler Baum kann nicht gute Früchte bringen. (Matthäus 7,18)
»Dieses Bibelwort hat für mich eine hohe Relevanz, wenn ich als Wirtschaftspersönlichkeit Entscheidungen zu fällen habe. Die Entscheidungen mit den guten und den schlechten Früchten können Sie auf einzelne Geschäfte beziehen, die können Sie auch auf Führungskräfte beziehen. Wenn ich mich als Gärtner sehe, dann sind die Früchte an den Bäumen die Leistungen meiner Führungskräfte. Je besser und sorgfältiger ich diese auswähle und mit ihnen zusammenarbeite, je besser ich als Gärtner meine Bäume pflege, umso besser sind die Früchte. Also sind die Früchte auch immer Zeugnis der Leistungsfähigkeit des Gärtners. Es ist aber auch eine komplette Organisation, in dem Sinne, was sie an Dienstleistungen und Produkten hervorbringt. Eine moderne Bezeichnung wäre eine exzellente Organisation. Die Suche nach Excellence ist nichts anderes als der Wunsch, einen Garten zu pflegen.

MATTHIAS WITTENBURG (Jg. 1968) war bis Juni 2016 Vorstand der HSH Nordbank. Er war 25 Jahre in verschiedenen verantwortlichen Positionen im Bankgeschäft tätig, zuvor u. a. für die Dresdner Bank, Lehman Brothers und die Commerzbank. Matthias Wittenburg ist Johanniter-Ritter und Sprecher des Arbeitskreises Evangelischer Unternehmer für Hamburg und Schleswig-Holstein. Daneben engagiert er sich u. a. als Beiratsmitglied der Säid Business School an der Oxford University sowie als Dozent an der Führungsakademie der Bundeswehr in Hamburg.

*Rühmst du dich aber, so sollst
du wissen, dass nicht du die Wurzel trägst,
sondern die Wurzel trägt dich*
RÖMER 11,18

Mein Glaube ist das Fundament für meine tägliche Arbeit

WERNER MICHAEL BAHLSEN

Meinen Großvater Hermann Bahlsen habe ich zwar nicht persönlich kennengelernt, er verstarb bereits 1919, aber er ist für mich bis heute ein Vorbild. Er hat nicht nur den Keks erfunden und den Grundstein für eines der bekanntesten deutschen Familienunternehmen gelegt. Er hat mit seinem Streben nach Innovation und Qualität, mit seinem sozialen Engagement und Mäzenatentum unsere Unternehmensphilosophie begründet, die mit den nachfolgenden Generationen zur Tradition und zum Maßstab wurde. Für ihn leitete sich aus seiner Rolle als Unternehmer eine Verpflichtung ab: »Der Kern muss der äußeren Schale entsprechen«, das war sein Credo. Er ging täglich durch sein Unternehmen. So war er nah dran am Leben seiner Arbeiter und Angestellten und kannte deren Sorgen und Nöte. Es gab bei Bahlsen sehr früh eine eigene Betriebskrankenkasse, Wasch- und Duschräume für die Fabrikarbeiter, Näh- und Kochkurse, einen Werks-

265

arzt, ein Musikzimmer und sogar eine Bücherei. Um die Jahrhundertwende waren solche Maßnahmen alles andere als üblich und ein Segen für die Mitarbeiter, die zum Teil unter sehr beengten Wohnverhältnissen litten. Mein Vater hat mir beigebracht – und so hat es ihm auch sein Vater vorgelebt –, dass man als Unternehmer einen Teil seiner Energie für die Allgemeinheit einsetzen soll. Das ist mir sehr wichtig.

Als Unternehmen unterstützen wir seit Jahrzehnten soziale Projekte, die einen engen Bezug zu Bahlsen, zu unserer Tradition, unseren Werten und zu unseren Standorten haben. Dazu gehört für mich auch, sorgsam mit der Schöpfung umzugehen. Besonders beim Bezug unserer Rohstoffe achten wir darauf, dass sie nachhaltig produziert und faire Preise dafür gezahlt werden. Ich persönlich fahre regelmäßig zu unseren Kakao- und Palmöllieferanten, um mir ein Bild von den Lebens- und Arbeitsbedingungen vor Ort zu machen.

»Mein Vater hat mir beigebracht, dass man als Unternehmer einen Teil seiner Energie für die Allgemeinheit einsetzen soll.«

Mein Glaube ist das Fundament für meine tägliche Arbeit. Ich bin überzeugt: Die Soziale Marktwirtschaft ist die Gesellschaftsordnung, die dem christlichen Menschenbild am besten entspricht. Der Glaube lehrt uns, dass alle Menschen Abbild Gottes sind. Und Gott ist Schöpfer. Menschsein im christlichen Sinn bedeutet die Freiheit und auch die Verpflichtung, diese Welt zu gestalten. Thomas von Aquin sagt: »Für Wunder muss man beten, für Veränderungen muss man arbeiten.«

Als Unternehmer will ich Ideen verwirklichen, Werte schaffen, Arbeitsplätze bereitstellen und so dazu beitragen, die Grundlagen für Einkommen und Wohlstand für alle zu legen. Das gilt genauso für meine Mitarbeiter. Es ist meine Aufgabe, die Talente meiner Mitarbeiterinnen und Mitarbeiter zu fördern, damit sie ihre Erfahrung, Kreativität und fachliche Kompetenz einbringen können.

Als Unternehmer sind wir oft »Macher«. Wir tragen große Verantwortung für unsere Mitarbeiterinnen und Mitarbeiter, für unsere Produkte, die Bewahrung der Schöpfung und auch für das gesellschaftliche Miteinander. Wir wollen die Welt gestalten und Dinge bewegen. Damit legen wir die Grundlagen für ›Wohlstand für alle‹. Das ist großartig! Der Glaube hilft mir, dieser Verantwortung gerecht zu werden, aber trotzdem nicht abzuheben. Ich weiß auch um meine eigenen Grenzen, ich bin kein »Alleskönner«. Von Gott bin ich angenommen so, wie ich bin. Ich muss mir seine Liebe nicht verdienen. Das ist ungemein befreiend, gerade in einer Zeit, in der Menschen oft nur daran gemessen werden, was sie leisten. Mein Glaube an Gott und an seine uneingeschränkte Liebe gibt mir Kraft in erfolgreichen und in weniger erfolgreichen Zeiten. Oder um es mit Luther zu sagen: »Arbeiten soll und muss man. Aber des Hauses Fülle soll man nicht seiner Mühe, sondern allein der Güte Gottes zuschreiben.«

Zwischen Gewinnorientierung und christlichem Glauben sehe ich keinen grundsätzlichen Widerspruch. Gewinn ist der Lohn für unternehmerische Leistung. Nur ein erfolgreiches Unternehmen, das Gewinn erwirtschaftet, ist in der Lage, Arbeitsplätze zu schaffen und zu erhalten, Investitionen zu tätigen, neue Produkte zu entwickeln und neue Märkte zu erschließen. Ich freue mich über unternehmerischen Erfolg und er ist für mich zugleich Ansporn und Pflicht zur nachhaltigen Sicherung dieses Erfolges. Als Familienunternehmen ist unser Ziel die dauerhafte Erzielung 267 stabiler Gewinne und nicht eine kurzfristige Maximierung. Als Christ findet Gewinnstreben allerdings dort seine Grenze, wo es unethisches Handeln fordert. Richtschnur ist für mich dabei der ehrbare Kaufmann.

»Gute Unternehmensführung stellt die Würde des Menschen vor jede Rentabilitätsüberlegung.«

Entscheidend ist für mich, dass sich Unternehmer an Werten orientieren. Für mich leiten sich diese Werte aus unserem christlichen Fundament ab. Aber selbstverständlich können das auch die Werte des Humanismus sein, philosophische Gedanken oder Überzeugungen anderer Religionen. Gute Unternehmensführung stellt die Würde des Menschen vor jede Rentabilitätsüberlegungen.

Paulus schreibt in seinem Brief an die Römergemeinde: »Du sollst wissen, dass nicht du die Wurzel trägst, sondern die Wurzel trägt dich.« Die Wurzeln oder auch die Fundamente, auf denen unser Unternehmen heute ruht, reichen weit in die Vergangenheit zurück. Es sind die Säulen, an denen Generationen von Mitarbeitern gebaut haben, auf denen Bahlsen heute steht. Darauf bin ich stolz. Und ich empfinde Dankbarkeit für das, was die Generationen vor uns geleistet haben. Zugleich bedeutet das auch Verantwortung.

Ich mache mir bewusst, gerade auch in schweren Zeiten, dass es an uns liegt, dieses Erbe nicht nur zu bewahren, sondern es weiterzuentwickeln und für die kommenden Generationen erfolgreich in die Zukunft zu führen. Daraus schöpfe ich meine Kraft und Motivation.

WERNER MICHAEL BAHLSEN (Jg. 1949) leitet in dritter Generation das Familienunternehmen Bahlsen, für das er seit den 1970er Jahren in leitenden Positionen tätig ist. Seit 1999 ist er Vorsitzender der Geschäftsführung Bahlsen GmbH & Co. KG. Seit Juni 2015 ist Werner M. Bahlsen Präsident des Wirtschaftsrats der CDU. Werner M. Bahlsen ist verheiratet, Vater von vier Kindern und lebt mit seiner Familie in Hannover.

Hätte ich den Glauben nicht, wäre ich weniger frei

DR.-ING. E. H. PETER LEIBINGER

Herr Leibinger, als Maschinenbauingenieur und Unternehmer arbeiten Sie mit Maschinen und mit Menschen in einer Zeit, die geprägt ist von der Entwicklung zur Industrie 4.0. Wie verändert sich das Verhältnis von Mensch und Maschine? Die Maschine als Teil des Produktionsprozesses hat sich auch im Prozess der Digitalisierung in ihrer Bedeutung nicht wesentlich verändert. Viel stärker nehme ich die Veränderung unseres Lebens zum Beispiel durch Dinge wie das iPhone wahr. Hier hat die Maschine als weitere Dimension der Welt einen völlig neuen Horizont geöffnet. Wenn ich sehe, wie wir kommunizieren, in Familien, mit Freunden, aber auch im geschäftlichen Kontext, dann bestimmt die Maschine unsere Kommunikation und die Art, wie wir Informationen erhalten. Das iPhone wird zum Symbol für den gesamten kommunikativen Wandel. Die Maschine wird über das Hinzufügen einer weiteren Dimension zur Verlängerung des Sinnensystems.

Dann ist der Weg nicht weit zur künstlichen Intelligenz. Wie viel Menschliches können oder dürfen wir einer Maschine überhaupt geben? Auf die Maschine als Produktionsmittel bezogen, empfinde es nicht als Bedrohung, ihr mehr Fähigkeiten zu geben, um auf

271

ihre Umgebung zu reagieren. Dies ist ein wichtiger Aspekt von Industrie 4.0. Wenn die Frage aber auch auf moderne Kommunikationsmittel bezogen ist, dann müssen wir genau überlegen, wie weit wir diese Technologie körperlich Teil von uns werden lassen wollen. Das Smartphone, das wir bei uns tragen, stellt über Sensorik fest, wo wir sind, wie wir uns bewegen. Wir teilen dem System unsere Befindlichkeit mit und verwischen damit den Übergang von der realen zur virtuellen Welt. Das Problem dabei ist, dass wir keine Wahrnehmungsfähigkeiten für diese virtuelle Welt haben. Daten können wir nicht spüren. Wir verlieren den Sinn dafür, wann wir in der realen und wann in der virtuellen Welt unterwegs sind. Die Diskussion darüber, wie wir an diesem Übergang bewusste Entscheidungen treffen, ist eine philosophische: Wo bin ich Mensch und wo bin ich nicht mehr Mensch?

Werden diese Fragen auch im Zusammenhang mit der Industrie 4.0 gestellt? Wenn wir über Industrie 4.0 sprechen, dann sind wir von solchen Phänomenen meines Erachtens weit entfernt. Im Grunde ist Industrie 4.0 zunächst eine weitere Verfeinerung der Produktionssysteme, aber kein Paradigmenwechsel in dem oben geschilderten Sinn.

Auch nicht in Bezug auf den Wert der Arbeit und die Rolle des Menschen darin? Ich glaube, dass wir hier zwei Dimensionen sehen müssen. Zum einen: Welche einfachen Arbeiten werden durch Algorithmen ersetzt und was bedeutet das für unsere Gesellschaft? In dieser Entwicklung stecken wir schon lange. Die meisten Industriearbeitsplätze in Deutschland sind heute schon keine einfachen Arbeiten mehr, sie setzen Können und Wissen voraus. Dieses Phänomen wird sich noch verstärken. Zum zweiten bekommen wir durch die Industrie 4.0 eine Veränderung insbesondere im Dienstleistungsbereich der Wertschöpfungskette. Bestimmte interne Dienstleistungsfunktionen werden wir durch automatisierte Prozesse nicht mehr benötigen. Das verändert Abläufe im Büro stark und wird viel Potenzial freisetzen.

Hilft Ihnen ein christlicher Wertekodex, sich in diesen Prozessen zu positionieren? Natürlich beeinflusst der Glaube meine tägliche Arbeit, aber nicht in dem Sinne, dass ich mich bei individuellen Sachentscheidungen fragen würde: Was hätte Jesus jetzt getan? Ich empfinde meinen Glauben als Richtschnur, als Grundkoordinaten, an denen ich mich orientiere, ohne dass ich mir dessen immer bewusst bin. Wenn wir beispielsweise eine Entscheidung zur Rationalisierung betrachten, dann müssen wir mit berücksichtigen, dass wir uns in einem Wettbewerbsumfeld befinden. Daher bin ich in meinen Entscheidungen nie ganz frei. Wir haben als Unternehmen eine gesellschaftliche Verantwortung und auch eine individuelle. Direkt tragen wir die Verantwortung für 11.000 Leute, die bei uns beschäftigt sind, indirekt sind es, mit Angehörigen und Menschen bei Partnern, sicher 50.000. Es gibt dann aber doch Freiheitsgrade in der Entscheidung: Ich kann abwägen, in welchen Schritten wir rationalisieren und was mit den betroffenen Menschen geschieht. Bei uns gilt das Prinzip, dass keiner durch diese Maßnahmen seinen Arbeitsplatz verliert. Wir werden und müssen durch Wachstum neue Arbeitsplätze schaffen. Das ist der eigentliche Hebel und diese Grundhaltung unterscheidet uns.

Unterscheidet Sie das, weil TRUMPF ein Familienunternehmen ist oder weil Sie eine christliche Grundhaltung haben? Beides macht sicher einen Unterschied. Uns fällt es als Familienunternehmen leichter, langfristig zu agieren, weil das Kapital nicht anonymisiert ist. Wir haben einen Wertekanon, zu dem gehört 273 auch unternehmerischer Erfolg, aber der Erfolg steht nicht alleine. Und sicherlich ist die Verantwortung gegenüber den Beschäftigten auch Ausdruck einer christlichen Haltung. Ich würde aber nie behaupten, dass die christliche Unternehmensführung überlegen ist. Die werteorientierte Unternehmensführung ist überlegen.

Wie beeinflusst Ihr Glaube Ihr Handeln im Unternehmen? Ich kann sicher sagen, dass er mein Verhalten maßgeblich im Gespräch mit Mitarbeitern beeinflusst, zum Beispiel dann, wenn es um Veränderungen oder Arbeitsplatzwechsel geht. In diesen Situationen ist meine christliche Prägung ganz maßgeblich: Wie verhält man sich anständig? Die Fähigkeit zu Empathie speist sich ganz wesentlich aus meiner christlichen Prägung.

Wo und wie haben Sie diesen Glauben gelernt? Ganz wesentlich von meiner Mutter. Sie hat uns über ihren Glauben erzählt, mit uns gebetet. Sie hat uns aber vor allem ihre Sicht von Menschlichkeit und Nächstenliebe mitgeteilt und vorgelebt. Sie hat von uns immer wieder verlangt, was uns als Kinder und Jugendliche genervt hat, uns um die Schwachen zu kümmern. Da hat sie sich ganz bewusst auf Jesus bezogen. Das Zweite, was ich von meiner Mutter erfahren habe, das war eine bedingungslose Liebe. Ich als Person wusste immer, ich werde bedingungslos geliebt. Sie hat das sicher als Mutter so empfunden, es aber aus ihrem tiefen Glauben heraus im Sinne des Liebesbegriffs Jesu gelebt.

Hatten Sie je Zweifel an diesem Glauben? Weniger Zweifel als Desinteresse. Vor allen Dingen in den Jahren zwischen 20 und 30. Wenn man 20 ist, dann hält man sich ja für unsterblich und braucht eigentlich keinen Gott. Aber das hat nie dazu geführt, dass ich mich wirklich abgewandt habe.

*»Es gibt so viele Menschen, die im Laufe
ihres Lebens vom Optimisten zum
Zyniker werden. Der Glauben hält dagegen.«*

Wie haben Sie zurückgefunden? Über die Kinder. Das hat alles
verändert. Es ist ein unbeschreibliches Wunder, wie neues Leben
in die Welt kommt. Dies als Eltern zu erleben, macht einem sehr
bewusst, dass man selbst gar nichts machen kann, wie unendlich
man in Gottes Hand ist, im besten Sinne.

Haben Sie sich dadurch auch in Ihrer beruflichen Rolle verändert? Ich bin ja erst wirklich berufstätig seit 1997, die Arbeit an
der Universität vor meinem Eintritt in die Industrie war anders.
Ich habe mich persönlich in meiner Laufbahn stark verändert, ich
war früher freier, aber das hat mit dem Glauben nichts zu tun. Es
ist eher umgekehrt: Hätte ich den Glauben nicht, wäre ich noch
weniger frei. Es gibt so viele Menschen, die im Laufe ihres Lebens
vom Optimisten zum Zyniker werden. Der Glaube hält dagegen.

Der Glaube schenkt Freiheit. Was noch? Der Glaube gibt mir im
Sinne des Psalms 23 das sichere Gefühl, behütet zu sein. Auf den
Glauben kann man sich besinnen in schwierigen Situationen. Das
Schöne an einem kindlichen Glauben ist, dass man ihn nicht in
Frage stellt. Eine Schlüsselsituation war da für mich sicher die
Diskussion mit einem guten Freund über das Gleichnis vom verlorenen Sohn. Für mich war klar, dass der Sohn, der zurückkehrt,
dies nur tut, weil er sein Geld verprasst hat, und nicht aus Reue.
Mein Freund sagte damals: Aber er bereut doch wirklich. Nimm
es doch, wie es geschrieben ist. Etwas annehmen wie es ist, kann 275

unglaublich befreiend sein. Der Glaube hilft auch, ein Schicksal anzunehmen. Das meine ich jetzt gar nicht so resigniert, wie es klingen mag. Aber es gelingt eben nicht alles im Leben.

Sie haben Ihre berufliche Laufbahn irgendwann auf das Familienunternehmen ausgerichtet. Hatten Sie an diesem Weg Zweifel? Ja. Ich habe unterschiedliche Interessen. Ich war beispielsweise auch stark an Journalismus, an Sprachen und Geschichte interessiert und wäre damit gern Journalist geworden. Heute bin ich froh, dass ich das nicht gemacht habe. Damals habe ich mich für das Maschinenbaustudium entschieden, auch, um mir nicht später vorzuwerfen, ich hätte mich nur dagegen entschieden, um aus der Tradition der Familie auszubrechen. Insofern habe ich mich auch für das Studium entschieden, um diesen Drachen zu töten.

Schwierig war dann eher der Einstieg ins Unternehmen in Deutschland. Ich lebte seit 1997 mit meiner Familie in den USA, wo wir sehr glücklich und weit weg waren. Nach sechs Jahren USA zurück nach Deutschland zu kommen, war für meine Frau und mich schwer. In Amerika kann man sehr gut mit Kindern leben, das ist ein unglaublich kinderfreundliches Land, vieles ist im Alltag einfacher als hierzulande. Wir waren im besten Sinne sehr amerikanisiert. Dann in den Schoß der Familie zurückzukehren und in die Zentrale, war nicht einfach. Familienunternehmen ist schön und schwer zugleich. Jeder, der etwas anderes behauptet, sagt die Unwahrheit. Ein Familienunternehmen erfordert viel Disziplin. Ich habe mich immer wieder gefragt: Ist das mein Weg? Und ich halte es für gut, diese Frage zu stellen. Aus meiner Sicht ist es für jeden sehr hygienisch, sich alle fünf Jahre zu fragen: Was will ich? Was tue ich? Will ich so leben? Dann lebt man bewusst.

Was ist der Ort Ihres Glaubens? Der Ort meines Glaubens ist in mir. Das ist ein mehrstufiges Phänomen. Am Ende muss man mit sich selbst befreundet sein, um einen ausgeglichenen Glauben zu haben. Voraussetzung dafür ist, dass man in der Familie, mit Freunden und bei der Arbeit den Ort seines Glaubens hat. Das ist der Fall, wenn man den Glauben in sich selbst verortet. Und natürlich ist der Ort des Glaubens auch in der Gemeinde, sie spielt schon eine besondere Rolle. Dass man für den Glauben an spezielle Orte geht und so eine Verortung sucht, das ist sicherlich ein menschliches Grundbedürfnis. Wir erleben das, wenn wir in eine Kirche gehen. In diesem Moment ist dann das der Ort meines Glaubens. Ich glaube, der wichtigste Ort in der Familie ist der Esstisch. Da findet es statt, das Tischgebet, das Gespräch über Fragen des Lebens und des Glaubens, sich auf Gott besinnen und eine schöne gemeinsame Zeit haben. Ich empfinde regelmäßig am Tisch mit meinen Kindern und meiner Frau, dass Gott mitten unter uns ist. Das ist der Hafen, wo ich einlaufe.

DR.-ING. E. H. PETER LEIBINGER (Jg. 1967) ist stellvertretender Vorsitzender der Geschäftsführung der TRUMPF GmbH + Co. KG und Vorsitzender des Geschäftsbereichs Lasertechnik. Nach dem Maschinenbaustudium arbeitete er von 1997 bis 1999 als Entwicklungsingenieur bei der Ingersoll Milling Machine Company, Rockford, IL/USA. Von 1999 bis 2003 war er Chairman und CEO bei TRUMPF, Inc., Farmington, CT/USA. Seit 2000 ist er Geschäftsführer der TRUMPF GmbH + Co. KG und von 2003 bis 2005 Geschäftsführer der TRUMPF Laser GmbH + Co. KG. Das Unternehmen wurde 2006 mit dem Deutschen Fairness Preis ausgezeichnet.

Wie begegne ich meinem Nächsten wertschätzend?

DR. ULRICH KNEMEYER

D ie Gegend um Vechta, das »Oldenburger Münsterland«, ist eine katholische Gegend. Öffentliche Gebäude, so will es die Tradition, werden hier vor dem Einzug gesegnet. Und es ist üblich, dass im Eingang ein Kreuz hängt. »Auf keinen Fall wollte ich im Neubau nur ein Kreuz haben«, sagt Dr. Ulrich Knemeyer. »Ich wollte etwas Lebendigeres, eine alle Besucher ansprechende christliche Symbolik. Ein Kreuz wäre mir zu einengend gewesen. Wir wollen ein offenes Haus sein.«

2010 war der Neubau der Alten Oldenburger in Vechta fertig geworden. Dr. Ulrich Knemeyer begleitete damals nicht nur Bau und Ausstattung, sondern als Mitglied des Vorstands vor allem die Zusammenführung der Versicherungsgesellschaften VGH-Provinzial Krankenversicherung mit der Alten Oldenburger. »Ein schwerer Prozess« sei das gewesen, erinnert sich der Versicherungsmann. Ein Prozess, in dem viel vermittelt und moderiert wurde, auf allen Ebenen – auch die Entscheidung über eine künstlerische Alternative zum Kreuz im Eingang.

279

Heute hängt hier ein großes Bild des Oldenburger Künstlers Michael Ramsauer. Sein Titel: »Der Barmherzige Samariter«, Öl auf Leinwand in einer strahlenden Farbigkeit leuchtender Orange- und Gelbtöne. Wer dem Weg zu den Büros im Erdgeschoss folgt, findet dort zwei kleinere Motive aus dem Gleichnis. »Der barmherzige Samariter ist für mich der Inbegriff der christlichen Nächstenliebe«, sagt Dr. Ulrich Knemeyer. »Das Bild symbolisiert auch ein wenig die Krankenversorgung, um die es uns geht. Als private Krankenversicherer sind wir im übertragenen Sinn die Helfer. Dieses Bild entspricht der Nähe zum Menschen, der wir uns hier im Haus verpflichtet fühlen.«

»Ich glaube, dass der christliche Glaube einem hilft, die Einstellung zu schärfen und sich immer wieder zu fragen: Mache ich das richtig? Bin ich gerecht?«

Die Alte Oldenburger in Vechta ist eine Krankenversicherung mit Tradition. 1927 als »Bäuerliche Krankenkasse« zur sozialen Absicherung der Heuerleute und Kleinlandwirte im Oldenburger Münsterland gegründet, hat sie sich zu einer bundesweiten Privaten Krankenversicherung entwickelt. Seit 2007 gehört die Alte Oldenburger zum Verbund der VGH, der Versicherungsgruppe Hannover. Deren Tradition ist ähnlich geschichtsträchtig – und christlich geprägt. 1750 war sie als Feuerversicherung der Stände durch den Abt des Zisterzienserklosters Loccum gegründet worden. Diese Ursprünge sind bis in die Gegenwart spürbar und auch in der engen Verbundenheit zur Evangelisch-lutherischen Landeskirche Hannovers sichtbar. Der Abt zu Loccum ist traditionell Vorsitzender der Haupt- bzw. Trägerversammlung.

Für den evangelischen Christen Dr. Ulrich Knemeyer sind diese Wurzeln und Bezüge von großer Bedeutung. »Es macht mich stolz, in einer Unternehmensgruppe zu arbeiten, die diese Traditionen hat. Mich beeindruckt, wenn am Ende einer VGH-Gremiensitzung der Abt das Wort ergreift und abschließend das Tischgebet spricht. Er schafft es trotz strittiger Diskussionen, dass alle am Ende in Frieden auseinandergehen.« Aber auch im täglichen Tun erlebt er immer wieder, dass eine christliche Grundhaltung einen Unterschied machen kann. »Wie komme ich als Führungskraft zu einer Haltung? Wie begegne ich meinem Nächsten wertschätzend? Ich glaube, dass der christliche Glaube einem hilft, die Einstellung zu schärfen und sich immer wieder zu fragen: Mache ich das richtig? Bin ich gerecht?

Dr. Ulrich Knemeyer ist »kein Kirchenmann«, wie er sagt. »Der christliche Glaube gehörte für mich einfach immer dazu.« Als Kind und Jugendlicher erlebte er eine durchaus klassische evangelische Sozialisation in Westfalen mit Konfirmation und Kirchenfreizeiten. Seine Eltern, selbstständige Kaufleute und Inhaber eines Autohauses, lebten ihm vor, wie sich der Glaube im Leben beweist. In der Großfamilie, der häuslichen Pflege für die Großmutter, der Verantwortung für 40 Mitarbeiter. »Ich erinnere mich gut an die Zeit der Ölkrise oder an die Beinahe-Pleite von Opel, als es besonders schwierig war im Kfz-Markt und meine Familie sich fragte: Müssen wir jetzt Leute entlassen? Sie haben es nicht getan und durchgehalten. Diese Erfahrungen haben mich sicher auch geprägt. Auch ich muss mich fragen: Wie gehe ich mit Mitarbeitern um, auch wenn es schwierig wird?«

Für den jungen Ulrich Knemeyer war es ein schwerer Verkehrsunfall, der einen tiefen Einschnitt darstellte und ihm Leben und Glauben neu vermittelte. Dass er und seine Mitfahrerinnen unverletzt blieben, erlebte er als Wunder und als Geschenk eines neuen Lebens. Dass auf den Tag genau 15 Jahre später seine Zwillinge geboren wurden, mag er nicht als Zufall deuten. »Ich glaube, dass Gott sich im Rückblick auf das Leben zeigt«, sagt er heute und fragt sich zugleich: »Warum hat Gott mir in schwierigen Lebenslagen geholfen und anderen eben nicht? Ich habe ein tiefes Vertrauen in eine gute, höhere Macht. Mit der Gewissheit: Du kannst nicht weiter fallen als in Gottes Hand, gewinne ich Gelassenheit und ein Stück Demut. Das hilft mir im Alltag, aber auch im Arbeitsprozess. Es hilft mir, die wichtigen von den eher unwichtigen Themen zu unterscheiden, sich selbst nicht so wichtig zu nehmen und auch offen für Selbstkritik zu sein.«

Dass sein evangelischer Glaube stark ökumenisch geprägt ist, das verdankt er seiner persönlichen Lebenssituation. Seine Frau ist katholisch, geheiratet haben sie in einer Kirche, die von beiden Konfessionen genutzt wird. Gemeinsam entschieden sie, die Kinder evangelisch taufen zu lassen.

Dr. Ulrich Knemeyer, heute Vorstandsvorsitzender der ebenso zum VGH-Verbund zählenden Öffentlichen Versicherungen Oldenburg, war bis 2013 verantwortlich für die Alte Oldenburger Krankenversicherungsgruppe und damit auch für das Zusammengehen mit der Provinzial Krankenversicherung. »In so einer Situation fragt man sich: Wie schaffen wir das? Wie können wir die unterschiedlichen Interessen der Eigentümer, der Mitarbeiter, der Aufsicht wie die unterschiedlichen Kulturen der Häuser zusammenbringen? In diesem Prozess mit all seinen schwierigen Situationen hat mir mein Glaube sicherlich geholfen.«

Das Leitmotto des Unternehmens »Im Mittelpunkt der Mensch« sollte auch hier Geltung haben und damit die christliche Prägung der Versicherungsunternehmen einlösen. Dr. Ulrich Knemeyer entschied sich, neben den vielen juristischen, betriebswirtschaftlichen und formalen Fragen einer solchen Organisationsentwicklung auch dem Zusammenwachsen der Teams, der Führungskräfte und der Unternehmenskulturen Raum zu geben. Er beauftragte als Moderator und Berater Pfarrer Ralf Reuter, der den Prozess dann sieben Jahre lang begleitete.

Ralf Reuter hatte seit 2004 gemeinsam mit Peer-Detlev Schladebusch das Projekt Spiritual Consulting für die Evangelisch-lutherische Landeskirche Hannovers aufgebaut und die Arbeit mit Führungskräften der Wirtschaft zu einem eigenständigen Arbeitsfeld entwickelt. »Pfarrer Reuter war für diesen Prozess der beste Garant, auf die Werte der jeweiligen Häuser einzugehen. Eine professionelle Unternehmensberatung hätte vermutlich die fachlichen Versicherungsthemen in den Vordergrund gestellt, mit ihm standen die Menschen im Mittelpunkt, die selbst entwickeln konnten, wie sie sich das gemeinsame Dach vorstellen können. Pfarrer Reuter stellte nicht das Trennende, sondern das Gemeinsame in den Vordergrund. Es waren viele Veränderungsschritte notwendig, die den Menschen sehr viel abverlangt haben. Das war nicht immer einfach und nicht alle konnten den neuen Weg mitgehen. Aber die Kultur und das Team wurden im Erneuerungsprozess immer stärker.«

Was sich Dr. Ulrich Knemeyer damals für die Alte Oldenburger am Standort Vechta wünschte, das ist in den Räumen des Neubaus spürbar. Transparente Büros mit großen verglasten Türen und Fenstern. Viel Licht und Kunst in Fluren und Konferenzräumen. Kommunikative Treffpunkte auf allen Etagen und eine eigene kleine Kantine, in der die Beschäftigten abteilungsübergreifend zusammensitzen. Von fünf Standorten waren die damals 180 Beschäftigen in den zentralen Neubau gezogen, 50 neue Arbeitsplätze kamen zwischenzeitlich dazu, das Team hat sich spürbar vergrößert. Eine Fortsetzung folgt, in Vechta wird der nächste Bauabschnitt gerade gebaut.

Dr. Ulrich Knemeyer schätzt diese Kultur, »in der Wertschätzung, aber auch Leistungsbereitschaft wachsen können«. Denn auch im Versicherungsgeschäft geht es um Wettbewerb und Gewinn. »Wirtschaftlicher Erfolg ist zwingend mit Gewinn verbunden. Daran ist nichts Schlechtes, aber das Entscheidende ist, wie ich den Gewinn verwende. In der Gewinnverwendung arbeiten die Öffentlichen Versicherer in Niedersachsen und auch die Alte Oldenburger nach dem Gegenseitigkeitsprinzip. Das bedeutet: Die Gewinne kommen in erster Linie wieder den Versicherten zugute. Wir betreiben unsere Geschäfte im Interesse unserer Kunden und des gemeinen Nutzens.« Dieser Gemeinwohlauftrag ist in den Satzungen der Unternehmen fest verankert. »Bei uns geht es wie bei den Sparkassen um die Region und unser gesellschaftliches Engagement. Wir geben Teile des erwirtschafteten Überschusses in Form von Kunst- und Kulturförderung wieder zurück an die Bevölkerung, die in unserer Region lebt und arbeitet.«

So wenig die Gewinnorientierung seines Geschäfts für ihn mit grundlegenden christlichen Haltungen in Konflikt gerät, so wenig tut es das System des Versicherungswesens mit privaten und gesetzlichen Krankenversicherungen. Die Gefahr einer Zwei-Klassen-Medizin ist für Dr. Ulrich Knemeyer keine Systemfrage. Kritiker machten es sich zu leicht, wenn sie von der privaten Krankenversicherung (PKV) als der Versicherung der Jungen, Gesunden, Besserverdienenden sprächen. »Beide Systeme haben wertvolle Solidaritätseffekte. Auch in der PKV zahlen die Gesunden für die Kranken. Ich bin sicher, dass wir in Deutschland nur so gut aufgestellt sind, weil wir beide Systeme haben. Durch die PKV haben wir einen Leistungswettbewerb, in dem sich auch die Gesetzliche immer wieder mit ihren Leistungen messen muss. Die PKV ist generationengerechter als das gesetzliche Kassensystem, das die Beiträge nach dem Umlagesystem erhebt und praktisch keine Rücklagen hat. Hier zahlen perspektivisch die Jungen für die Alten – wenn der Leistungskatalog auf dem heutigen Niveau verbleibt.« Vor dem Hintergrund der demografischen Entwicklung in Deutschland sieht der Versicherungsmann hierin eine problematische Zukunftsperspektive. »Um die Themen der Generationengerechtigkeit müssen wir als Gesellschaft stärker ringen. Ich bin sicher: Je mehr private Voll- und Zusatzversicherungen wir in unser Krankensystem einflechten, umso solidarischer kann das gesamte System langfristig funktionieren.«

»Um die Themen der Generationengerechtigkeit müssen wir als Gesellschaft stärker ringen.«

Seit 2013 hat Dr. Ulrich Knemeyer eine neue berufliche Aufgabe in Oldenburg. Als Vorstandsvorsitzender trägt er Verantwortung für den regionalen Lebens- und Schaden-/Unfallversicherer mit über 700 Mitarbeitern im Innen- und Außendienst. »Wir sind ein starkes Haus mit einer erfolgreichen Tradition. Damit wir uns aber auch in Zukunft gut weiterentwickeln, arbeite ich mit Pastor Reuter in Kulturfragen wieder eng zusammen. Wir haben einen unternehmensweiten Veränderungsprozess ›Aktiv Zukunft gestalten – gemeinsam für die Region‹ ins Leben gerufen«, erklärt Knemeyer. Ziel des neuen Projektes sei es, das traditionelle Geschäftsmodell an die Digitalisierung anzupassen. »Neue Investitionsfelder werden gemeinsam mit allen Führungskräften und der VGH beraten. Notwendige Veränderungen für die Zukunft müssen eingeleitet werden, auch Kostensenkungsprogramme gehören dazu.« Dr. Ulrich Knemeyer erzählt auch von zahlreichen Sport-, Kultur- und Sponsoringmaßnahmen im

285

Oldenburger Land, die es ohne die Öffentliche nicht geben würde. »Von den Möglichkeiten unseres gesellschaftlichen Engagements – auch über unsere Kulturstiftung – bin ich immer wieder tief beeindruckt.«

»Das Helfen und Kümmern, von dem im Gleichnis vom Barmherzigen Samariter erzählt wird, verstehe ich als Verpflichtung.«

Von dieser Solidarität und der Orientierung am Gemeinwohl ist es nicht weit zum christlichen Gedanken der Nächstenliebe. Dr. Ulrich Knemeyer kehrt immer wieder dorthin zurück. »Das Helfen und Kümmern, von dem mir im Gleichnis vom barmherzigen Samariter erzählt wird, das verstehe ich auch als Verpflichtung für mich als Versicherungsmensch und in der Vorstandsverantwortung.«

Wer ist denn mein Nächster? (Lukas 10,29)
»Diese Frage des Pharisäers, auf die Jesus das Gleichnis vom barmherzigen Samariter erzählt, berührt mich, weil es eine Ansprache ist, den Nächsten in jedem unserer Mitmenschen zu sehen. Der Nächste, das sind meine Kunden, die mir ihr Geld anvertrauen, damit wir ihnen Sicherheit gewähren. Die Nächsten sind meine Mitarbeiter. Sie setzen die Unternehmensziele mit um und schaffen dessen Werte. Mein Nächster, das ist auch die Bevölkerung im Oldenburger Land, der wir als Regionalversicherer verpflichtet sind. Mein Nächster im privaten Umfeld ist meine Familie, meine Lebensquelle.«

DR. ULRICH KNEMEYER (Jg. 1963) ist Vorstandsvorsitzender der Öffentlichen Versicherungen Oldenburg und Mitglied des Vorstands der VGH. Nach dem Studium des Wirtschaftsingenieurwesens mit Schwerpunkt Versicherungswissenschaften begann seine berufliche Laufbahn bei den VGH Versicherungen, wo er berufsbegleitend promovierte. Seit 1995 hatte er in der Versicherungsgruppe verschiedene Leitungs- und Vorstandsaufgaben inne. Dr. Ulrich Knemeyer ist verheiratet und hat zwei Kinder.

Denn Gott hat uns nicht gegeben
den Geist der Furcht, sondern der Kraft
und der Liebe und der Besonnenheit

2. TIMOTHEUS 1,7

Des Tags keine Geschäfte machen, die mich des Nachts nicht schlafen lassen

MARLEHN THIEME

In einer hanseatisch-mittelständisch geprägten Familie aufzuwachsen, habe ich als besondere Schule fürs Leben empfunden. Es waren die mittäglichen Gesprächsrunden, wenn meine Eltern über ihre morgendlichen Erfahrungen sprachen: eine Einführung in Branchen, in Vertrags- und Finanzierungsgestaltungen, und darüber, welche Produktlinie, Logistiklösung oder Werbeidee bedacht worden war. Dabei fand ich die Art und Weise, wie Mitarbeiterinnen und Mitarbeiter eingebunden, angewiesen, motiviert – und wenn nötig auch sanktioniert – wurden, besonders interessant. Deutlich wurde uns vor Augen geführt: Das alles funktioniert in einer überschaubar kleinen Stadt nur, wenn die Eigentümer oder Führungskräfte und ihre Familien vorleben, was sie von anderen verlangen. Aber auch, dass es morgen anders sein könnte; denn das übernommene Risiko könnte sich verwirk-

289

lichen und fordert Demut und womöglich Einschränkung der Lebensverhältnisse. Zugleich wurde sich um die gekümmert, die Hilfe für sich selbst oder für ihre Familien brauchten, oder um die, die auf der Strecke blieben: Um Wohnungen, Altenheim-, Arbeits- oder Ausbildungsplätze kümmerte sich meine Mutter, wenn darum gebeten wurde oder der Bedarf erkennbar war. Dabei bezogen sich meine Eltern nicht ausdrücklich auf die volkskirchlich-christliche Prägung der Familie. Meine Familie war nicht sehr fromm, übernahm aber Kirchenvorstands- und Synodalaufgaben und Stiftungsverantwortung.

Das in dieser Selbstverständlichkeit vorgelebte Gottvertrauen und der daraus erwachsene Glaube haben mir in persönlich schwierigen beruflichen und persönlichen Situationen Kraft gegeben. Gebet, Besinnung, Zurücknehmen und Durchatmen halfen und helfen mir und ermutigen mich zu vorsichtigem, entschiedenem oder besonnenem Vorgehen. Gespräche mit Mitarbeitern, Kollegen, Vertragspartnern und Vorstandsmitgliedern erfordern Klarheit und eine eigene Position, aber auch immer wieder Perspektivwechsel und Eingehen auf die Sichtweise des Gegenübers. Insbesondere in unerwarteten Personalwechseln sind es dann auch einsame Waldspaziergänge oder das Hören auf Musik, was mich erdet und mir Orientierung gibt.

Meine Eltern sind mir bis heute persönliche Vorbilder in Aufrichtigkeit und Geradlinigkeit. Kirchlich geprägt hat mich der Großvater einer Jugendfreundin, der Pastor in Ostholstein war. Sein weites Herz, seine Menschenfreundlichkeit und ehrliche Zugewandtheit verband er mit verständlicher Theologie für die Menschen in den Dörfern und für uns junge Menschen. Beruflich waren es Vorgesetzte in der Deutschen Bank, die ihre christliche Orientierung bei hohem Anspruch an Einsatz, Kompetenz und eigene Verantwortung trotzdem nachvollziehbar für Mitarbeiter lebten. Sei es, indem sie den Schuldenerlass für Entwicklungsländer gegen den Mainstream der Banker forderten oder sich weit über ihren Aufgabenbereich mit allen Einflussmöglichkeiten für mehr Ausbildungsplätze für junge Menschen einsetzten.

»Gebet, Besinnung, Zurücknehmen und Durchatmen ermutigen mich zu vorsichtigem, entschiedenem oder besonnenem Vorgehen.«

In meinem beruflichen Alltag versuche ich, mir selber treu zu bleiben und mich nicht verbiegen zu lassen. Oftmals ist ein Tag durch die Lektüre von Losung und Lehrtext unbeabsichtigt geprägt, sie gehen mir den ganzen Tag nach und beeinflussen so auch meine Entscheidungen und Vorgehensweisen. Gut hanseatisch versuche ich des Tags keine Geschäfte zu machen, die mich des Nachts nicht schlafen lassen, indem ich mir die Risiken soweit möglich auch quantitativ verdeutliche, Worst-Case-Szenarien in verschiedene Richtungen denke und bei dem, was nicht bezifferbar ist, mit Heuristiken und Intuition Einschätzungen versuche. Meine Unabhängigkeit ist mir viel wert und meine Eitelkeit nicht so groß, so dass ich versuche, Menschen von etwas zu überzeugen, statt sie zu überreden. Ich stimme nicht zu, wenn ich etwas nicht verstehe und selber formulieren kann. Das ist unbequem, nervt meine Mitarbeiter, aber gibt mir Kraft!

Ein Bibelwort, das mich durch mein Leben begleitet, ist dieses: »Denn Gott hat uns nicht gegeben den Geist der Furcht, sondern der Kraft und der Liebe und der Besonnenheit« (2. Timotheus 1,7). Die Zuversicht, diese Befreiung aus Verzagtheit gibt mir Mut und Kraft, das Gute und Richtige zu denken und zu wollen und hoffentlich, das mögen andere beurteilen, auch dazu beizutragen.

»Für mich ist christliche immer mehr als nur gute Unternehmensführung.«

Einen grundsätzlichen Widerspruch zwischen gewinnorientierter Unternehmensführung und christlichem Glauben sehe ich nicht, aber wer nur Eigennutz sieht und Notlagen oder Unwissen ausnutzt, wer Gewinn nicht als Preis für eingesetztes Kapital, Kompetenz und Risiko betrachtet, sondern für sich oder seine Firma ein Recht auf unbegrenzte Gewinnmaximierung beansprucht, wer also den Gewinn absolut setzt und das Verhältnis zu Risiko und Zeit nicht beachtet, der erfordert Widerspruch.

Zunächst kommt es für mich auf die gute und schlechte Unternehmensführung an, es gibt dafür auch objektive Kriterien. Für eine christliche Unternehmensführung scheint mir die Motivlage, aus der heraus die handelnden Führungskräfte agieren, wesentlich, aber auch nicht darauf zu begrenzen. Christliche Unternehmensführung kann darüber hinaus auch zusätzliche Aspekte in den Blick nehmen: menschliche Fürsorge für die Mitarbeitenden und ihre Familien, umweltgerechtes Produzieren, die Interessen der Menschen in der Einen Welt oder der nachfolgenden Generationen – oder auch die Verwendung der Erträge oder des Gewinns, und damit deutlich über den direkten Unternehmenszweck hinausgehen. Daher ist für mich christliche immer mehr als nur gute Unternehmensführung.

MARLEHN THIEME (Jg. 1957) ist Vorsitzende des Rates für Nachhaltige Entwicklung, Mitglied des Rates der Evangelischen Kirche in Deutschland, Vorsitzende des Aufsichtsrates der Bank für Kirche und Diakonie und Vorsitzende des ZDF-Fernsehrates. Sie war 27 Jahre in der Deutschen Bank tätig, u. a. im Bereich Personal, Corporate Social Responsibility und als Mitglied des Aufsichtsrates. Die Juristin ist verheiratet und hat mit ihrem Mann Hinrich zwei erwachsene Töchter.

293

»Ora et labora«:
Warum das eine
viel mit dem anderen
zu tun hat

DR.-ING. E. H. FRIEDHELM LOH

»Ora et labora«, die bekannte Regel, die den Benediktinern zuge-
schrieben wird, aber wohl erst aus dem Spätmittelalter stammt,
ist für mich seit vielen Jahren der Leitvers meines Lebens. Denn in
kaum einem anderen Satz spiegeln sich die beiden Pole meines
Lebens als Christ und Unternehmer so gut wider wie in diesem
Zweiklang aus Beten und Arbeiten.

Warum mir Gebet wichtig ist
Das Gebet steht am Anfang meines Tages. Es weist weg von mir,
von dieser Erde, hin zu dem, der über allem steht, dem Allmächti-
gen. Man darf abgeben, zeigt seine leeren Hände. Im Gebet ist
man Empfänger, nicht Geber, was für mich als Unternehmer eine
eher untypische Rolle ist. Für Allmachtsphantasien ist da kein
Platz. Gebet rückt die Prioritäten wieder zurecht, zeigt, wer ich
wirklich bin. Im Gebet werden wir wieder wie Kinder, die mit
dem Vater sprechen, direkt, schnörkellos, vertraut, empfangend.
Es geht um ihn, nicht um mich. Er ist der Höchste und der Größte. **295**

Gebet macht demütig, und dankbar. Gebet bedeutet für mich: Ich habe eine Audienz mit dem Schöpfer, der sich um mich kümmert. Gebet ist die Standleitung zu ihm, die immer frei ist. Das Gebet fußt dabei auf meiner persönlichen Beziehung zu Jesus Christus. Es drückt Nähe aus, nicht Distanz. Gebet fußt auf meinem Glauben. Der Glaube an ihn ist ein großes Geschenk, das ich seit vielen Jahren in mir tragen darf. Deshalb ist das Gebet für mich eine sehr persönliche Sache, ein Zwiegespräch mit einem nahbaren Gott, der in Jesus Christus sogar Mensch wurde. Von daher gehört das Gebet für mich nicht ins Schaufenster, sondern ins »stille Kämmerlein«.

Gebet bedeutet für mich: Ich bin nicht allein, ich muss nicht immer alles selber reißen. Gebet ist deshalb nicht leicht, denn als Unternehmer will man eigentlich alles selber schaffen. Ohnmachtserfahrungen lieben wir nicht. Durch das Gebet lerne ich, abzugeben, loszulassen, Not zuzugeben, einen anderen, Größeren ranzulassen. Im Gebet darf ich deshalb meine Anliegen vor Gott bringen, die privaten wie die beruflichen. Das Gebet ist für mich von daher eine ungeheure Entlastung, weil Gott 1000 Mal mehr Möglichkeiten hat als ich.

Im Gebet kommt man auch zur Ruhe, ein großes Geschenk in einer ruhe- und rastlosen Zeit. Es ist das »Atemholen der Seele« (J. H. Newman). Gebet hilft, sich auf das Wesentliche zu besinnen, die Gedanken zu ordnen, sich innerlich reinigen zu lassen. Es ist für mich die Oase im Stress einer sich immer schneller drehenden Welt, die einem die Luft zum Atmen nimmt.

Warum Arbeit für mich wichtig ist

Weil Arbeit Auftrag ist und Berufung sein darf. Letzteres habe ich erst lange nach meinem Start als Unternehmer erleben dürfen.

Als mein Vater 1971 mit 57 Jahren starb, war die Frage der Berufung nicht entscheidend, sondern der Erhalt des Unternehmens und der Arbeitsplätze. Erst als Selbstzweifel über schwierige Fragen meinen Alltag prägten und ich Gottes Führung in vielen Entscheidungen erleben durfte, war ich mir meiner Berufung sicher. Deshalb ist es ein Geschenk und eine Gabe, dass ich die Unternehmen seit mehr als 45 Jahren erfolgreich führen darf.

»Gebet ist deshalb nicht leicht,
denn als Unternehmer will
man eigentlich alles selber schaffen.«

Die Arbeit steht neben dem Gebet. Christen sollen nicht die Hände in den Schoß legen, sondern zupacken. Arbeit ist Teil der guten Schöpfung Gottes. Gott selber arbeitet. Er schuf diese Welt und erhält sie. Er kümmert sich um seine Leute. Gott schläft nicht.

»Labora« ist Auftrag Gottes an uns. Der christliche Glaube hat die Arbeit immer als etwas Positives gesehen, als wichtigen Teil unseres Lebens. Arbeit als Gottesdienst, Beruf als Berufung von und vor Gott, wie es Luther sah. Arbeit ist nicht immer leicht. Auch ich kenne Zeiten, wo die Arbeit mehr Last als Lust war. Zu viel Arbeit drückt nieder. Schon seit dem Sündenfall geschieht Arbeit »im Schweiße des Angesichts«. Die Herausforderungen sind in den letzten Jahren nicht weniger geworden. Die Verantwortung drückt, die Weltmärkte ruhen nicht. Personelle Probleme zehren an den Nerven. Arbeit kann sehr hart sein.

Und doch macht Arbeit auch Freude. Erfolg motiviert. Innovationen treiben an. Dabei ist immer Durchhaltekraft angesagt, Mut zu zielorientierten und harten Entscheidungen. Dazu gehört auch Risikobereitschaft, mit der Konsequenz, die Verantwortung für Fehlentscheidungen zu übernehmen. So macht Arbeit verbunden mit Chancen und Risikobereitschaft in Verantwortung auch Spaß, spornt an, gibt Mut zum Handeln und innere Stärke.

»Gott segnet weder den betenden Faulenzer noch den gottlosen Endlosarbeiter.«

Warum Gebet und Arbeit zusammengehören

»Ora et labora« bedeutet für mich: Gebet und Arbeit gehören untrennbar zusammen. Gott segnet weder den betenden Faulenzer noch den gottlosen Endlosarbeiter. Gebet und Arbeit sind auch nicht dasselbe. Weder ersetzt das Gebet die Tat noch die Arbeit das Gebet. Aber Gebet und Arbeit sind aufeinander bezogen, sie bedingen sich gegenseitig. Glaube und Gebet durchdringen die Arbeit, geben ihr einen Sinn und ein ethisches Fundament. Sie zeigen mir, warum und wie ich arbeiten soll. Gebet und Glaube sind wie der Kompass in stürmischer See, das Navigationssystem im anschwellenden Berufsverkehr und die Oase inmitten der Wüste. Das eine geht ohne das andere eigentlich gar nicht.

»Ora et labora« ist nicht nur mein Lebensmotto, sondern war auch das meiner Eltern. Sie lebten mir vor, dass tiefer Glaube an Jesus und voller Einsatz für das Unternehmen und im Ehrenamt zwei Seiten derselben Medaille sind. Ihr Mut, ihre Innovationskraft und ihre Hingabe an Gott legten die Grundlage unserer Unternehmensgruppe. Dafür bin ich dankbar.

Lebendige Vorbilder prägen mehr als alle Unternehmensgrundsätze und Leitbilder. Deshalb braucht es heute in der Marktwirtschaft der Moderne vor allem eins: echte Vorbilder, die ihr Unternehmen mit christlichen Werten führen. So kann man gut »Evangelisch. Erfolgreich. Wirtschaften«.

DR.-ING. E. H. FRIEDHELM LOH (Jg. 1946) ist Inhaber und Vorstandsvorsitzender der Friedhelm Loh Group. Nach einer Ausbildung zum Stark-
stromelektriker studierte er Betriebswirtschaftslehre und arbeitete dann
in Unternehmen der Metallverarbeitung und Elektroinstallationsindustrie.
1974 übernahm er die Geschäftsführung der Familienunternehmen Rittal
und Ritto, aus denen die Friedhelm Loh Group entstand. Friedhelm Loh
ist Ehrenpräsident des Zentralverbandes Elektrotechnik- und Elektronik-
industrie. Er ist u. a. im Vorstand Bibellesebund, Vorsitzender der Stiftung
Christliche Medien und Mitglied im Kuratorium der Internationalen Martin
Luther Stiftung, Stifter der Stiftung für Christliche Wertebildung, Stiftungs-
ratsmitglied Stiftung Volkenroda.

299

Mit Menschenliebe meine Arbeit gut zu machen, ist Gottesdienst

FRIEDHELM WACHS

Herr Wachs, was bedeutet es für Sie, Berater zu sein? Für mich ist Berater sein im besten Sinne des Wortes Unternehmer sein. Es geht darum, Menschen zu befähigen, ein Ziel zu erreichen. Dabei auf intrinsische Mittel beim Kunden setzen zu müssen, weil mir in der Regel das Machtinstrumentarium direkter Hierarchien fehlt. Beratung braucht Menschenliebe. Das gilt in der Arbeit für Konzerne, Eigentumsunternehmer und Politik, auf nationalem, europäischem und internationalem Niveau, gleich in welcher Branche. Aber auch für meine eigenen Führungskräfte. Enabeling ist hier mein englisches Lieblingswort.

Wenn Beratung Menschenliebe braucht, wie gelingt es, in Prozessen und Verhandlungen, in denen es um viel Geld geht, den Menschen in den Mittelpunkt zu stellen? Genauso wie im Straßenverkehr. Der dient dem Menschen.

301

Das ist die Frage, ob dort der Mensch oder das Auto im Mittelpunkt steht ... Es steht der Mensch im Mittelpunkt. In verschiedener Hinsicht. Verhandeln ist keine Kunst, es ist ein Prozess. Prozesse nutzen im besten Fall Strukturen und Systeme, die zum Ergebnis führen. Das ist vergleichbar mit den Verkehrsmitteln, den Straßen und der Landkarte, die ich im Blick habe. Da will der Mensch von A nach O. Manchmal fährt er dabei mit X und Y über B. Selten geht es dabei quer übers Feld. So geht es uns auch, wenn wir Menschen in ihrer Verhandlung unterstützen. Wir planen Verhandlungen komplett vor, zurück und durch. In unserem Bereich kann man auch das Bild der Planungsstäbe am Kartentisch nutzen. Hier halte ich es mit dem ehemaligen US-Präsidenten Eisenhower: *»Plans are worthless, but planning is everything«*. Wir kommen vom gewünschten Ergebnis her. Dabei schauen wir uns die Interessen an, dann die Werte der handelnden Menschen und organisieren, dass die Art und Weise der Verhandlung zu den Menschen passt. Ein grundehrlicher Mensch kann nicht bluffen. Spätestens in dem Moment, wo er unter Druck gerät, gibt er den Bluff auf. Also muss ich für den Grundehrlichen eine ganz andere Verhandlungsstrategie entwickeln als für jemanden, dessen Kernwert das Siegen ist. Wem es nur ums Gewinnen geht, der rennt quer durch Nachbars Garten, egal, ob das erlaubt ist oder nicht. Wie im Straßenverkehr. Es geht also um die Frage: Welche Werte hat der Mensch und wie leitet sich daraus sein Handeln ab?

Was machen Sie, wenn einer quer durch Nachbars Garten rennt? Gehen Sie da mit? Nein, gehe ich nicht. Ich sensibilisiere ihn dafür, dass der Gartenbesitzer vielleicht Fallen aufgestellt hat und er auf dem Weg dann vielleicht doch nicht der Schnellste ist. Der Gedanke ist für den »Gewinner« nicht sehr erträglich und er denkt sich andere Wege aus. Aber bevor ich sensibilisieren kann, muss ich zuallererst jeden in seinen Werten annehmen. Unabhängig davon, wie ich diese empfinde. Dazu sind erstaunlich wenige Menschen in der Lage. Die meisten verlangen den Kategorischen Imperativ vom anderen. Sie entrüsten sich, bauen moralische Empörung auf, pressen den anderen in ihr eigenes normatives Gerüst, das diesen dann als gut oder schlecht bewertet. Das halte ich für schwierig. Mir geht es darum, die Werte und wo vorhanden auch Haltung der anderen Seite zu kennen und sie für mich wertlos im Lutherschen Sinne hinzunehmen.

Was bedeutet es also für Ihre Arbeit, dass Sie diese als evangelischer Christ tun? Drei Punkte sind es besonders: Rechtfertigung aus Gnade und damit in Freiheit, das Luthersche Berufsverständnis und der dem Menschen dienende Zweck der Wirtschaft. Wenn ich dem Lied von Arno Pötzsch folge: »Ich kann nicht tiefer fallen als in Gottes Hand« und dies verbinde mit Galater 5,1 »Zur Freiheit seid ihr befreit«, dann erwächst daraus eine Freiheit in der Beratung, die für manche Führungskraft schwer erträglich ist.

»Mein Verhältnis zur Realwirtschaft ist lutherisch.«

Luthers Berufsverständnis ist der zweite Aspekt. Ich setze meine Gaben aus meiner Sicht bestmöglich ein. Mit Menschenliebe meine Arbeit gut zu machen und auch international Standards zu setzen, ist Gottesdienst. Das war schon im Sport für mich so. Da staunen dann meine jüdischen und muslimischen Kollegen über diesen evangelischen Ansatz, der ohne Verbote auskommt, und er führt auch zu dem einen und anderen weltanschaulichen Glaubensgespräch. Der dritte Aspekt: Lutherisch ist auch mein Verhältnis zur Realwirtschaft. Ich mache Beratung in der Realwirtschaft, für Menschen. Aus meiner ethischen Grundhaltung heraus mache ich keine Beratung wie beispielsweise in der fiktiven Finanzwirtschaft, wo Geld sich selbst produziert. Ich habe mich von solchen artifiziellen Themen ferngehalten. Oft kommt dazu, dass ich selbst bei großen Unternehmen und Milliardenprojekten in der Situation bin, dass das Gegenüber im Zweifel mächtiger ist als mein Kunde. Damit habe ich in gewissem Sinne eine David-Goliath-Situation. Das zwingt zur Besinnung.

Die fachliche Qualität eines Beraters ist das eine. Ihre christliche Haltung prägt Ihr Handeln. Macht sie letztlich einen qualitativen Unterschied? Ja, weil sie sich am Menschen orientiert und sich insbesondere das Evangelische an der Suche nach jener Wahrheit beteiligt, die mit dem Begriff Liebe verbunden ist. Das heißt, wenn du keine Liebe zu den Menschen hast, triffst du alle Entscheidungen unberührt und automatisiert wie eine intelligente Maschine. Das sind komplett andere Entscheidungen. Als Christ entscheide ich entlang einer Wahrheit mit Menschenliebe. Das heißt nicht, dass jeder, der der Kirche angehört, ein besserer Manager ist, denn wir sind alle fehlbar. Dagegen heißt es auch, dass sich Menschen, die der Kirche fernstehen, aufgrund ihrer kulturellen Prägung durchaus im christlichen Sinne menschenliebend verhalten können. Die Wahrheit verbunden mit der Menschenliebe – das macht einen großen qualitativen Unterschied aus. Neben der Freiheit.

Wie würde sich das zum Beispiel in einer Verhandlungssituation zeigen? Zunächst einmal in dem, was Sie nicht tun. Es gibt Unternehmen, die greifen in die Kiste der psychischen und physischen

Folterinstrumente. Sie scheuen nicht vor dem emotionalen Waterboarding zurück und auch nicht vor physischem Druck durch Kälte, Schlafentzug, Hitze, Flüssigkeitsverweigerung und andere Instrumente. Das ist das Gegenteil von Menschenliebe, das ist Menschenverachtung. Die halte ich nicht für zielführend und ihr Einsatz entspricht nicht meiner Haltung. Umgekehrt achte ich darauf, dass meine Kunden und Mandanten sich von solchen Maßnahmen nicht beeindrucken lassen und ihre Bedürfnisse in solchen Umfeldern artikulieren, sie freundlich und bestimmt umsetzen oder Gespräche aussetzen, bis sich die Lage verändert hat.

»Wenn du keine Liebe zu den Menschen hast, triffst du alle Entscheidungen automatisiert wie eine intelligente Maschine.«

Wie zeigt sich dann positiv gewendet eine Haltung der Liebe und der Freiheit? Ist sie in einer Verhandlung überhaupt am richtigen Platz? Freiheit hat den großen Vorteil, dass man den Verhandlungstisch verlassen kann – für immer, weil man eine bessere Alternative hat, oder vorübergehend, weil die andere Seite die Spielregeln missbraucht. Das ohne Aggression zu tun, gelingt mit einer Haltung der Menschenliebe gleich, welcher Handlung, Herkunft und Haltung mein Gegenüber ist. Damit kann ich auch entspannt und ohne Gesichtsverlust wiederkommen, wenn es die Verhandlungssituation verlangt.

So können Sie auch mit Entführern und Erpressern und Kriegsverbrechern verhandeln und trotzdem in ihnen den Menschen sehen. Nicht anders geht es mir da mit Menschen in Vorständen, die im Geschäft Maß und Mitte aus meiner Wahrnehmung verloren haben. Auch in ihnen sehe ich den Menschen. 305

Dabei kann ich dann inhaltlich hart mit jemandem verhandeln und ein klares Interesse vertreten und trotzdem Haltung bewahren. Das führt im Ergebnis dazu, dass ich bekomme, was ich will, aber die Gesprächskultur und die Wertschätzung gegenüber der anderen Seite erhalten bleibt.

Wann wussten Sie, dass Sie ein Talent zum Verhandeln haben? Andere wussten das früher. Sie drängten mich in Rollen, in denen ich verhandeln musste. Erst als Schulsprecher, dann als Aktivensprecher im Sport. Mit Verhandlungsführung habe ich mich mit 16 Jahren als Aktivensprecher systematisch beschäftigt, weil ich es mit Gesprächspartnern zu tun hatte, die mehr als doppelt so alt und wesentlich erfahrener waren als ich. Das strategische Denken am Kartentisch, also Sandkastenspiele zu treiben, bevor es in die Realität geht, das kam also relativ früh. Ich saß dann schnell im Vorstand der Deutschen Sportjugend, parallel im Vorstand der Jungdemokraten. Dort war ich für Internationales zuständig, habe Ost-West-Themen verhandelt und daraus ergab sich dann eine Reihe von weiteren Punkten. Unternehmen wurden im Sport auf mich aufmerksam. Wenn Kunden anfangen, für eine solche Arbeit zu bezahlen, dann weißt du, du hast Talent und es geht nicht nur um politische Loyalitäten.

Haben Sie das von Anfang an mit einer menschenfreundlichen Haltung getan? Im Politischen wie im Professionellen habe ich am Anfang auch Phasen gehabt, wo ich eher auf das Siegen im Sinne des fundamentalen Siegs gesetzt habe als darauf, die andere Seite stehen zu lassen. Das kam dann nach einiger Zeit wieder, in der Auseinandersetzung mit mir selbst, mit Gott, mit dem Glauben. Vorher habe ich mit 13 innig Jungschar-Arbeit verantwortet. Mein Kirchenvorstand wollte, dass ich mit der Gruppe erst bete und dann mit den Kindern etwas unternehme. Ich hatte aber zu 80 Prozent Kinder, die mit der Kirche nichts am Hut hatten, also habe ich es umgekehrt gemacht.

Mussten Sie dafür verhandeln? Versucht habe ich es, dann lange dafür gestritten und den Alten im Ergebnis das Feld überlassen. Leider ging die Jungschar dann ein. Ich bin nach dem Disput in die DLRG gegangen und habe dieselbe Arbeit in einem anderen Umfeld gemacht. Ohne Beten. Aber mit Menschenliebe.

Hat Ihr Glauben Sie dennoch immer begleitet? Wie viele Christen habe ich Phasen starken und Phasen schwächeren Glaubens gehabt. Er war am Anfang stark, dann relativ schwach, über eine längere Zeit eher am Rande immer dabei. Dann ist meine jüngste Schwester an Brustkrebs gestorben. Sie war kirchlich sehr engagiert und im Glauben sehr fest. Das hat mir noch mal einen deutlichen Kick gegeben. Wir haben die letzten drei Wochen ihres Lebens 24 Stunden am Tag zusammen verbracht. Dieses Gehen, Nicht-gehen-wollen, Sich-dann-doch-fallenlassen, das zu erleben war intensiv und schön. Und in diesem Umgehen mit einer Unabänderlichkeit hat sie mir gezeigt, was den großen Unterschied macht. Gottvertrauen in einer direkten und unmittelbaren Beziehung zu ihm. Dieses Gottvertrauen ist ein großer Tröster und gleichzeitig gibt es dir eine unendlich große Ruhe, Liebe und ein Lächeln auch im Schmerz.

War Ihre Schwester Ihnen in dieser Situation ein Vorbild? Ja.

Wie leben Sie heute Ihren Glauben? Wie viel Raum hat Glaubenspraxis in Ihrem Alltag? Ich habe verschiedene Ecken des Engagements für meinen Glauben, ein bisschen wie Zettels Traum von

Arno Schmidt. Meine Familie und meine Kinder in ihrer Entwicklung unterstützen, helfen eine Haltung auszubilden, ist für mich Gottesdienst. Nach meinem Berufsverständnis aus dem Glauben heraus ist schon meine Arbeit Gottesdienst und auch mein ehrenamtliches Tun in der Gesellschaft. Das hat alles mit Menschenliebe zu tun. Die Thomaskirche hier in Leipzig mit dem Grab von Johann Sebastian Bach ist mir meditativ ein Reflexionsraum. Seine Musik auf Weltniveau verbreiten zu helfen, ist mir Gottesdienst. Sakrale Kunst wie die aus den Cranach Werkstätten erhalten zu helfen, ist mir Gottesdienst. Ich halte es sehr mit dem in Holz gefrästen Spruch im Herrenzimmer meines Urgroßvaters: »Ein sel'ger Blick gen Himmel ist oft besser als ein falsch Gebet«.

Insofern gibt es am Tag viele Orte und Begegnungen, die für mich Gottesdienst sind. Für mich ist die intellektuelle Herausforderung wichtig. Mich mit meiner Pfarrerin Britta Taddiken austauschen, mit Bruder Helmut Roßkopf, mit Petra Bahr, Sigurd Rink, Nils Ole Oermann, Klaus Tanner und vielen anderen mich in meiner individuellen evangelischen Haltung weiter formen und formen zu lassen, auch das ist für mich Gottesdienst. Die Seele geht mir auf bei einem andächtigen, klaren, fast gregorianisch gesungenen Kyrie Eleison. Mit dem Arbeitskreis Evangelischer Unternehmer in Deutschland einen Raum schaffen, in dem Unternehmer sich offen einbringen können, eine eigene Form der Gemeinde neben der Ortsgemeinde bilden, ist mir Gottesdienst. Ein bisschen an der Kirche kratzen, die den Unternehmer eher für den Auszusetzenden hält als für den Aussätzigen, den sie aufzunehmen hat, auch das ist mir Gottesdienst.

Letzteres war in den 1960er Jahren die Erfahrung der Gründungsmitglieder des AEU. Ist das noch immer so? Die Kirche tut so, als sei sie für die Schwachen da, definiert Schwäche aber nicht auch spirituell und emotional hilfsbedürftig, sondern ausschließlich über den Geldbeutel. Das halte ich für fundamental falsch. Nach Luther ist die Magd so viel wert wie der Fürst. In der evangelischen Kirche heute ist die Frau an der Supermarktkasse sozusagen die Fürstin, die Wichtige, Große, Herauszustellende und der Unternehmer ist die Magd. Heute müssen wir auch in der Glaubensfrage den Unternehmer ganz anders mit einbeziehen. Seelsorgerische Arbeit für Unternehmer ist in dieser Kirche nahezu nicht vorhanden, aber im Zweifel doch unglaublich notwendig.

»Die Kirche tut so, als sei sie für die Schwachen da, definiert Schwäche aber ausschließlich über den Geldbeutel.«

Fragen Sie mal einen Pfarrer, wann er ein Unternehmen besucht hat. Lebenswirklichkeiten wahrzunehmen ist eigentlich eine Grundnotwendigkeit, wenn ich Menschen annehmen will. Pfarrerinnen und Pfarrer kennen sich alle in Krankenhäusern, Altenheimen oder Kindergärten aus, aber in der Lebenswelt der meisten Menschen als Mitarbeiter nicht und schon gar nicht in der Lebenswelt der meisten Führungskräfte. Das passt oftmals so wenig in das ideologische Weltbild eines Pfarrers wie in das eines Lehrers.

Wenn Pfarrer und Pfarrerinnen wüssten, wie es in Unternehmen aussieht, was wäre dann anders in der Kirche? Es wäre wohl eine reflektierte und sehr weiterentwickelte Kirche. Das erste ist das Thema Seelsorge. Wenn ich jemanden seelsorgerisch begleiten will, muss ich den Versuch machen, mich in seine Welt hineinzuversetzen. Würden sie das tun, wäre das anders. Die Kirche würde sehen, wie weit sie organisatorisch hinterherhinkt,

309

und dort von den Unternehmen lernen. Wo Personalakten noch auf dem Handwagen gefahren werden, darf man sich gerne in den 70er Jahren des letzten Jahrhunderts wähnen. In der Finanzierung würde sie verstehen, dass ein dauerhaftes Defizit zum Verschwinden des Unternehmens führt. Das ist mit der Kirche nicht anders. Also muss sie sich fragen, wie sie bei wegbrechenden Finanzen die ihr nunmehr seit zwei Jahrtausenden zukommende Rolle sicherstellen will, im Zweifel auch ohne Kirchenbeamtentum.

In der Mitarbeiterführung würde man sich nach einem Blick in Google, Porsche und Bosch, aber eben auch in den Handwerksbetrieb vor Ort, eine fundamentale Hinwendung zum mitarbeitenden Menschen abgucken. Spezialisierung auf das Theologische in Alltag und Lehre könnte auch ein Aspekt sein. In der evangelischen Kirche würden die Fragen nicht politisch beantwortet werden, sondern individuell-schöpfungstheologisch hergeleitet. Auch das wäre anders. Die Relevanz der Kirche liegt in ihrer Fähigkeit, sich theologisch zu äußern. Politik machen andere besser.

Wo hat die Kirche ihre gesellschaftliche Aufgabe? Die Kirchen haben eine Halt gebende Aufgabe. Sie haben eine Wurzel gebende Aufgabe. Eine den Menschen, gleich wo er herkommt, beschützende Aufgabe. Das gilt auch für ihr unternehmerisches Handeln in der Diakonie. Eine große Aufgabe gerade in Zeiten der Globalisierung, der Digitalisierung und der demografischen Entwicklung. Wo sie diese Aufgabe wahrnehmen, wachsen Kirchen auch wieder.

FRIEDHELM WACHS (Jg. 1963) ist seit 1983 international tätiger Berater in komplexen Verhandlungsprozessen, Geschäftsführer der Unternehmensberatungsgesellschaft Wachsonian und serieller Unternehmer. Er lebt mit seiner Frau und seinen drei Kindern in Leipzig. Er ist stellvertretender Vorsitzender des Arbeitskreises Evangelischer Unternehmer in Deutschland e. V. (AEU). 311

»Evangelisch« erfolgreich?

»Erfolg« und **»evangelisch«** scheinen nicht zusammenzugehen. Schnell regen sich starke Widerstände. Klopft sich da jemand auf die eigene Schulter? Glaubt da einer, er selbst sei imstande, in dieser unserer Welt aus eigener Kraft etwas zu leisten? Hat er (oder sie) vielleicht vergessen, dass Gottes Kraft in den Schwachen mächtig ist (2. Korinther 12,9)? Dass der reiche Jüngling sich traurig abwendet und Jesus konstatiert: »Wie schwer kommen die Reichen in das Reich Gottes« (Lukas 18,24). Und dass Jesus empfiehlt, nicht danach zu fragen, was wir essen und trinken sollen, und zu verkaufen, was wir haben, um Almosen zu geben, und einen Geldbeutel zu haben, der nicht veraltet, und einen Schatz zu haben, »der niemals abnimmt, im Himmel, wo kein Dieb hinkommt und den keine Motten fressen« (Lukas 12,33). Kann, ja darf man vor diesem Hintergrund evangelisch erfolgreich wirtschaften?

Was ich als Pfarrer und Seelsorger immer wieder erlebe ist: dass Unternehmer und Führungskräfte sich als Christenmenschen nicht verstanden und als evangelische Christen nicht anerkannt fühlen, obwohl sie doch exponiert und als Christen Verantwortung übernehmen. Vielen schlägt entgegen, dass Gott und Mam-

313

mon sich nicht vertragen. Auch wenn sie wissen, dass dies nicht zu Ende gedacht ist, dass Menschen, die eine Gabe haben, diese im Sinne der Nachfolge einsetzen sollen, so erleben sie doch immer wieder, dass sie eher aus der Kirche herausgepredigt werden.

Historisch hat dies sicherlich seine Ursachen in der Kapitalismuskritik in den 1970er und 1980er Jahren, wo sich die evangelische Kirche sozialpolitisch für viele besonders einseitig als Stimme der Schwachen verstand. Ich erinnere mich noch gut an die Erfahrung meines Vaters, der Forschungsingenieur bei Hoechst war. Wir hatten in der Gemeinde einen grün geprägten Gemeindepfarrer, mit dem er sich eigentlich gut verstand. Durchaus typisch für diese Zeit war eine Predigt an einem Sonntag im Frühjahr, in der dieser sinngemäß sagte: Draußen blüht Gottes Schöpfung auf – und die Bauern schmeißen wieder Gift auf die Felder. Da hat mein Vater, der eigentlich ein treuer Kirchgänger war, die Kirche verlassen. Zum Glück blieb er ihr gleichwohl treu ...

Diese Erfahrung, auch in der Kirche mit pauschalen negativen Urteilen belegt zu werden, machen viele Unternehmer und Manager bis heute. Mit der Folge, dass es an entsprechender Seelsorge mangelt. Dabei haben auch erfolgreiche Menschen ganz alltägliche Fragen und Probleme, sie treffen Entscheidungen, bei denen sie auch als Christen verantwortlich handeln – und erleben dann, dass sie dafür in der Kirche keine Gesprächspartner haben.

Ich war sieben Jahre lang Auslandspfarrer in Washington, D.C. und habe dort in einer Gemeinde gearbeitet, zu der viele Diplomaten und Führungskräfte aus Wirtschaft und Politik gehörten. Wenn Menschen aus der Wirtschaft meine Gemeinde sind, dann bedeutet das für mich als Theologen, dass sich die Predigt verändert. Ebenso wie ich einen Kindergottesdienst anders als einen Seniorengottesdienst gestalte, ist es auch, wenn ich mit Menschen zu tun habe, die eine große Verantwortung tragen. Das heißt nicht, den Menschen nach dem Mund zu reden, sondern jeweils zu versuchen, ihnen ins Ohr zu reden, ins Herz, so, dass sie es hören können.

Lässt sich also »Erfolg« evangelisch buchstabieren?

Erfolg ist zunächst einmal die Erfüllung der unternehmerischen Aufgabe, damit das Unternehmen Bestand hat. Persönlicher Erfolg als eine Komponente dessen ist für jemanden, der sich Gott verdankt, eine Frage des Zuwachsenden, des Geschenks.

Martin Luther entdeckte für sich einen neuen »Standpunkt«. Einen Ort, an dem er fest und sicher gründen konnte, für seinen Glauben, aber auch für sein Leben. Besonders schön ist die Formulierung, dass es zu einem christlichen Leben gehöre, täglich neu »in die Taufe hinein(zu)kriechen« (Großer Katechismus, 1529). Ich verstehe: sich dessen versichern zu lassen, dass das Leben täglich neu geschenkt wird. Jeden Tag neu begonnen wird. Jeden Tag mit der Verheißung beginnt, durch Gott hinein- und hindurchgetragen zu werden. Taufe wird für ihn so lebenspraktisch. In ihr wird das besondere Aufeinanderbezogensein von Himmel und Erde deutlich. Von Reich Gottes und Reich der Welt.

Weil der Mensch sich getragen und gehalten erfahren darf von Gottes Liebe, die aus einem Jenseits bis zu ihm hin reicht, deshalb wird er frei zu einem Leben mitten in dieser Welt. Erst der besondere Bezug von Himmel und Erde sorgt für deren klare Unterscheidung. Die Welt entfaltet darin ihre besondere Weltlichkeit. Das Leben mitten in dieser Welt wird durch das Handeln der Getauften und ihre Sehnsucht nach einer neuen Gerechtigkeit mitbestimmt.

»Erfolg« nun kann sich dabei einstellen. Der Einzelne kann mit der eigenen Unfertigkeit und Unvollkommenem, mit endloser Selbstüberschätzung und mit Belastendem immer besser fertig

315

werden. Und immer wieder gelingt auch der Menschheit als Ganzer ein Schritt ins Bessere, gibt es großartige Schritte nach vorne. Wo nach Konflikten Versöhnung gewagt wird. Mehr Menschen Zugang zu frischem Wasser haben. Mädchen und Frauen Zugang zu Bildung erhalten. Neue Aufbrüche gesichert werden können und nachhaltig werden. Aber zugleich gibt es bittere Rückschläge. Ausbrüche von Gewalt und Brutalität ohnegleichen. Zerstörung der Lebensgrundlagen. Und einen immer schnelleren Tanz um das Kalb eines Fortschritts, der möglicherweise die ganze Erde taumeln lässt.

Eines bleibt evangelisch unverrückbar: Erfolg als Lohn menschlicher Aktivität hat in Bezug auf Gott nichts zu suchen. Weder erwirbt sich erfolgreiches weltliches Handeln einen Schatz bei Gott oder gar seine Liebe noch zeigt sich eine intakte, geheilte Beziehung zu Gott darin, wie erfolgreich wir uns in der Welt bewegen. Dies ist so, weil es in der Beziehung zu Gott gerade darum geht, sich seine Liebe, seine Gerechtigkeit gefallen zu lassen, also »passiv« zu werden. Dafür steht die Taufe, die ich an mir geschehen lassen.

Damit »Erfolg« ein evangelisches Wort wird, ist es daher nötig, die Grundlagen des Erfolgs in der Befreiung durch Gott zu erkennen. Das eigene (und gegenseitige) Schulterklopfen verwandelt sich dann in ein Dankgebet. Erfolg versteht sich als ein »Abfallprodukt« meines verantwortlichen Handelns in Freiheit. Kriterium dafür, ob eine menschliche Aktivität erfolgreich ist, wäre Gottes neue Welt. Eine Welt, die sich nach Gerechtigkeit und Frieden sehnt. Diejenigen Taten und Unternehmungen können Erfolg für sich beanspruchen, die für die möglichst große Anzahl von Menschen die größtmögliche Verbesserung ihrer Lebenssituation möglich werden lassen. Das ist ein deutlicher Appell an die

Verantwortung von Führungskräften.

Und ja: Den Misserfolg, den gibt es auch. Vielleicht sogar in genau abgewogenem und ausgewogenem Maß zum Erfolg. Wer wüsste das zu entscheiden. Aber evangelisch entscheidend ist auch hier, dass im Misserfolg nicht ein Leben selbst zur Disposition steht, nicht der Erfolg oder Misserfolg einer Existenz, sondern der Misserfolg einer verantwortlichen Anstrengung im Leben dieser Welt. Daraus wächst vielleicht die beinahe schon sprichwörtliche Nüchternheit, mit der sich evangelische Christen ihren Aufgaben in der Welt zuwenden, unerschrocken – aber voller Gewissheit und Hoffnung: dessen gewiss, dass Gott genug getan hat; darauf hoffend, dass seine Zukunft kommt; und dadurch befreit dazu, das zu tun, was dem inneren Grund ihrer Existenz entspricht: der Gerechtigkeit Gottes in unserer Welt verantwortlich entsprechen.

Unternehmer und Führungskräfte erleben im Geschäftsleben in besonderer Weise die Spannung eines jeden Christen zwischen der Freiheit, die uns der Glaube schenkt, und der Verantwortung gegenüber dem Nächsten. Als Seelsorger kann ich die Verantwortung, die jeder Einzelne trägt, nicht ermäßigen. Als Seelsorger bin ich auch nicht das Trostpflaster für schmerzliche Dilemmata. Ich betrachte es aber als kirchliche Aufgabe und Chance, Fragen zu stellen wie die nach angemessenen Gewinnen oder nach nachhaltiger Unternehmensführung. Hier kann und muss die Kirche Gesprächspartnerin sein und Führungskräfte der Wirtschaft zum Dialog und gegenseitigen Verstehen einladen. Die Existenzform erfolgreicher Menschen hat in der Kirche einen Ort.

PFARRER DR. MARTIN MENCKE (Jg. 1966) ist Dekan des Evangelischen Dekanats Wiesbaden und theologischer Berater des Arbeitskreises Evangelischer Unternehmer. Er war 2004 bis 2011 Pastor der Deutschen Evangelischen Kirchengemeinde Washington, D.C.

Bibliografische Information der Deutschen Nationalbibliothek
Die Deutsche Nationalbibliothek verzeichnet diese Publikation in der
Deutschen Nationalbibliografie; detaillierte bibliografische Daten
sind im Internet über http://dnb.d-nb.de abrufbar.

© 2016 by edition chrismon in der Evangelischen Verlagsanstalt GmbH · Leipzig
    Printed in Germany

Das Buch wurde auf alterungsbeständigem Papier gedruckt.

Cover-Illustration: Steve Adams
Text (Porträts, Interviews, außer Dr. Katzenmayer): Andrea Blome, Münster
Gestaltung und Satz: Anja Haß, Frankfurt am Main
Fotos: Lena Uphoff, Frankfurt am Main
und Christian O. Bruch/laif (S. 36), Ulrich Sorbe (S. 138), Jan Voth (S. 169),
Chaperon/BDA (S. 184), Daniel Lathwesen (S. 264), privat (S. 236)
pr (S. 84, S. 162, S. 208, S. 294)
Druck und Bindung: Grafisches Centrum Cuno, Calbe

ISBN 978-3-96038-006-1
www.eva-leipzig.de